生命的超越

歷奇輔導的再思

李德誠 著

生命的超越——歷奇輔導的再思
作者／李德誠
策劃編輯／伍詠慈
協力編輯／史曉晴　羅詠恩
美術設計／陳詩韻
出版發行／突破出版社
香港沙田亞公角山路33號突破青年村
電話：2632 0000　傳真：2632 0388
電郵：breakthrough@breakthrough.org.hk
網址：http://www.breakthrough.org.hk
http://www.btproduct.com
承印／陽光印刷製本廠
2015年4月初版1刷

Rethinking On Adventure Counselling
by Lee Tak Shing
First Printing, First Edition, April 2015

Printed in Hong Kong
ISBN 978-988-8246-51-9

本書經文取自《新標點和合本》，版權為香港聖經公會所有，承蒙允准採用，特此鳴謝。

誠邀閣下就突破出版社的書籍發表意見

歡迎加入突破書籍 Facebook page——http://www.facebook.com/btbooks.page

本書採用環保油墨印刷

栽培新一代

年輕的心　驛動卻美麗

認識　貼近

關愛　同行

建造新一代更動人的生命

目錄

同行、共事的生命夥伴

李德誠弟兄是與我同行、共事近四分一世紀的生命夥伴：他加入突破之前我們已認識；過去二十多年有機會並肩事奉主，培育青少年工作者及牧養青少年 —— 從香港，到國內，以至澳洲和加拿大，我們都一同見證神奇妙的作為。

在這本獨特的書中，德誠將生命、歷奇和輔導三個課題結合，尋求反思生命、理論整理、結合《聖經》的實踐原則和方法。值得每個青年工作者、歷奇輔導工作者、屬靈操練培訓者及關心青少年的牧者和導師細讀、深思，並付諸實踐。

貫穿整本書的是德誠的生命反省：他以最坦誠的心態，毫不掩飾自己在成長中的創傷、學業和工作上的挫敗、生命曾經歷「橫禍」、信心曾經動搖等歷程 —— 在充滿歷奇的過程中，經歷神的同在，並有恩師同行，家人並肩走過幽谷。我被這真誠、單純、又順服的生命觸動，弟兄在我經歷生命考驗時，亦捨己分擔我的責任。溫柔地與我同行，感謝主！

歷奇輔導是德誠的專業，他在這個專業領域上作了不少開荒性的嘗試：創立「香港歷奇輔導學會」，並在本港、台灣、國內、澳洲及加拿大舉行歷奇輔導培訓。德誠自稱是個「野人」；與大自然、山、海結下不解緣，他亦確信走進大自然，走出自己的安全區，接受身心的挑戰，是最好的體驗學習 —— 其間與大自然、自己、他人，並且與神結連，讓生命逐步成長。德誠更看重的是「心靈歷奇」，他將屬靈操練、《聖經》真理與歷奇輔導結合，突破自己的生命，也成為他服侍羣體的祝福。

今天，我仍與德誠並肩服侍主，栽培青少年事工培訓師、青少年牧者及青少年導師，還包括家長和教師。一切都是神的恩典，祂的能力在人的軟弱上顯得完全。

願這本書盛載的生命故事，歷奇輔導的理論和技巧及《聖經》真理的整合，祝福關心新一代青少年的青少年工作者。

蔡元雲醫生
突破匯動青年會長

從身體到心靈的歷奇

約莫十年前某天，我帶着學生參觀訪問香港的突破青年村，遠遠看到德誠，便上前握手，擁抱，感到我們像是失散多年的兄弟重逢。從那時開始，我們有很多機會聊天、分享、禱告、勉勵。每次見面，彼此都在靈裏獲得更多的支持與安慰，也一起展開共行共學共創的過程。

我們同是歷奇輔導工作者，需要常常攀山、溯溪澗、攀岩等，面對劇烈的挑戰，我們都曾經歷身體極度軟弱，加上他捐肝後體力不佳，我也有心肌梗塞，心臟裝了支架；因此我們生命中的體驗教育從 Outward 轉變成 Downward 及 Inward；但也藉着恩典，我們因祂漸漸 Upward。感恩這樣的體驗，成就生命更深度的內在歷奇。

這本書德誠花了很多心血，過程中也有不少掙扎，適逢是他的生涯轉換階段，更不容易。他整理很多歷奇輔導的歷史及概念，談論以基督信仰為本的歷奇，也談到他個人生命信仰的高低起伏，怎樣經歷基督之愛長闊高深的歷奇。讀這本書，對我也是一種內在的生命歷奇，書內對基督信仰深刻的詮釋與生命體認，以及將歷奇與信仰結合的深度與緊密程度，令我敬佩與驚歎；透過深入閱讀與思索，引領我的思維與靈性，達致更深刻的省思與檢視。

這本是值得細嚼慢嚥，慢慢品味享受的書，如果你想擁有不一樣的歷奇生命，就一定要看。

願這本書引領你找到生命的命定與召命，全然發揮，成為多人的祝福。

謝智謀博士

臺灣師範大學公民教育與活動領導學系教授
華人磐石領袖協會理事長

輔導人的歷奇

收到德誠邀請為他的新書寫序，第一個反應是意外，因為我並不是歷奇輔導的人，擔心自己不夠專業。但回心再想，人生路上，誰不是在歷奇？在尋求、在反省、在重組再講述自己的遭遇嗎？在這角度下，我是一個不折不扣的歷奇人！

構思這篇序文的過程，令我憶起兒時愛玩的一些遊戲，就是挑戰自己的極限，像從樓梯高處跳下來，一級一級的增加；像潛水，要深一點、持久一點。還有潛入一些大宅的花園，看看守門的狗什麼時候開始有反應，飛奔逃命的時候便帶着勝利與滿足。

在初生之犢不怕虎的日子，自己的「歷奇」是測試個人能力，也是操練自己情緒的調節系統。

不過今天的「歷奇」是德誠的「野谷」，是人生的歷練、體驗與洗禮。遇見的每個人，經歷的新事、困難事、與不想接受的事都在挑戰我們的底線。

細讀這本《生命的超越》，我發覺德誠大方地打開自己的秘密花園，讓我們先從他生命最隱密的地方開始看，看見他生命的可愛、可貴之處，也是我們可以借鏡的地方。這是基督教歷奇輔導的精粹，不單是舉行活動，乃是生命影響生命，而生命的呈現才是歷奇者一生的學習。德誠是歷奇工作的前輩，卻以虛懷若谷的態度剖視自己，這舉動本身就是一項歷奇。

德誠更以《聖經》的例子，指出耶穌的榜樣，鼓勵我們從大自然的書去看神的偉大，再反思自己。這是一個重新定位，把生命重整，過程要經歷化整為零，又由零到整，出來的已經是改變了的你。這神來之筆，你需要細讀他的例子，慢慢消化。

輔導是我的本行，理應有許多話可以說，但是我經驗了德誠那種「為父」的心態，在帶領營會、安排訓練，與人同工合作上，都看出他不計代價、循循善誘、用心良苦堅持純正的用心、不離不棄耐心的等待、全人的投入，他已為輔導作了最好的演繹，你說精彩不精彩！

我推薦學習輔導的同學都要擁有一本這樣的書！能夠自己寫，去寫；未能自己寫，買來好好讀一遍！

黃葉仲萍教授

伯特利輔導中心總監

致謝

這書由 2009 年開始構思，六年的旅程實在難忘。在不同階段，自己都想過放棄；今天能夠出版，肯定是天父的恩典，也是很多人在背後支援的成果。

這段是服侍最精彩的日子，也是我最懷疑自己的時間。透過寫作，天父帶領我經歷屬靈操練的旅程，進入內心深處，注目三一神在不同場景的臨在及作為，聆聽心靈及聖靈微小的聲音。

天父呼召我以生命演繹基督教歷奇輔導，進入生命、歷奇、輔導的旅程。祂安排不同的人成為我的天使，讓我單單仰望天父的恩典，有勇氣探視自己內心，學習擁抱真實的我。過程中，每個人，無論是共學、共創、共侍、共證的；同擁抱、同慶祝、同低沉、同等待；彼此教導、彼此鼓勵、彼此震撼、彼此接納，我向你們致敬！

多謝蔡醫生多年來的鼓勵，讓我注重歷奇輔導中的信息及內涵，確認歷奇輔導與屬靈操練結連的重要性！

多謝我的屬靈弟兄智謀！是你指示我在歷奇輔導運動中哲學及神學整合的方向，並願意以生命的實踐示範！

黃太，多謝你的信任，以歷奇的心懷鼓勵我和隊工在伯特利神學院開設基督教歷奇輔導系列，讓這事工得着持續的深化及推動！

多謝永泰以獨特的方式，引導我相信自己的所思所寫！對，我只能寫那些由心而發的東西。

多謝 Joanna 在我對自己失卻信心時，攔阻我放棄！沒有你的堅持，本書今天仍會是電腦中的檔案！

多謝總編輯幗坤憑信心出版這書，見證神真的可以讓不可能成為可能！多謝編輯團隊的承擔！你們在過程中的忍耐及堅忍，是我完成本書的動力！

多謝「伯神」基督教歷奇輔導課程隊工：Marco、Fanny、一平、Dickson、柳紫、徐徐、Simon Wan、Simon Lo、Tina、海燕、仁賢、Mabel、家碧、鴻華、雪、樂、King、Raymond！你們這三年多的同行、共學、共創，讓我這些信念及理念更為「到地」；藉着你們的忍耐，我開始掌握那些有時自己也未能完全明白的話！

謝謝香港歷奇輔導運動中的好友：有權、國榮、輝權、Ken、Cherry、Geoffrey！你們多年來的同行、交流，豐富我對相關理念及實踐的理解！Cherry，你與我在 2002 年合寫《整全的歷奇輔導》的歷程，成為我之後進深探索的重要基礎。

謝謝過去與我同行的事工夥伴及活動參與者！Eric、歐、關神父、珊、Chris、游、野谷士大夫們、Deon、BB team、健生、臻、Joyers。你們的同行實在豐富了這本書！

謝謝我五個孩子：瀚恩、曦民、靈格、賜心、念時！多年來我致力推動歷奇輔導運動，近年則埋首寫稿，少了與你們一起，尤其減少了戶外活動，實在遺憾。期待未來可以更多與你們上山下海，不過老爸及老媽開始需要你們的等待及支援！

最後，要謝謝太太。梅玲，在我懷疑自己應否寫下去時，你確認我在事工的角色，並這書可作的獨特貢獻。在那些日子，是你的愛讓我每天學習活出自己；是你在我頭昏腦脹時拉我離開電腦桌，讓我感受陽光的溫暖。梅玲，這本書就是我對你感謝的呈獻！

前言

一、我的歷奇路

自 1991 年加入突破機構，我一直感到備受接納及重視。

首次在一眾同工前，我這樣介紹自己：「等了六年，才能加入突破。我是來接棒的！」然而，當時的我根本不曉得這番説話的意思！

轉眼間服侍了二十三年，並於 2013 年底轉投突破的延展事工突破匯動青年。回想在突破的日子，滿有恩典，不同階段都有同工的支持、培育及信任。

除了前線服侍之外，這些年間也曾帶領活動、分享、培訓，以至寫作，探索基督教歷奇輔導（Christian adventure counseling）事工。今天，我沉澱及整理有關的理念，榮幸之餘，總有些不配之感。工作及寫作都與人的生命經歷有關。當我回望走上基督教歷奇輔導這條路，原來早就有迹可尋，是天父一直以來的預備。

任性的孩子

爸爸曾告訴我，當我年紀小時，有次跟隨父母遊船河。雖然步履不穩，但因着貪吃，想拿取桌上的食物，我在搖晃的船上四處走動。

孩童時，有次想探索廚櫃裏的東西，攀上廚櫃時摔破了一瓶通渠用的化學品，滿地冒煙，要勞動家傭拯救及清理場地。另一次，則在房間內嘗試土法烹飪，結果令牀邊的圍布起火，差點兒焚毀整間房子。

少年時，住在公共屋邨的十一樓，門外有一條長長的走廊，走廊上的圍欄約有三呎高。喜歡冒險的我，喜歡在圍欄上來回走動，更會攀爬水渠來回三樓至六樓，看得鄰居膽顫心驚。當鄰居忘了帶門匙，我自動請纓攀過露台，進入他家為他開門。若非家人阻止，我可能早已墮樓喪命！

昔日的活躍、好動及好冒險，不但經常闖禍，使自己傷痕累累，亦教家人擔心。然而，這天性卻為我帶來很多難忘的回憶，塑造後來的領導潛質，裝備自己多年後參與野外歷奇的服侍。

大專時期，我因沒有專注學習，一年後被迫中止學業，這失敗經驗為我帶來沉重打擊，甚為憂鬱。（故事見第一章）後來，即使我信了主，參與青年工作，並兩次重返學院進修社會工作，這失敗的陰影仍如影隨形，催迫我不自覺地要向前衝，忘我地工作，藉着服侍他人去賺取從別人而來的肯定。

這種非理性的驅動（drivenness），令自己及家人承受很多傷害。因着聖靈的提醒，我終於承認自己的枯竭（burnout）及迷失。於 1997 年前往瑞士，跟從屬靈導師漢斯貝基（Hans Burki）學習重整生命。

在營中，默想舊名字，我意識自己就是那個「征服者 Alexander」（我過去的英文名字是 Alex），一生就是要克服接踵而至的挑戰。在領受新名字時，聖靈讓我重新發現自己中文名字的意義：「德誠」——誠信之德行。（故事見第六章）

「我就是天父的愛子，不再需要用外在的成就肯定自己，只要靠着主的恩典活出真我就夠了（Just as I am）！」這麼多年來，主一直想我聽到這句話！面對生命的下半場，我只需要以所領受的名字前行，活出神為我預備的一生！

我帶着這次瑞士山中經歷，煥然一新的生命下山，參與基督教歷奇輔導探索。

二、歷奇的再思

基督教歷奇輔導其中一個核心元素就是歷奇。根據牛津高階詞典，歷奇的意思包括：

1. **Adventure**：不尋常的、有刺激性的、有危險的經歷或工作；奇遇、冒險，亦指涉及危險、冒險等的刺激。

2. 中文翻譯表示這經歷的**奇特及奇妙之性質**。

從本質而言，歷奇包括行動、冒險、離開安舒區、面對可能的危機。**從歷奇輔導的角度而言，歷奇有奇妙經歷的意思，包括嶄新事情的體驗，以與慣常不同的方式經歷一些有難度、刺激，甚或危險的挑戰；需要一定的技巧、投入、勇氣、意志，真實面對當下的處境及危機，期望能跨越挑戰，帶來生命成長及轉化。**

歷奇的人性

我們的主是一位歷奇的主。祂創造人類，賦予他們自由意志，讓他們選擇是否跟隨及順服祂，本質上這就是歷奇的行動。按着神形象被造的人，也有歷奇的天性。

人的成長是拓展個人能力及成就的自然歷程：幼兒學習爬行、攀扶、站立、行走，不斷擴展自己的世界；青春期又稱風暴期及叛逆期，青少年欲擺脱父母及師長的蔭庇，尋覓及確認自己的身分；中年危機顯示了人處身穩定與轉變的張力，不甘一生被規限於過去的道路，嘗試為人生下半場開拓新里程，教此生無悔。

曾有一個攀山者被問及為何定意要攀登一座高山，他說：「不為什麼，只因它在那裏！」冒險天性不單是人類心靈滿足的泉源，更是人類歷史演進、科技發展及文明進步的動力。

神創造人，賜下管理大地的職分，更賜下生命的恩賜，要我們好好使用，活得精彩。然而，我們雖為僕人，有時卻誤以為自己是主人，喜好按己意運用所交託的資源。另一方面，我們或會對神過度恐懼，不曉得祂的心意，寧願採取「謹慎」的取向 —— 少做少錯，不做不錯。就像〈馬太福音〉中那個守財的僕人，原來在神眼中，活得太謹慎，常常因恐懼而躲在安舒區，也是犯罪。

從安舒區到安息處

研究歷奇的學者多數提及安舒區的觀念。人性的基本需要就是尋求生命的安全、環境安穩及心靈安定。安舒區是一個我們能夠預測、適應及處理的內外景況，就像在家一樣。我們可以放慢步伐、放下防衛、安然休歇、享受生命。在安舒區中，我們的能力相對環境的要求是綽綽有餘，真我得以自然地流露，不用刻意遮掩、隱藏，也不用比較、競爭。

然而，當基本需要得着滿足，經歷一段平穩生活後，我們又會開始進入靜極思動的狀態。內心不其然浮現一份躁動，像一個呼喚、夢想在等待，邀請自己踏出去，離開那個熟悉的環境，投入另一個不完全可知的境地。因着那有待釋放的潛能、蠢蠢欲動的動力、面對挑戰的熱切，在不覺間我們會進入過渡的掙扎區。

在這區域中，我們開始面對現實的考驗，體會不同的衝擊、難處、阻力，甚至危機。除了感受當下的困難及掙扎，思想上我們也會衡量應否繼續前行。事實上，每一次離開安舒區都像一趟探險旅程，並無必然跨越及成功的保證。嘗試過後，有時我們會折返原處，承認失敗；有時則可以成功抵達彼岸，享受那奮鬥得來的成果、品嚐那夢寐以求的高峰經驗！

是的，生命需要藉着不斷的前行及挑戰，讓我們經歷成長、更新及突破。每當跨越後，生命變得不再一樣，在另一個境界進入新的安舒區，在那裏安歇享受。唯有經歷過冒險、挑戰、考驗、掙扎，我們才會珍惜生命中安息之處！

從外在挑戰到內在歷奇

一般而言，歷奇多指接受外在的挑戰及參與冒險性的活動，包括登山、定向、攀岩、闖林、穿洞、溯澗等。除了冒險的心志，還需要相關的知識、技巧及經驗，加上長期操練、強健的體魄及堅強的意志，才有機會安全地完成。

至於日常生活的歷奇，或許不需要專業知識及技巧，唯對個人生命素質的要求，也不遑多讓。無論是進修、處理工作問題、照顧家中病者、救災扶危，均需要勇氣、冷靜、信心、堅忍等素質，並在團隊中發揮互助、守望及犧牲的精神。

跨越挑戰，除了得着成就感及滿足感外，個人面對歷奇還可以加深自我了解。**在踏出安舒區的過程中，我們不單可揣摩外在環境的界限，更可以認識自己的承載力有多少，明白在不同的挑戰中所呈現真正的自己。**在壓力、困難及危機當中，我們需要不斷改變及更新；在極端的環境，特別牽涉重大的取捨及生死關頭時，更會呈現內心最底層的價值取向、信念及素質，並有關生命方向及主權！這正是內向的歷奇。

從能力的確認到生命的超越

由於經歷眾多的危機及挑戰，歷奇人一般給人豪邁、自信、高效能、不怕困難、願意接受挑戰等印象。的確，每一次跨越挑戰，都讓人對自己的能力有進一步的確認：我是可以的！我是有能力的！

耶穌說：**「多給誰，就向誰多取；多託誰，就向誰多要。」（路十二 48）**對於能力強、願意接受挑戰的人來說，最大的挑戰就是自己。即或他不斷挑戰個人極限，也許仍感到停滯不前。始終歷奇的精意不在乎活動的難度，而是生命的超越。

這世界需要敢冒險的人作先鋒，在最險峻的處境中開拓（trail blazing），成為後來者的祝福。無論發現新大陸的哥倫布、下西洋的鄭和、探索極地的英雄、以生命宣告人類平等夢想的馬丁路得金、服侍窮人的德蘭修女等，均是超越生命的歷奇人，這就是外向歷奇！

從高度自信到全然交託

《聖經》說知識叫人自高自大，我說歷奇更容易叫人自視過高，以為「世界在我的腳下」！一個真誠的歷奇人，與真誠的科學家一樣，會逐漸變得謙卑。畢竟，沒有神的看顧及保護，歷奇人能夠存活、健壯，絕非必然。大自然的浩瀚，變化莫測，使人敬畏又無助；生命的真相、罪性及短暫叫我們感到沒有意義。若沒有比人更超越、掌握生命的神在掌管，這一切都是虛空！

跑得最快、攀得最高、用最短時間完成最長的航程、用最少器材面對最嚴峻的挑戰算什麼？為在世的日子加添生命（add life to days）是否只局限於此？

聖奧古士丁（Saint Augustine）曾說："Our hearts are restless, until they can find rest in You." 生命的超越不單是拓展視野、擴張境界、胸懷世界，更是要聆聽上主微聲的呼喚，在祂的懷中享受安息。

我們內在的躁動與不安，或許反映從上而來的邀請。**當對外探索世界，我們會認識生命，揣摩生命的源頭及意義；在征服險境之時，我們經歷了生命的破碎**

及降服；在進出高峰及幽谷之時，我們方曉得全然安息在天父懷中；在主動踏上時，我們就被那位長久等候、主動尋找的主所尋着！

昔日耶穌面對生死的抉擇，在客西馬尼園這樣禱告：「**父啊，倘若可行，求你叫這杯離開我。然而，不要照我的意思，只要照你的意思。**」（太二十六39）祂在關鍵時候，選擇犧牲自己，讓父神藉着祂成就救贖萬民的使命。

從信仰角度而言，生命中最大的歷奇不是靠自己作什麼，乃是憑信心將生命交託超越生命的主，效法耶穌。耶穌曾說：「**離了我，你們就不能作什麼。**」（約十五5下）對歷奇輔導來說也是如此！

三、寫作——深化的旅程

作為基督徒、野外歷奇人及社會工作者，神讓我在過去接近二十年有份參與基督教歷奇輔導的探索及培訓，整合基督信仰、野外歷奇活動及成長輔導。其中深化及撰寫基督教歷奇輔導事工的理念，一直是心底想望。

從2009年7月起，進度不太理想。由起初主動承擔，到後來感到這是重擔、被要求的任務。及後反復思量，加上同工指點，才恍然大悟，明白若單為滿足別人期望，硬套他人的思維，就是錯配，必會「死火」。

回想在美國進修，那時心中載滿服侍的經歷，不同課程開啟了我的視野，讓我以新鮮的角度重新檢視走過的路徑。在整理的過程中，功課的評分逐漸變得次要，辨認過往經歷的意義（making sense of what has happened），確認神的足迹及作為，認清前行的方向，重燃生命之火！

從事以經驗學習為基礎的基督教歷奇輔導多年，明白自己是實踐者（practitioner）而不是理論者（theorist），單靠思維建構理念的模式實不可行，於是慢慢學習作反思實踐者（reflective practitioner）。回想昔日撰寫《整全的歷奇輔導》一書，最享受的不是整理相關理念，而是反思過去重要的經歷，閱讀當中的信息。雖然自己寫的不一定能展現清晰的理念，但當中若是真實生命的表述，深信必能帶給讀者心靈的共鳴！

經過掙扎，我重新確認應走的路徑，決定以過去的經驗為依歸，按自己的風格及進度，整理箇中的智慧。過程中，我一再修訂寫作的方向及策略。縱使這或會浪費過去一些功夫，但我深信這是創作必經歷程，也是歷奇的代價！

意義及特色

經驗式學習着重從經驗中領受信息，基督教歷奇輔導理念深化的歷程也應如此。過去我帶領基督教歷奇輔導活動時，一直強調生命影響生命，是次理念深化的重點，相信也是一個共同領受生命信息的時機。

這深化歷程的核心是過去的經驗。這些經驗充滿人為的錯失、遺憾、軟弱及罪性，絕非理想的榜樣。然而，就是這些真實的生命歷奇經歷，我們較容易從中得着共鳴，辨識當中的陷阱，確認天父的恩典，孕育前行的信念。

書中的「歷奇人説故事」雖是個人經歷，然而，讀者可以觸類旁通，理解當中的心路歷程、羣體互動及上帝臨在。這是我與讀者一起的共學歷程，是生命的超越！

四、方向及架構

本書包含以下向度：

1. **回顧**：從過去梳理重要路標及發展趨勢，以敍事形式深化關鍵性經驗。

2. **反思**：課題整理，呈現困惑及有待深化的問題。

3. **整合**：進深探討相關專題，結連有關理念，並且嘗試以基督信仰演繹。

這書以基督教歷奇輔導八個核心元素作理念建構的主軸，當中包括經驗式學習、歷奇、野外、動感輔導、心靈及生命向度、生命重整、工作者生命及工作者承傳。每個核心元素均分為生命操練篇及實用篇，引申至不同向度及層次的反思，並有發展綜覽及深化整合兩部分。

發展綜覽：概括基督教歷奇輔導在香港及鄰近地區的發展，描述業界關注的眾多現象，作為反思及深化的起點。

生命操練篇

歷奇人説故事：讓過去的片段今天仍「説話」。當我們用心「聆聽」當中信息，這些經歷就能成為理念深化的入口。

從故事中學習：透過故事的信息，呈現值得關注及思考的課題。課題間未必有緊密的關連，唯是理念建構的重要部分。

靈性的操練：介紹《聖經》中的人物及經文，作為歷奇人生命的反思。經過整理及深化的歷程，以經文及信念作結。

實用篇

專題探索：選取主題中一些內容，作深入的專題探索，期望能建構核心元素的基礎。

理論結連：要深化理念，必須參考其他不同理念。這部分主要是書籍或文章介紹，簡介及撮要當中重要的理念，讓工作者可以作進深的研究。

應用提示：由於基督教歷奇輔導應用範圍甚廣，這裏只是因應不同的核心元素選取一些運作工具及指引，供工作者參考。

八章完結後，會有：

深化整合：以基督信仰角度反省有關經驗及理念，呈現基督教歷奇輔導獨特之處。不過，這個深化整合是一個漫長的歷程，文章只是一個邀請。

五、小結

在反思及深化的歷程中，我對於基督教歷奇輔導這名稱開始產生不同的體會。過去我一直堅持用基督教歷奇輔導的名字，今天我選擇開放及謙卑，接受這仍是「工作進行中」(work in progress)。或許到了理念深化歷程完結時，才能分辨這到底是什麼：是基督徒工作者所帶領的歷奇輔導活動，是含有基督教信仰元素的歷奇輔導活動？是經過《聖經》及信仰反省的歷奇輔導？或是一個已整合的基督教歷奇輔導？

為方便理念反思及整合，並避免艱澀的神學討論，我在書中選取以「基督信仰為本歷奇輔導」為名，並配以基督教歷奇輔導表達昔日的足迹、今日的思考及對明天的期許。

由於這深化的歷程還未有一個宏大的圖畫，我對這過程仍沒有清晰的掌握，現在所作的好像在拼圖，摸石過河，每次只能走一步。縱使如此，我仍深信總有一天必會成就，而我只需呈獻那獨特而卑微的小部分。

說到底，這是一個歷奇的經歷，也是自己的生命歷奇！

香港歷奇輔導的發展綜覽

70 年代開始，香港就有不同機構推動野外活動，讓年輕人經歷成長及學習作領袖，其中香港外展訓練學校、愛丁堡公爵獎勵計劃、由社會福利署與香港皇家英軍合辦的青年領袖訓練營等機構及項目，為香港訓練不少這方面的人才，成為日後野外歷奇訓練的推動者。

香港歷奇輔導學會在 1998 年成立，致力推動香港的歷奇輔導運動，至今歷奇輔導已被普遍認識及應用。本文嘗試回顧歷奇輔導在香港的發展，剖析當中的趨勢、機遇及困難。

一、趨勢

1. 普及化

過去十多年歷奇活動在香港漸趨普遍，無論是商界、政府部門的職員培訓、老師及學生訓練、制服團體訓練等，均有安排歷奇活動，對象涵蓋各年齡人士。常見的活動包括野外活動、挑戰網陣高 / 低結構活動、康樂沿繩下降、運動攀登等。

近年來，以提升學生抗逆力為目標之「成長的天空」在全港大部分中、小學開展。歷奇輔導活動亦是核心部分之一。此外，部分基督教機構（如突破、基甸中心）及教會（如五旬節聖潔會永光堂、循理會恩安堂）亦開展基督信仰為本的歷奇輔導及訓練事工。**普及化吸引更多人參與，但同時帶來質素參差及安全問題，情況值得關注。**

2. 專職化

隨着歷奇訓練及輔導工作普及化，不少人從義工轉為半職、全職工作者。除了部分是機構同工，不少是自組的培訓及顧問公司，更有的是在不同公司及機構間支援的自由工作者（freelance worker）。**專職化的結果是工作者有意識地提高**

服務水平，形成不同的小羣體，互相鼓勵，也彼此競爭。

3. 項目化

現時，政府、社會服務界及教育界推出不同的項目，均邀請機構及工作者申請。多人專職參與就會引起微妙的競爭。這些項目強調工作者的資歷，期望以有限的資源提供多樣化及高挑戰的活動，着眼短期效果，並傾向放棄長時間、持續的工作。而業界傾向以顧客需要為先，帶來消費歷奇的商品化現象。

此外，因着經濟考慮，**近年歷奇活動項目出現外判現象，機構或人士成功申請後，再聘請其他人帶領活動，故難以保證活動質素。**

4. 專業化

香港政府及市場對歷奇輔導工作者的資歷仍沒有共識。業界開始探索軟件資歷的協調及認證。香港歷奇輔導學會多年前曾製訂歷奇輔導工作資歷架構，並開始作資歷協調，不過，參與人數不多。**隨着服務需求增加，社會人士以至業界開始正視工作者的資歷、素質及服務水平。**無論如何，歷奇輔導的專業化在香港必然是個趨勢。

5. 課程化

現在不同教學機構都提供歷奇輔導工作者的訓練課程，香港大學社會工作系為學士及碩士生提供六個學分的「歷奇為本輔導理論與實踐課程」；香港中文大學專業進修學院每年均提供「歷奇為本輔導工作者基礎證書課程」。因應新高中學制的安排，香港大學專業進修學院也開辦為期兩年「歷奇應用學習先導課程」，而其他提供相關訓練的機構包括香港歷奇輔導學會、救世軍教育及發展中心、協青社等。

另外，突破機構、基甸中心、基督教青年會及伯特利神學院，過去均曾開辦基督教歷奇輔導工作者或程序助理課程。伯特利神學院於 2011 年 9 月開辦的基督教歷奇輔導課程系列，提供證書及文憑兩個程度，共有六個野外歷奇的科目、聖經及輔導科目，是現時較完整的培訓課程。

6. 網絡化

香港歷奇輔導學會成立後，邀請世界不同地區的資深培訓員，如 Roger Greenaway、Christian Itin、Thomas Smith 為香港的工作者提供培訓，結連各地的團體，包括台灣亞洲體驗教育學會、廣東青年歷奇教育學會、澳門鮑思高慈青營協會（後期由澳門體驗教育學會負責），並分別在香港、澳門、台灣及廣州舉辦兩岸四地之「亞洲華人體驗教育會議」。

至於香港，過去凝聚工作者的網絡包括香港歷奇輔導學會交流站、培訓者網絡、青少年歷奇福音事工團契等，2014 年則有「第一屆基督教歷奇輔導會議」。

7. 理念化

隨着外來培訓者帶來的理念、網絡化帶來交流及深化平台、訓練課題帶來的系統性教導，歷奇輔導在香港漸趨理念化。認真的工作者不再滿足於技術的發展，致力獲取資歷，進而尋求理念的深化及整合，主動求問及閱讀。

本地開始有歷奇訓練、歷奇輔導及與基督信仰有關的歷奇事工出版，然而仍是以活動及危機管理居多，理念的內容仍欠完整及本色化。另外，香港雖有相關的學士及碩士論文，但在資料搜集及研究方面仍欠系統，完成後亦缺乏儲存及交流的平台，以致成果未能全面回饋業界。

8. 生命化

2003 至 2005 年間，香港有三位資深的野外歷奇工作者離世，有的是歷奇過程中意外離世，有的是自殺。這些工作者在業界很有貢獻，備受尊重，他們的離世實在帶來震撼。除了催化業界對危機管理的重視外，更引起工作者對生命守望的關注。事實上，過去十多年，個別的野外歷奇工作者雖致力帶領野外歷奇活動，而自己卻迷失於權力、名聲、利益、色慾的網羅。

就是這些從破碎、迷失，甚至死亡所帶來生命的信息，讓工作者意識要從生命的角度檢視工作及追求。同時，過去突破機構推動基督信仰為本的歷奇輔導，亦着力探索活動歷奇之外的生命歷奇、心靈歷奇及信仰歷奇。然而，忙碌的工作者怎樣聽到這些曠野來的呼喚？

二、機遇

在這些趨勢中，剛好遇上幾個外圍的機遇。第一是香港教育改革，通識教育成為中文、英文、數學之外第四個主科，鼓勵學生嘗試不同的學習方法，而體驗式學習是其中一種。在其他學習經驗方面，學生需要在新高中三年裏，學習德育及公民教育、社會服務、與工作有關的經驗、藝術發展和體育發展等五個範疇，與歷奇訓練及歷奇輔導有很多相關之處。

隨着香港及澳門回歸，大陸及台灣民間交流漸趨頻繁。過去在香港、澳門、台灣、廣州舉行的「亞洲華人體驗教育會議」，正好標誌華人體驗教育、歷奇教育及歷奇輔導發展的里程碑，成為華人在這方面本色化的重要基礎。

在工作者訓練方面，香港中文大學社工系現開始籌辦資深歷奇為本輔導工作者課程。香港伯特利神學院已舉辦了基督教歷奇輔導兩屆證書及一屆文憑課程。**兩間學院的嘗試，相信有助提升香港歷奇輔導工作者的專業及學術水平，深化香港歷奇輔導運動的理念及推動相關課程之規範化。**

三、危機

若香港的工作者持續忽略上述趨勢，相信或會引發危機。項目化及專職化的副作用會讓歷奇教育及輔導淪為工作及謀生工具，歷奇經歷淪落為活動、娛樂甚或表演，而工作者則因長期操作而成為歷奇工匠及技術員。

針對普及化及商品化現象，若無理念的深化及模式轉型，歷奇輔導會流於人工化及膚淺，業界甚至會被取代及淘汰。**若沒有專業化及舉辦課程，工作者只會單單尋找外在資歷，忘記生命的裝備，難以實踐生命影響生命的信念。**

四、邀請

歷奇，本有創新、闖路、求變之意；歷奇輔導，更是要求在過程中反思、判斷及再抉擇。**面對目前的機遇及危機，歷奇輔導工作者要怎樣選擇呢？對於基督徒工作者而言，信仰有何啟示呢？我們當憑着信心看見什麼？我們又聽見怎樣的邀請呢？我們的生命需要怎樣的轉化呢？**

1. 經驗學習 ——

蛻變的契機

生命操練篇

歷奇人說故事

- **我的歷奇路**：「滿缸紅」的培訓顧問
- **歷奇人的心靈歷奇**：生命的蛻變

從故事中學習

- **經驗深化**：經驗學習的理念

靈性的操練

- **聖經中的歷奇人**：初期教會的彼得和約翰
- **生命信念**

歷奇人說故事

我的歷奇路：「滿缸紅」的培訓顧問

從小，我的學習動力不高。多年來，我都依賴媽媽代完成暑期功課。雖然我成功避過老師的責罰，卻沒有學懂承擔自己學習的責任。

初中階段，我只顧玩耍，「滿缸紅」的成績表使我幾乎不能升讀高中。媽媽厚着臉皮懇求校長給予機會試讀，但欠缺生命的引導，試讀期的表現一般，只能勉強升讀中五。

中五時，我上課依舊不專心，有一次更被從英國來的班主任 Mr. Bernard 拍了一下後腦，我滿天星斗。震撼及羞愧之餘，好像從夢中被喚醒，從此收拾心情，專心面對中學會考。幸好，會考成績尚算不錯，在另一間學校升讀預科。然而，根基始終欠佳，未能入讀大學，只得在當時的理工學院修讀結構工程高級文憑課程。

初嘗大專生活的自由，我積極投身班會事務，最後卻因「技術繪圖」一科考試不及格，而被迫輟學。霎時間，錦繡前程在自己手中溜走，好像處於世界末日一般。後來在野谷的弟兄姊妹鼓勵下，我開展生命新的一頁。（詳見第四章）

兩年多後，工作機構推薦我報讀理工學院的社會工作文憑課程。我放下中學老師及青年工作者的身分，重返校園。我非常珍惜這次機會，但課程要求學生閱讀及撰寫文章，對我來說甚有困難。功課的壓力快要把我弄垮了，直至得到同學的提醒，我才放下非理性的執著，儘快完成功課，專心面對考試。結果成功畢業，更考入社會工作學位課程。

享受生命的學習

靠着天父的恩典，我加入了心儀的突破機構服侍。幾年後，感到心力耗盡，在蔡元雲醫生的鼓勵下，我遠赴瑞士學習生命重整。（詳見第六章）後來，又赴美國進修教育事工碩士。縱然沒有吸收很多新資訊，但在老師的鼓勵下，我用心去整理、反思及撰寫生命與服侍的經歷，成績出乎意料地理想，自己也很享受這個歷程。

近年，我參與不同的培訓工作，包括在神學院教書，與隊工共學共創，教學相長，這是得着最多的學習時段。我在喜愛的課題上鑽研、分享、教導，實在是享受，也非常榮幸。

歷奇人的心靈歷奇：生命的蛻變

出發前一晚，我仍為營會作最後預備至凌晨三時。早上鬧鐘響起，我好像只剛睡了一會，身體萬般不情願地起來，但營長的責任感驅使我萬不能遲到。爸爸的提醒、作弟弟榜樣的意識、加上特濃的奶茶，我終於清醒過來。年輕，總是無敵的！抵達中環碼頭，弟兄姊妹陸續出現及報到，心中又緊張又興奮。

四十多個年輕人及導師、四日三夜的生活、酷熱的天氣、簡樸的營地、密集的活動、「生命的蛻變」的信息，這個營會殊不簡單，是我們與魔鬼搶奪年輕人生命的爭戰！我多希望營會密集的活動，讓參與者的生命得改變。

往坪洲的船程中，我邀請參加者擔任組長，在解釋有關崗位的細則時，他們似乎不大明白，所以不大願意。我不禁想，年輕的我們，究竟預備好進入生命的蛻變嗎？

營地是野谷戶外活動中心，從坪洲碼頭轉乘「街渡」去大嶼山四白灣，再分批乘搭機動船去沙灘。然後，大家合作搬運物資，沿小徑抵達營地。到達時眾人汗流滿臉、衣衫盡濕。若非大部分人往年亦曾參與，恐怕單是這個旅程已嚇怕了他們！

在等候上岸時，曾在野谷服侍的導師力叔叔跟我分享過去服侍的難忘片段及眾多失敗的經歷。想不到像他這樣資深的培訓員，也曾經歷失誤、失意及失望。那在這個營會中，我會有什麼難忘的經驗呢？

進營後，大夥兒一起清潔營舍，學習彼此服侍、互相接待。晚上，眾人學習搭爐起火，加柴煽風，分組煮晚餐。我鼓勵各組將備好的食物送與其他小組分享，但是慷慨的分享，不一定換來對等的回應。

第一變

晚餐後，我們進行了夜間溯澗。各人可選擇獨行或二人同行，嘗試在沒燈光照明下沿澗上溯。

我站在澗中一個難度較高的位置，默默等候支援有需要的參加者。在月亮的映照下，看見他們前行的背影，心中實在為他們願意接受生命的挑戰而感恩！阿蘭和阿強出現了，阿蘭怯懦和驚慌，阿強果敢和衝動，恰成強烈對比。很多時，阿強站在前方拖着阿蘭前行，但阿蘭總是一步一躊躇。最後，他們站在澗的中游，一個要行，另一個不能動。

我請阿強先行，自己則牽着阿蘭的手逐步前行。然而，她遲疑、懷疑及驚叫，牽動我的情緒，心裏不禁嘀咕：「有我同行、扶助，你還要害怕？」我一直以為溯澗這類活動有助提升參與者的生命素質。想不到，這活動教我看到自己的生命素質：原來我的耐性很有限！

第二變

早餐後，各小組負責不同的營地工作：洗碗、清潔廁所和浴室、打掃房間及除草，平日較被動的年輕人也要分工合作，美化營地。

由於大部分人都夜睡，而且睡得不好。早上起來，如行屍走肉。早餐後的聖經教導，成了小睡的好時機。即使導師以活潑的表達方法，務求大家不致於陷入「昏迷」狀態，但這的確影響參加者對靜態活動的投入。

下午划竹筏後，大部分人都在溪中享受浸浴。縱使想與他們一起嬉戲，但我把握了那時間與年輕人一對一生命對談，相信能經驗生命相遇的奇妙經歷。

隨着晚霞淡退，高中組帶領營友在沙灘上享受營火晚會，土人般的化妝、歌曲、舞蹈，加上「搞笑」的遊戲，提升了眾人的情緒。最後，火光漸暗，我們凝視波浪中泛起的麟光，仰望夏夜的明月及繁星，捕捉劃破長空的流星，用心聆聽夜靜的籟音。

我本要提醒眾人早睡，也不要騷擾已睡的人。然而，我卻與他們傾談至凌晨三點多。若非導師起來提醒，相信我們還會繼續！究竟我所作的，是否與身分相稱？

第三變

有人說："Impression without expression leads to depression!"（沒有表達的領受容易變為憂鬱）

在導師阿靈及阿奇的帶領下，各人學習沉澱在營會的體會及學習，並以面譜、人形畫及沙灘畫等形式表達。這歷程讓他們整合頭腦的知識、心中的信念、內在的感覺、外在的表達、個人的領受，以及羣體的共鳴。

我逐一訪問他們，聆聽他們的演繹。其實我也想整理，但忙於帶領營會，只注目於他人的需要，忽略了營會的信息。使我反思當我致力傳福音給別人時，會否不自覺陷於「反被丟棄」的景況？

這天晚會，各人分享營會中的得着，並且一起創作歌詞，唱出心聲，歡笑及歡呼聲此起彼落，輕鬆表達「生命的蛻變」。

活動完結後，一位在感情、學業都遇上問題的女孩子邀請我去溪邊傾談。由於找不到其他女孩子陪同，我便與她單獨談了半小時，直至她情緒越發強烈，需要支援，我們才返回營地。我是否沒有顧及男女相處的界線？

最後一晚，導師放寬就寢時間，叮囑不要吵醒睡在大廳的野谷職員。這是因為營會人數較多，我們沒有為職員分配房間及牀位，他們每晚只能睡在活動的大廳，飽受夜睡營友的騷擾。但是，年輕人終歸是年輕人，他們非常興奮，不受控制似的高聲傾談及嬉笑。若非導師一再提醒，也不意識影響了其他人，包括大廳的職員。

作為營長，我有責任執行紀律，但卻猶疑是否伴隨他們玩樂及傾談？對於弟兄姊妹的需要，我應該怎樣平衡？

第四變

最後一天早上，我們上山敬拜。由於大家睡得很少，集合時顯得非常疲憊，途中又需要攀上大石，難度頗高。我難免自責，晚上的活動很豐富，唯每早的程序不也是很重要的嗎？大家的體力能否應付？

在眾技術人員的支援下，各人終於在大石上安頓，唱詩讚美主，聆聽傳道人在岩石上宣講信息。然而，不知道是陽光影響，還是疲倦，我只聽到傳道人的聲音，卻聽不進信息。不知道其他營友是否像我一樣呢？

經過幾天野谷同工的接待，我們希望回饋，於是在溪邊建設三合土小徑，祝福後來的人。有的在溪邊撿拾石塊、有的準備英泥，也有鋪設木框架及膠布的，平整及修飾水泥路表面。酷熱下，各人也盡心投入工作，沒有埋怨，互相配搭，彼此服侍。改變，原來已開始。

建設的時間較預期長，閉營禮只有一小時。我們寫下營會的得着：「神怎樣改變了我」，並向弟兄姊妹及野谷職員送上祝福，最後由導師分享作總結。

眾人因着早上的勞動、累積的睡眠不足，非常疲乏，有人甚至昏睡片刻。由於時間匆忙，每個環節都匆匆忙忙，為完成而完成。

出營後，怎樣才能延續營裏的學習、深化已有的改變？營會高峰過後，是否一定是進入低潮？當中我看到自己的疑惑及不足，又要怎樣面對？

從故事中學習

經驗深化：經驗學習的理念

一、學習的障礙

由年輕人帶動的活動，如營火會，能夠爆發澎湃的活力，感染身旁的人，甚至較成年人投入。這種亢奮的感覺，有助參加者投入，但這只是一種媒介（medium），為要達成更重要的目標（end）。

營會中，情緒提升只是其中一個指標，如要年輕人經歷全面的改變，需要其他體驗活動、羣體經歷，並提供安靜休歇及沉澱的空間、靈修時間、小組分享、個別對談等。部分活動如晚間溯澗、集體創作及導師分享，皆是引導眾人思想生命及整理營會領受的。然而，參與活動均需有足夠的體力、心力，才能出現生命反思及轉化。若年輕人只陶醉於羣體生活的樂趣，生命的轉化是難以出現的。

這次營會的年輕人似乎較好動。每當有活動和任務時，他們總是興高采烈；但聆聽信息時，很多人卻打瞌睡，反應冷淡。可見他們需要靜態學習及反思空間。若要有整全的學習，除了提升學習動機，更要教導他們學習界線及自律，辨識身體的需要及訊號，保持足夠休息及運動，建立合宜的作息節奏。

營會以「生命的蛻變」為題，藉不同程序演繹。但生命蛻變需要時間，若過度着重程序，欠缺機會給參加者沉澱信息，會忽略他們生命的特性及需要，更忽視天父心意。另外，**若過度重視所謂的高峰經歷，容易讓參加者只沉浸於情緒的亢奮，影響對靜態活動的投入，輕看內在及負面的經驗，這都是不理想的。真正的學習、成長及改變主要來自經驗的沉澱、深化，進而應用於日常生活當中。**

二、羣體與學習

單憑營會的程序，還不足以改變青年人多年來的習慣。生命的榜樣也十分重要，尤其是營地職員、教會導師及領袖的榜樣。此外，總動員參與營務，優化營地設施，更可以形成一種文化，成為羣體的特性！

是次營會，對於凝聚及深化教會年輕人羣體，效果甚為明顯。然而，在過程中，營長傾向於認同年輕人，不單沒有執行應有的紀律，更陪伴他們傾談至凌晨。這種領導方式即使換來年輕人的支持，但忽略了參與者的休息時間，以至野谷同工的需要，影響往後的聽道和攀石等活動。

營長晚上沒有按規則留在營地，與女孩子單獨到溪旁傾談，更罔顧羣體的界線，令兩人陷入試探中，樹立不良的榜樣。**營會，不單為建立羣體，也需要羣體去建立，必須依照起初的共識行事，才能成功建立羣體。**

三、寶貴的生命蛻變

從各人的分享及立志可見，個別參與者在營會經歷思想及方向上的改變。然而，生命蛻變是一生之久的歷程，從內而外，全人的改變，更是聖靈的工作。

在營會中感到最震撼的，可能是營長。他被委以重任，感到吃力之餘，更引發內心的掙扎及質疑：「我作得對嗎？我有能力嗎？我配嗎？」相對於其他工作人員，營長的職責更多、別人對他的寄望更高，他在營中所經歷的衝擊更大，引起的反思該更多！

在全然投入服侍時，他或感到是憑一己之力服侍整個營會（one for all），然而，主耶穌的心意也許是以整個羣體建立他（all for one）。畢竟，是祂一人以生命作眾人之代贖（ONE for all），我們的生命才可能蛻變！

即使營會中只有他經歷生命的蛻變，相信在掌管生命的主眼中，也不算少！

靈性的操練

聖經中的歷奇人：初期教會的彼得和約翰

讀經：〈使徒行傳〉3 章 1 至 11 節

對很多信徒來說，返教會逐漸成為習慣，不再思考為什麼，甚至對教會無甚期望。

〈使徒行傳〉記載，耶穌升天後，聖靈降臨，門徒說起別國的語言。使徒彼得勇敢地向眾人為主作見證、講道，三千人信主受洗，開展了初期教會。縱使當時沒有宏偉的聚會地點，信徒只在聖殿敬拜、家中吃飯聚會、彼此分享、凡物公用，卻得到眾民喜愛，主將得救的人天天加他們。

〈使徒行傳〉第 3 章記載教會初期一個特別的片段，讓我們反思教會的本質。

美地

1 **申初禱告的時候，彼得、約翰上聖殿去。**

2 **有一個人，生來是瘸腿的，天天被人抬來，放在殿的一個門口（那門名叫美門），要求進殿的人賙濟。**

經文記載，彼得和約翰在下午三時，如常到聖殿禱告。東門，又稱為美門，也是外院通往女院的門口。相信起初這門是很宏偉的，然而，經過被毀、重建、戰爭及蹂躪，光輝不再，連來獻祭的信眾也不會着意欣賞。

這生來瘸腿的中年人和其他有需要的人一樣，向進殿的人懇求施捨。對這個人來說，美門有多美與他無關。而對殘障、貧窮及老弱的人，這也不是一個美地。

我們對教會有沒有美的感覺及理解？抑或只慣性地出席？我們有否輕看神的殿？作為被召的羣體，聚會中豐富的程序有沒有使我們只看見事工，卻看不見當中的生命，特別是那些不起眼、有困難、迷失、受苦的生命。若然如此，這也是輕忽上主的榮光及心意！

美事

3 他看見彼得、約翰將要進殿，就求他們賙濟。

4 彼得、約翰定睛看他；彼得說：「你看我們！」

5 那人就留意看他們，指望得着什麼。

6 彼得說：「金銀我都沒有，只把我所有的給你：我奉拿撒勒人耶穌基督的名，叫你起來行走！」

7 於是拉着他的右手，扶他起來；他的腳和踝子骨立刻健壯了，

8 就跳起來，站着，又行走……

初期教會，像耶穌在世時一樣，曾經發生很多奇妙的事。

彼得與約翰看着發覺他的苦情，不單在身體上，心靈也飽受欺壓，以致行乞時不敢看着別人。彼得重視這瘸腿的，視他為有尊嚴的人，期望與他有眼神接觸，甚至有生命的交流。面對這奇怪的邀請，那人仰望他們，也期望得着一些賙濟。

彼得沒有經濟上的賙濟，只靠拿撒勒人耶穌基督的名，就讓瘸腿的得醫治，是一個轟動的奇蹟。然而，最特別的是藉着使徒，軟弱、殘障、貧乏、被忽略的人可以經歷福音的真實，讓美事發生在美門，讓美門成為美地！

今天我們在教會聚會中，又經歷什麼美事呢？這經歷對我們的生命有何影響？

美生命

8 同他們進了殿，走着，跳着，讚美神。

9 百姓都看見他行走，讚美神；

10 認得他是那素常坐在殿的美門口求賙濟的，就因他所遇着的事滿心希奇、驚訝。

11 那人正在稱為所羅門的廊下，拉着彼得、約翰；眾百姓一齊跑到他們那裏，很覺希奇。

對於那生來瘸腿的人，站起來已超越所想所求，他像孩子般來回走着、跳着，與使徒一起走進聖殿，高聲讚頌神。這奇妙的醫治讓他的身體健全，更釋放了他的心靈，使他與神結連，能夠在神的殿中讚美神，生命從此蛻變！

奇蹟引起其他人的好奇，真正的生命改變，會攪動更多人的心靈，引發他們對生命轉化的渴求！當我們仔細回看，便知道這一切源於使徒委身跟隨基督，經歷聖靈的轉化，以致憑着信心施行醫治，進而啟動生命影響生命的祝福。

今天我們要問：這些事情是否只能發生在使徒時代？我們怎樣才能像他們一樣，領受、持守及更新從主而來的美麗生命呢？

集體生命改變

《聖經》提到，當時彼得爭取機會宣講主耶穌復活的信息，約五千人信主。然而，同時也引來祭司、守殿官及撒都該人的干預，而被帶到公會受審。

彼得、約翰被聖靈充滿，放膽為主作見證，面對宗教領導及官府的威嚇，勇敢地表白：

你們眾人和以色列百姓都當知道，站在你們面前的這人得痊癒是因你們所釘十字架、神叫祂從死裏復活的拿撒勒人耶穌基督的名。祂是你們匠人所棄的石頭，已成了房角的頭塊石頭。除祂以外，別無拯救；因為在天下人間，沒

有賜下別的名，我們可以靠着得救。……聽從你們，不聽從神，這在神面前合理不合理，你們自己酌量吧！我們所看見所聽見的，不能不說。（徒四 10-12、19-20）

他們對神的信心及忠心，使官長們無話可説，只有釋放他們。之後，他們靠着聖靈放膽講道，見證耶穌復活，會眾都一心一意，彼此服侍。昔日使徒憑信跟隨基督、建立教會，我們今天又如何？

生命信念

我作孩子的時候，話語像孩子，心思像孩子，意念像孩子，既成了人，就把孩子的事丟棄了。我們如今彷彿對着鏡子觀看，模糊不清；到那時就要面對面了。我如今所知道的有限，到那時就全知道，如同主知道我一樣。（林前十三 11-12）

基於我們有限的視野，限制了對自己、生命及掌管生命的主的理解。保羅提到我們像孩子，現在所見的只是鏡子的反照，或是從霧中觀花，對真理模糊不清。時候到了，我們與主面對面的共處，便能全知道祂，好像祂全知道我們一樣。

最有意義的經驗學習，就是以我們有限的經驗，確信自己在神無限的真實中，有那被揀選獨特的位分！

實用篇

- **專題探索**：基督信仰為本的經驗學習初探
- **理論結連**：Colin Beard & John P. Wilson. *The Power of Experiential Learning: A Handbook for Trainers and Educators.*
- **應用提示**：經驗學習活動相關工具──
  - 「生命的蛻變」程序表
  - 設計原則
  - 危機管理
  - 靈修默想資料

專題探索：基督信仰為本的經驗學習初探

經驗學習在歷奇輔導事工中有獨特的貢獻，雖然很多工作者都把經驗學習掛在口邊，並運用數個有關帶領及解說的理念工具，不過這種實踐方式，與基督信仰教導的形式及本質仍有距離。

一、經驗學習的本質

1. 源起與流變

經驗學習理論由杜威（John Dewey）提出，是傳統教育以外的選擇。經驗學習起源於人本主義思想，突破以教師為本、單向的傳統教學方式；**是一種以學習者為本的教育取向，重視他們整全的參與及體驗，以期達至適切及有效的學習。**

時至今日，經驗學習的實踐五花八門，除滲透在教育的理念、課程，更孕育出不同的專項模式，包括漸受重視的參與式學習、旅遊學習、服務學習等，與香港推動的通識教育，理念上有很多共通之處。此外，經驗學習還融合了大自然中學習，衍生出營會運動及營幕治療，而與野外歷奇有關的則有戶外教育、大自然教育、環保教育、歷奇教育及輔導、歷奇及野外治療等。

經驗學習還應用到與身體動作相關的模式，演變成身體運動及表達的支流，如一人一劇場（Play back）、動作治療（Movement therapy）等非歷奇模式。還應用於對生活及生命的關注，出現了道德教育、生命教育、生死教育等。

主流教育重視考試成績，故此傳統的單向、背誦的教學模式仍非常流行。然而，在教育改革下，不少教育工作者、青年工作者均嘗試以經驗學習幫助學生成長。在大部分學校，不難見到經驗學習的嘗試，而社會服務團體舉辦的非正規教育活動，經驗學習更成為主導的教育理念。

2. 期望效果

相對傳統單向、被動的學習，經驗學習重視學習者的參與、體會、觀察、試驗、反思、總結及再嘗試，讓他們在歷程中掌握技巧、得着啟發、領受信念及孕育相關素質。

有別於教師提供標準答案，經驗學習鼓勵學習者在複雜、混亂及困難的場景下進入現場，藉着不同角度的觀察、提問及思考，進而產生個人的判斷及行動取向。

參與者親身體驗，然後透過工作者的解說，學習反思，造就個人改變及實踐。

"Experiential learning as the insight gained through the conscious or unconscious internationalization of our own or observed experiences, which build upon our past experiences or knowledge."（Beard & Wilson（2002）：*The Power of Experiential Learning*, p. 39）（經驗學習是指藉着個人或觀察他人的經驗或知識為基礎，作出有意識或無意識的內化歷程，促成學習。）

Kolb 提倡的經驗學習，便是經驗及意識、演繹及反思、綜合及判斷、應用及測試等四個不斷循環的階段。進行實踐後反思，可以透過四個 What（什麼）：What、So what、Now what、Then what；或是 Greenaway 的 4F 動感解說：事實（Facts）、感受（Feelings）、發現（Findings）和將來（Future），幫助學習者多角度演繹經驗，探索箇中意義。

3. 實踐限制

以體驗為基礎的經驗學習，參加者容易得到很多不同的體驗，卻缺乏反思。早期的野外教育倡導："Let the mountains speak for themselves."，假設野外經驗會帶來啟迪及學習。然而，一般城市人去野外體驗時，花很多時間拍攝、錄像、閒談，不過是用金錢購買新鮮空氣、廣闊視野、簡樸生活，甚或歷險活動所帶來的高峰體驗。

經驗的選取是學習成效及意義關鍵之一。縱使不少倡導經驗學習的前輩指出，負面經驗也能帶出正面效果，但有些經驗會帶來不可磨滅、不可逆轉的傷害，如濫交、濫藥等。如何幫助學生選擇建設性的經驗，或是在傷害性的經驗中止步，也是一個重要的課題。

有時工作者對於有意義的經驗，若欠缺事前準備，容易出現學習者與學習經驗錯配，影響學習意願及效果；更惡劣的是，學習者產生抗拒，長遠削弱學習動機。

經驗學習的重要環節是反思、學習轉移（transfer of learning）；但很多時候，活動因「時間關係」而草草收場，難以寄望學習得以轉移。即或有人願意深化有關經驗，帶領者及參與者的視野也會攔阻自己對經驗信息、意義的理解。學習者不自覺，就很難有生命的更新！

經驗學習最大的限制，就是感官理解式的學習；事實上生命中很多重要的事情，如信念、信仰、真理都是超越感官層次的，要真正理解這些課題，必須配合神啟示的真理。為此，Parker Palmer 就倡導以真理為本的教育，並強調："To teach is to create space in which obedience to truth is practiced."（教導就是創造能夠實踐對真理順服的空間）。

二、以基督信仰為本的經驗學習

以 Palmer 的話來説，以基督信仰為本的經驗學習的基礎包括 ——

1. 真理為本

學習不是為了個人增值，乃是為認識及實踐真理。對於跟隨基督的人，真理是世界所崇尚的普世價值，如憐憫、公義、合一、和平等，是上主的啟示。對於學習者，真理是經驗及意識的內容、演繹及反思的框架、綜合及判斷的依歸，也是應用及測試的場景。

真理讓我們不至自以為是，陷於個人世界的迷思，也讓我們以謙卑、敬畏的心懷觀看及參與神宏大的敘事（grand narrative）。

2. 學習空間

以真理為本的學習，絕非單由人主導及控制，如Palmer所說，我們能作的，只是塑造及拓展一個學習空間，讓學習者遇見及領受改變生命的真理。

這也是一個接待的空間——包括環境、節奏、氣氛及關係，讓學習者感到安全及輕鬆、被接納及重視，與人同行共學，一起體驗及反思生命，領受及順服真理，選擇及確認再上路的方向。

3. 實踐平台

經歷及領受真理後，經過實踐，生命一定會改變，最終孕育成生命素質的一部分。最理想的平台必須與現實場景相近，讓學習得以轉移及實踐，然後啟動另一個學習循環。

4. 羣體共學

Palmer倡導的理念，包含了共學羣體。**教導者應該放下一貫的權威，期望學習者能夠與他人同行共學，印證真理，也要看自己是共學羣體的一份子。**

三、三本彰顯真理的書

1. The Book of Scripture——《聖經》

「信道是從聽道來的，聽道是從基督的話來的。」(羅十 17)

「聖經都是神所默示的，於教訓、督責、使人歸正、教導人學義都是有益的，叫屬神的人得以完全，預備行各樣的善事。」(提後三 16-17)

「唯喜愛耶和華的律法，晝夜思想，這人便為有福！」(詩一 2)

創天造地的神是真理的源頭，以真理為本的經驗學習須以神的話語——《聖經》為依據，涵括神的創造、人的墮落及回轉、神的懲治及拯救、末世的預言及應許；還記載耶穌在世上的事蹟、教訓、受苦、被釘死、復活及升天、並聖靈降臨及內住信徒心中的事實。

2. The Book of Nature —— 大自然

「諸天述說神的榮耀；穹蒼傳揚祂的手段。」(詩十九 1)

「自從造天地以來，神的永能和神性是明明可知的，雖是眼不能見，但藉着所造之物就可以曉得，叫人無可推諉。」(羅一 20)

自古以來，人對大自然感受複雜，一方面充滿感恩，另一方面為天災感到困惑及無助，以致造偶像當作神靈膜拜、獻祭。有別於其他宗教及民族的理解，《聖經》描述的天地萬物，均是神的傑作。山嶺和大自然都在傳述創造者的榮耀。

3. The Book of Life —— 生命

「我們原是祂的工作，在基督耶穌裏造成的，為要叫我們行善，就是神所預備叫我們行的。」(弗二 10)

「我觀看你指頭所造的天，並你所陳設的月亮星宿，便說：人算什麼，你竟顧念他！世人算什麼，你竟眷顧他！你叫他比天使微小一點，並賜他榮耀尊貴為冠冕。」(詩八 3-5)

「因為世人都犯了罪，虧缺了神的榮耀。」(羅三 23)

在神眼中，我們都是尊貴的，但在祂的公義裏，也是墮落的，需要祂的拯救。耶穌基督升天後，聖靈內住每一位信徒心中，要完備主耶穌用祂的寶血開展的更新信徒的工作。

Palmer 說："Let your life speak!"(讓生命發聲)，他確信每一個人的生命在神手中均有信息。無論生命有何遭遇，創造和救贖的主仍與我們同在，我們的順服和配合可以彰顯祂的榮美，而叛逆及回轉更呈現祂的慈愛及忍耐。

上述三本書，包含了生命、信仰和基督三種特質，都是經驗學習的方向。而我們熟悉的經驗學習，即屬靈操練中有關生命重整的部分，幫助我們學習靠着聖靈的引導，回顧生命的路徑，尋覓上帝在當中的印記，數算祂的恩典，面對生命的幽暗、罪過及傷痛，並經歷祂奇妙的赦免、轉化及醫治，學習放下及寬恕，領受從祂而來的夢想及召命，這是生命信息的源頭！

四、信仰內的經驗學習特質

1. 生命的特質

以基督信仰為本的經驗學習，要讓參與者藉着不同的體驗達到：

肯定生命：透過觀察、聆聽及其他感官辨認生命中的豐富、獨特及意義，確認人是創造者創造高峰的奇妙計劃。

更新生命：願意面對生命的真相，承認內在的傷痛、幽暗及未了的事（unfinished business），靠着聖靈醫治及釋放、歸正及復和、重整及更新，讓生命與蒙召的恩相配，學效耶穌，開展生命成聖的旅程。

呈獻生命：以樂意及感恩的心回應神厚賜的生命恩典，將最好的獻上，為主使用。全然的呈獻不是指奉獻有餘的金錢、時間及才幹，而是放下主權，順從祂的心意及計劃，確信祂的帶領及掌管是最好的。

生命是一個奧秘，超乎我們所理解，有生命特質的經驗學習是穿透一切的障礙，靠主經歷生命的超越。

2. 信仰的特質

「信就是所望之事的實底，是未見之事的確據。」（來十一 1）說明信靠神是我們活得豐盛的基礎，也是對未見、未知事物的把握。

有信仰特質的經驗學習雖建基於感官體驗，卻也超越感官體驗，讓我們能與那肉眼看不見的世界結連，看那看不見的、聽那聽不到的。

一般經驗學習強調的團隊精神，是藉着與眾人一起解決困難，學習彼此信任，並領會信任那看不見的神。事實上，經驗學習本身蘊含着踏出安舒區、進入未知景況的元素，讓參與者操練信心的功課，體會生命中可知及未知的奧秘。**故此，經驗學習可以在活動中加添不同的信仰相關元素，如：信任、恩典、天使、魔鬼、苦罪、生死等，為參與者帶來不一樣的體驗。**

3. 基督的特質

「神愛世人，甚至將祂的獨生子賜給他們，叫一切信祂的，不至滅亡，反得永生。」（約三 16）

含信仰元素的經驗學習也要彰顯三一神的位格，內容如主耶穌的一生：治病、趕鬼及行神蹟、受苦、受死及復活、福音及禍音、應許與懲罰、末世及再臨等主題，福音書是重要的資料來源。

從表面看來，這是人主動的探索、體驗及認知，事實卻是生命的主道成肉身，主動啟示自己，我們只是對祂的主動作出回應。與祂相遇、近距離接觸，經歷祂奇妙恩典後，每一位信徒的生命均會不再一樣，能以成為祂的見證人！

對於工作者而言，經驗學習最終是學效耶穌愛及謙卑的榜樣，在服侍的歷程中學習隱藏自己，「不見一人，只見耶穌」。這是建基於基督信仰與神、與己、與人相遇的獨特經歷。**引領參與者與神相遇，不能單靠人的力量及智慧，乃是讓聖靈在過程中引領、開啟及改變人心。**

五、基督信仰經驗學習活動的整全向度

1. 長

介入及影響的時間，不要短期、密集、一次性、煙火式的經歷，而要事前準備及醞釀、當下體驗及學習、事後跟進及實踐、長期陪伴及同行，適時強化及提升等，才能體現生命的成長及改變。若要提供長時間的學習經驗，不單需要考慮量與質的平衡，也要尋找長期合作夥伴。

2. 闊

多元化體驗，讓參與者得着多樣經歷，擴闊視野，學習多角度、跨文化思考，並儘可能提供循序漸進的參與層次，如讓參與者自行策劃、設計、執行有意義的行動實踐空間。

3. 高

視野及生命的提升，除了在活動中的高峰經歷外，工作者需要讓參與者接觸、觀看及參與具超越性的事物，如訪談有深度生命經歷的人，期望參與者聽後生命有所突破。真正的高，就是到造物主面前，數算祂的恩典，聆聽祂微聲的呼喚，領受召命。

4. 深

生命內在的深度旅程（inner journey）。發掘內在的渴求及夢想，接觸隱藏的幽暗及傷痛，讓參與者靠着主的恩典經歷生命的破碎、重建及更新。

小結

以基督信仰為本的經驗學習活動，應是真實及有意義的，參與者從中體驗生命、超越生命，並在過程中與創造、救贖及掌管生命的主結連。體驗活動必須建基於三本真理的書：《聖經》、大自然及生命，作為基礎及反思的依據。

在構思及帶領多元化的體驗時，工作者要開放自己，讓聖靈介入及引領，聆聽耶穌的呼喚，期待着：主耶穌帶我去體驗，這樣才能讓眾人超越感官的限制，與那掌管生命的主相遇。

理論結連

書名：*The Power of Experiential Learning: A Handbook for Trainers and Educators*

作者：Colin Beard & John P. Wilson

出版資料：London: Kogan Page

出版年份：2002

一、內容簡介

這書專為經驗學習培訓員及教育者而寫，認定經驗學習是以學習者為焦點，並運用行動、反思及轉移等元素的學習模式，幫助學習者更有效及持久學習。

兩位作者參考不同領域的知識和多位學者的研究，嘗試豐富經驗學習的向度及整全性，建構涵括不同學習元素的理念工具 —— 學習組合鎖（learning combination lock），包括以下幾個向度：

外在環境：包括環境（milieu）、地方及元素（places and elements）兩組齒輪。環境是指不同的活動、智能及身體的挑戰、真實或模擬的旅程、真實或想像的障礙、共同認可的規則、當下的現實場景等；地方是指人工建築物及自然環境、室內及戶外等；元素則是指地土（沼澤、山嶺）、空氣（氣候）、火、水（溪澗、湖泊）、日夜、冷熱、黑暗及寂靜等。上述一切都會影響學習者的情緒，幫助他們發現新事物，探索內心及帶來啟迪。

內在環境：包括情緒（emotions）、智能形態（forms of intelligence）及學習方法（ways of learning）三組齒輪。作為影響行動的主要因素之一，情緒是指生活可能出現的各樣情感，如：煩悶、恐懼、喜悅等。

基於嘉納（Howard Gardner）的理論，智能包括語言、邏輯算術、空間、音樂、肢體、人際及內省等七項元素，而另一種較為普遍的智能形態分類，則是智商（IQ）、情緒智商（EQ）、逆境智商（AQ）及精神智商（SQ）。至於學習方法則包括行動型、實用型、理論型、反思型等，也包括不同時態學習，如回顧（retrospective）、並存（concurrent）、前瞻（prospective）等。

感官：眼睛（視覺）、耳朵（聽覺）、嘴巴（味覺）、鼻子（嗅覺）、神經（觸覺）及直覺等。培訓者運用學習組合鎖的意念，連繫這六組齒輪（感觀）的不同元素，組合出變化萬千的學習經驗。兩位作者更鼓勵培訓者在閱讀及實踐這本書的理念後，發掘更多元素，創作更多齒輪。

另外，本書在每一個課題，加入不同學者相關論述，精簡介紹其詞彙及觀念，並加插圖解，讓讀者一目了然。同時，亦有介紹業界的實踐，引入不同實例，以提升這書的實用性。

二、應用

整體而言，這書為經驗學習提供全面而深入的理念基礎，介紹不少工具，是重要的參考手冊，但涵括的範圍廣泛，讀者宜按需要選取個別課題閱讀。

三、缺欠

書中美中不足之處，是兩位作者較少着墨於屬靈層次，除了個別的心靈經歷及研究，找出普世的屬靈價值與定律外，完全忽略創造生命、掌管經驗的上主。讀者若想在這方面延伸研究，便需要尋找其他書籍。

應用提示：經驗學習活動相關工具

一、「生命的蛻變」程序表

	第一日	第二日	第三日	第四日
早	・集合 ・乘船往營地	・早操 ・敬拜 ・靈修及小組分享（分齡） ・營務 ・主題教導及小組分享（分齡） ・繩結班	・早操 ・敬拜 ・靈修及小組分享（分齡） ・營務 ・主題教導及小組分享（分齡）	・早操 ・山野敬拜 ・靈修及小組分享（分齡） ・營務 ・營地建設
午	・開營禮 ・敬拜 ・大掃除 ・柴火煮食	・黃金時間 ・竹筏 ・生命對談	・黃金時間 ・大創作 ・生命對談	・閉營禮 ・執拾營地 ・回程
晚	・敬拜 ・溯澗 ・小組分享（混合）	・生命對談 ・營火會	・敬拜 ・小組分享（混合） ・晚會表演	

二、設計原則

1. 青年主導

整個營會籌劃及運作的歷程，由教會的年輕人參與。年輕人除擔任營長，大部分的程序（如敬拜、營火會、大創作、大掃除、營務、早操、開營禮及閉營禮）也是由他們帶領。

2.《聖經》為本

從營會主題到信息教導與默想，導師皆以〈羅馬書〉作藍本，讓營友更明白當中的意念，並鼓勵他們以神的說話整合營會的經驗。

在靈修時段，因應營友不同的年齡，默想資料也分為基本及進深兩種。

3. 參與學習

營會着重營友的參與式學習。營會開始時的大掃除及每天的營務，幫助營友建立對羣體的歸屬感。第一晚柴火煮食就是讓他們以簡單的方式預備晚飯，學會更珍惜別人，特別是家人的預備。最後一天的營地建設，讓他們回報營地的服務，藉勞動及建設祝福後來的人。

4. 動靜兼備

這個營會不乏年輕人喜愛的動感活動，如：溯澗、竹筏、營火會、營地建設等。然而，由於營會的主題：「生命的蛻變」需要較多的學習及沉澱的空間，所以亦要安排靜態活動，如：靈修及分享、主題教導、黃金時間（午睡）等。

5. 生命取向

除了動與靜的程序，營會重視生命反思、成長及長遠的蛻變，營中的分組時間，讓不同年齡的青年人混合；至於靈修及信息教導後之分享，則是按齡分組，都是給予機會他們反思生命。安排導師及青年領袖與青年人作生命對談，了解他們的生命景況及為他們禱告。

6. 跨代隊工

縱使年輕人在這營會承擔很重要的角色，成人導師也全程參與及支援，組成跨代隊工，負責主題信息教導，帶領靈修及信息教導後分享。

7. 夥伴配搭

這次是教會第二年到野谷舉辦營會，與野谷同工已建立密切的夥伴關係；除了在籌劃時彼此協調外，在營會期間亦實踐共帶的精神。野谷同工除負責營地運作及膳食，更帶領高技術的活動（竹筏）及其他程序之技術及危機支援（如柴火煮食、溯澗、野外崇拜之攀登路段）。

三、危機管理

由於營會在簡樸的營地及郊野舉行，隊工需要對危機程度較高的活動提供危機評估及支援。

在柴火煮食的過程中，導師及野谷同工均在場守候及支援。夜間溯澗，負責隊工在野谷同工的帶領下預先探路，按情況修改路線，並在難度較高的位置設立支援點。

划竹筏時，每位營友皆要穿上救生衣，旁邊更有機動艇及小船在守望及護航。最後一天野外崇拜前的攀登路段，野谷同工亦提供技術支援。

四、靈修默想資料

主題經文：〈羅馬書〉12 章 1 至 2 節

1. 內心交戰

程度：進深
時間：第二天
讀經：〈羅馬書〉7 章 14 至 25 節

此段採用現在式時態，描寫保羅初期信主的情形，或泛指世人或信徒單靠自己的經歷。

律法是良善的，卻無法助人為善；律法不是罪，卻無法阻止人作惡。罪把歷來人類罩在一個可憐無助的處境中。人是身不由己、軟弱的。

- 作為已信主的人，為何還會有這種掙扎呢？
- 我怎能讓生命所有部分都喜歡遵行神的旨意？
- 基督徒面對罪無助的呼喊與靠着基督得勝有何關係？

程度：基本
時間：第二天
讀經：〈羅馬書〉7 章 18 至 25 節

保羅告訴信徒，他覺得自己內裏好像有兩個人在爭戰，善和惡都拉着他。我真是苦啊！是保羅和每一個人痛苦的呼聲。有時明明知道是錯的，卻情不自禁地順從肉體去做了。有時明明知道應該怎樣做，但肉體卻阻止我們去做。當肉體和內心交戰時，信徒要靠主警醒、得勝。

- 「立志行善由得我，行出來卻由不得我」是你生活的寫照嗎？

2. 靠聖靈而活

程度：進深
時間：第三天
讀經：〈羅馬書〉8 章 1 至 17 節

- 在我們裏面，神（包括聖靈及基督）與肉體的爭持，到底是怎樣的？

- 在我們仍有肉體軟弱之時，究竟怎樣才真正討神喜悦？

- 作為神的兒子，生命會有何不同？

• •

程度：基本
時間：第三天
讀經：〈羅馬書〉8 章 1 至 6 節、12 至 15 節

- 在基督裏我們得着什麼？

- 神的兒子作了什麼？

- 隨從聖靈可得着什麼？

- 隨從肉體的人，以______為念；隨從聖靈的人，以______為念。

- 以肉體為念就______，以聖靈為念就是______。

處境	體貼肉體的行動	體貼聖靈的行動
不懂得做功課		
被人觸怒		
見到色情封面雜誌		
是時候返崇拜卻仍在被窩中		

3. 得勝有餘

程度：進深
時間：第四天
讀經：〈羅馬書〉8 章 26 至 39 節

- 在我們不懂得、不願意，甚至無能力向神禱告呼求時，聖靈為我們禱告有何意義？
- 相對中國文化的阿 Q 精神，這裏所提及「萬事都互相效力」有何特別？
- 生命中有什麼事情會攔阻神實踐祂對我們的愛呢？

程度：基本
時間：第四天
讀經：〈羅馬書〉8 章 26 至 28、35 至 39 節

- 若你現在遇到不開心的事，令你感焦慮或軟弱，你會如何面對呢？

- 請列出這段經文給我們的應許。

2. 歷奇 ——

生命超越

生命操練篇

歷奇人説故事

- **我的歷奇路**：落湯雞
- **歷奇人的心靈歷奇**：這一晚夜

從故事中學習

- **經驗深化**：意外分析

靈性的操練

- **聖經中的歷奇人**：以斯帖
- **生命信念**

歷奇人説故事

我的歷奇路：落湯雞

讀幼稚園的時候，一次學校假期，保母車司機照樣送了我、姊姊及她的同學回校。後來，不知是誰的主意，司機帶我們去了故居附近。

故居位於山邊一條村落，遍山菜田及果園，難得沒有父母在旁，好動的我到處奔跑、遊玩、探索。一不留神，踏着滑溜的泥土，直衝進水池中，只得拚命揮動雙手求救。

幸好，姊姊及她同學及時把我拉出水面。當其他人仍然開心地玩耍，我卻如一隻落湯雞，只是站在旁邊顫抖。

我好動的性格經常把自己帶進險境，感謝上帝的恩典，我沒有受傷，有驚無險。

歷奇人的心靈歷奇：這一晚夜

這是七天的青年領袖訓練營，目的是培育參加者的僕人領袖素質，回應世代的召命。

經過數天的營會活動，包括歷奇、小組分享等，營友的參與及回應都不大理想，同工一直籌算如何讓參與者突破。接着的「這一晚夜」（山上獨處）是由教練團隊帶領上山，抵達山脊時分組安頓，由小組導師逐一禱告祝福後，青年人開始野外獨處，直至翌日清晨，期間導師會輪流探望及問候。翌日破曉前，眾人齊集分享獨處的感受，並一同等候黎明，聆聽山上的信息。相信「這一晚夜」能為眾人帶來難忘的經歷！

傍晚時分，天朗氣清，炎熱但吹着微風。眾人分三條路線浩浩蕩蕩出發，營牧 Mike 則留守大本營。出發前，Mike 為參加者禱告，期望旅程平安，也讓他們上山後容易進入個人獨處時的心靈狀態，甚至特意祈求掌管生命的主向各人説話。

正當 Mike 與眾人握手道別及祝福時，天文台發出雷暴警告。眼看天色依然良好，唯遠方的山嶺只有一些積雲，看不出是惡劣天氣的先兆，眾人依舊出發。Mike 盤算領隊 Dave 的應變，決定延遲離開，守候在對講機旁，看有什麼能夠支援。畢竟，在山上均是自己所愛、所記掛的同工、義工及年輕人。

風雲驟變

黃昏後，雷電交加，雨下個不停，天文台發出黃色暴雨警告，而對講機另一邊傳來撤退的消息。大本營的後山是撤退的必經之路，Mike 跑到那兒，不禁倒抽一口氣。平日只有足踝深的小溪，現在卻暴漲成滔滔的激流。他心中不禁説：「是支援的時候了！」

營地的隊工逐漸意識情況嚴峻，但有野外歷奇技術背景及經驗的同工、義工皆在山上，Mike 只能帶幾個自願幫忙的年輕人走到溪旁，盤算如何協助撤退的人安全渡溪。

Mike 決定以繩索設置渡溪系統，讓撤退隊伍毋需在對岸久候。經初步測試，系統效果不錯，為方便器材運送，Mike 多加了一條牽引繩。忙碌之際，合作多年的同工 Alan 携着安全帶跑來支援，Mike 頓時感到振奮。在這情境，一張熟悉的面孔、一份合作的默契，對他異常重要。

生死邊緣見主恩

當第一組人抵達溪邊，看着溪水洶湧，臉上多有懼色。過溪前，Mike 安排 Alan 協助過溪者扣上安全帶，自己則伴隨過溪，溪的另一邊則有數位年輕人負責收緊繩索，以防他們被溪水沖去。

扣上安全帶後，個子矮小的導師 Christy 一馬當先，在 Mike 陪伴之下橫渡急流。起初渡溪的過程順利，只差兩步成功上岸時，後加的牽引繩長度不足，二人難以前行。那時候，只要支援隊放鬆繩索，讓他們返回溪中解開繩結便可，但嘩啦嘩啦的水聲阻礙他們溝通。支援的年輕人忠於所託，拚命拉着繩索，反令他們進退兩難，被困在洶湧的溪水之中。

突然，Christy 被大水沖至站立不穩，一個踉蹌，頭部浸在溪水內。Mike 多番嘗試承托她的頭部，卻無濟於事。眼見 Christy 情況危急，而他亦逐漸因力竭而嗆水氣促，Mike 只能呼喊:「救她！」説時遲，那時快，Alan 借來營友的小刀，割斷那牽引繩，Mike 終於能夠將 Christy 的頭扶出水面，在他人的支援下，成功將她拯救上岸，回營地接受護理。

繁星再現朗月照

Mike 及 Christy 的經歷警惕眾人需更謹慎，另一隊工在 Dave 帶領下努力尋求協助營友渡溪的方法，眾人築起長鋁梯作渡溪的通道，而隊工中的一句話成為眾人的提醒：「慢慢來，不用急！」

身體疲乏，但心靈震動，Mike 及 Alan 繼續支援其他營友渡河。渡河時，他們不忘先行禱告交託；過程中，他們曾數次冒險渡溪。有一次，Alan 甚至掉進溪裏；幸好因繫上安全繩，並有 Mike 在背後防護，才不致被溪水沖去！

當最後一位營友安全過溪後，雨停了，眾人抬頭，只見繁星點點，朗月高照。當隊工步入營地時，整夜等候的營友以熱烈的掌聲歡迎，歡迎拯救隊伍之餘，更慶祝羣體安全歸來，一個也沒有少。

這一晚夜，實在難忘！

從故事中學習

經驗深化：意外分析

在「這一晚夜」的經歷，可以學習的實在很多。

一、守望機制

香港的夏天是雨季，這次意外來自那急劇變化的天氣。

出發時，天文台剛發出雷暴警告。眾人上山後，天氣開始出現變化，幾小時內，雷電交加，滂沱大雨，天文台甚至曾發出紅色暴雨警告。Dave 知道雷暴警告生效，沒時間詳細考慮。在欠缺危機應變決策的共識及機制下，Dave 需要獨自決定。那時，Dave 決定繼續行程。除了眼見天氣晴朗外，相信是急欲參加者得着難忘經歷有關。

若遇上需要特殊處理的情景，帶領同工應諮詢上司的意見，得着批准及支援，才能超越有關指引。**團隊必需有危機管理的隊工，在程序安排及突發事情中負責危機評估。**若當中沒有野外歷奇或危機管理的專業人士，帶領者亦應諮詢項目的核心隊工及同輩隊工，確保得着所需的共識及支援，亦需聆聽及回應不同的資訊，甚至主動尋求同工的觀察、提醒及意見，才作出合宜的決定。而基督教信仰為本歷奇輔導工作者更必須聆聽聖靈微小的聲音，並祂藉身邊人的提點。

二、羣體的支援

任何野外歷奇活動均需要專業隊工的帶領及支援，而大型訓練營需要更多的支援，如：核心團隊、程序、導師、心靈支援等隊工。若有特殊事故，需要全體動員參與，減少當下的負面影響及衝擊。

安排支援時，Mike 只能動員幾位樂意幫助的精壯青年人。他們空有熱心，卻欠缺相關經驗及訓練。不過，Alan 的支援，令 Mike 頓時振奮。

事實上，面對嚴峻及危險的處境、待救者恐慌及急切需要、個人承受強大的心理壓力，支援者也需要別人的守望及支援。危機支援者必須認清自己的處境及限制，留意和保障自己的安全，才能幫助別人。而且，他不單需要有冷靜、謹慎、果敢等素質，更需要在適時尋求他人、特別是領導同工的意見及支持，並按既定之危機應變機制而行。

營會程序計劃必須設立危機管理系統，於事前及過程中作危機評估，並且預先安排危機支援策略及運作機制。負責隊工必須具備危機意識，危機支援隊更應具備有關的訓練及裝備，並定期作危機應變及支援演習。

工作者重視野外歷奇的知識、技巧、經驗、裝備及危機管理，也需要具備與歷奇及冒險相輔相成的素質：冷靜、謹慎、果敢、堅忍及謙卑。

三、系統測試

為免撤退隊伍在溪邊等候太久，Mike 選擇設置渡溪系統，唯開始前應重複檢查及測試，才不會令使用者陷入險境。此外，所有參與支援的隊員，亦應清楚了解系統的運作及分工。

渡溪系統的效果不錯，而後加的牽引繩，原意方便器材傳遞；但後來因着急於部署，未及測試，更未能向支援的人士講解突發事情的應變。開始過溪時過程順利，但後加的牽引繩長度不足，溪水洶湧，無法知會支援者放鬆繩索，以致 Mike 和 Christy 進退兩難，被困水中，幾乎遇溺。

事後孔明，若 Mike 不堅持要求山上的隊伍回營地，或許他們可以安全地在溪邊等至雨過天晴，就可以輕輕鬆鬆渡溪。

從人的角度看，這是一次錯誤，甚至是失敗的拯救。既未能協助各人安全渡溪，更有可能帶來災難的後果。究其原因，主要是 Mike 事前沒有測試牽引繩的長度，欠缺建立與支援隊工應變的共識，亦低估溪水的洶湧及現場溝通的難度。

四、羣體的美善

「這一晚夜」最特別的，不單是生命得着拯救，更在危機中有羣體參與。

Christy 被救上岸後，主辦機構及營會的領導立即走到溪旁了解情況。當 Mike 表示繼續拯救行動時，他們便全力支持，並即時禱告交託。與此同時，營地總動員接待每一位抵達的營友及隊友，帶他們去清潔及更衣，一邊補充能量及水分，一邊禱告等候。

面對危機時，人通常問：「哪裏出錯？誰人做錯？」然而，這時最需要的是提供支援，而非追究責任。眾位同工的支援及全然信任，成為前線支援隊工堅持的動力。

當日隊工沒有抱怨，上下一心支援及服侍。無論是領導同工默然的陪伴及支援、教練團隊的拯救、導師的陪伴及安慰、營地隊工愛心的接待，或是營友互相鼓勵及等候，均是彰顯羣體生命的美善及信仰的特質。**隊工同心及適切地處理危機，可以轉化困境成眾人的受教及高峰經驗，使生命的尊貴素質在惡劣的場景得以呈現！**

對每一個營友及隊工而言，這是一個難忘的經歷，超過任何一位同工的期望及理解。作為羣體共同受教的時刻，當晚震撼多人的心靈，今天肯定仍有很多值得深思的信息！

五、英雄？逞英雄？

常言道，外在的危機，呈現生命內在的真像。對於 Mike 及 Dave，這事件不經意地暴露了他們什麼面貌呢？他們的經歷，對業界又有何提醒呢？

這事件中，Dave 堅持在雷暴中上山及 Mike 設置渡溪系統，均有一個共通之處，就是願意為別人的需要而冒險。然而，倉促決定容易好心做壞事。

在危機支援現場，突發情景、險峻形勢、有限空間、缺乏資源，往往令支援者承受極大的心理壓力。生理上，腎上腺有助抑壓他們心理上的恐懼及身體上的疲乏及飢渴，而對個別的支援者，潛藏的英雄主義往往令他們產生強烈的拯救意識，傾向行動主導，欠缺嚴謹的理性思維及周詳的部署。

作為歷奇人，我們均需坦誠面對自己，看看當中是否存在非理性的因素，影響危機中正確的判斷。

靈性的操練

聖經中的歷奇人：以斯帖

讀經：〈以斯帖記〉4 章 1 至 17 節

我們可以平凡地過一生，亦可以選擇豐盛的人生。當我們懂得問三道基本的問題，便是超越平凡的開始：誰領你到這裏來？（身分）你在這裏作什麼？（召命）你在這裏得什麼？（目標）

危機與轉機

〈以斯帖記〉4 章描述一個平凡人遇上危機。

亞哈隨魯王聽從大臣哈曼的計謀，下令剪除國中的猶太人。詫異、震驚、憤怒、無助，百感交雜，是一般人面對這情境的反應。若我們曾經遇上生命的危機，不難明白末底改及其他猶太人的反應：撕裂衣服、穿麻衣、蒙灰塵、在城中行走、痛哭哀號，甚至禁食及躺在灰塵中！

突如其來的危機，考驗我們生命的資源、智慧、信念及素質。然而，經歷過危機的人，必能得着生命的轉機！

平凡中的尊貴

究竟這件事的主角末底改及以斯帖是怎樣的人？在亞哈隨魯王登基時（主前 486 年），他們與其他被擄的猶太人一樣，在書珊城居住了一段時間。當亞哈隨魯王廢去王后後，招聚美貌處女入宮，年輕的以斯帖在其中。養父末底改每天在王宮女院前邊行走，打探她平安與否。

以斯帖在眾多入選女子中，顯得尊貴。除了指定的物品外，別無所求，讓太監希該、甚致看見她的人都喜悦她。末底改因常在朝門等候，偶然聽見守門太監想下手害亞哈隨魯王的計謀。他的舉報瓦解了陰謀，但卻無因此得好處，只是被寫於歷史書上。

當所有人按王的命令跪拜大臣哈曼，獨有末底改忠於猶太人的信仰而拒絕跪拜，招致滅族之禍。

平凡中的尊貴，不一定為我們帶來好運，但肯定得到別人的尊敬並神的喜悅。

位分與召命

1 末底改知道所做的這一切事，就撕裂衣服，穿麻衣，蒙灰塵，在城中行走，痛哭哀號。

13 末底改託人回覆以斯帖說：「你莫想在王宮裏強過一切猶太人，得免這禍。

14 此時你若閉口不言，猶太人必從別處得解脫，蒙拯救；你和你父家必致滅亡。焉知你得了王后的位分不是為現今的機會嗎？」

以斯帖知道末底改不尋常的表現後，立時希望養父回復正常，末底改卻堅持己見，透過太監哈他革將滅族的危機知會她，並囑咐她進去見王，為民請命。

處於民族的危急關頭，末底改要以斯帖回想她的身分、現今處境中的召命，並抉擇的後果，就是三條基本的問題。以斯帖確認她成為王后是神的揀選，也是神預備她讓猶太人得解脫，蒙拯救。既然位分非憑一己之力而得，亦需要讓神全然掌管。她呼籲眾人集體禁食，向神呼求，讓自己和同胞的生命更聖潔，配被神使用！

最後，神讓亞哈隨魯王偶然記起末底改的功勞，以致末底改得以高升，敵人哈曼反被自己的惡謀所害。猶太人蒙拯救、得尊貴，後來每年守普珥日，便是記念他們脱離仇敵得平安，轉憂為喜、轉悲為樂的吉日。

不甘平凡的選擇

我們的生命本是平凡，若要超越一般人所認為的平凡，必須在日常生活中放手，讓神掌管及塑造，建立內在尊貴的素質；才可以在關鍵時刻，作出不平凡的選擇，讓神的名被高舉、得榮耀！

不平凡的選擇，不一定有〈以斯帖記〉所記載的大團圓結局，唯在危機中信靠及順服上主，必叫我們的生命超越平凡，反映基督的樣式。

生命信念

神阿！求你
賜我勇氣，使我改變那些可以改變的；
賜我寧靜，使我接受那些不可以改變的；
更賜我智慧，使我分辨兩者！

曾在歷奇中經歷不少挫敗及迷失，跌倒及枯竭，靠着主的恩典及聖靈的更新再站起來。內心偶然仍有躁動，只好謙卑學習聽從主的聲音而行，更要擁抱天父賜下那獨特的歷奇氣質。

今天我只想說：「主阿，我在這裏，請帶領我！」

實用篇

- **專題探索**：整全的危機運用
- **理論結連**：班卡森醫生、葛瑞格路易士《冒險贏家：風險評估與承擔》
- **應用提示**：整全危機管理的理念、指引及相關工具 ——
  - 危機支援備忘錄
  - 危機支援安排範例及表格
  - 急救員指引範例
  - 心靈支援安排範例

專題探索：整全的危機運用

隨着社會漸趨富裕，這世代傾向尋求安穩。社會上充斥着保險文化，儘量保障各人身體及財物的安全。另一方面，很多人卻從事高風險的行為，經濟投資、甚至投機活動，賭博、濫藥、酗酒、醉酒駕駛、濫交、婚外情等高危行為，害己害人，也為社會帶來不少傷害及痛苦。

然而，基督信仰為本的歷奇輔導，正是運用活動中的危機幫助參加者認識自己、別人及掌管生命的主，進而經歷生命的突破及成長。

一、危機的定義

歷奇是踏出安舒區，冒險進入不可知的歷程，包括掙扎區、痛苦區，目標是抵達成長區，而冒險則指在心態及行為上願意接受危機、風險甚至危險。危機包括了四方面：

身體：受傷、患病，或泛指個人珍貴物品的損失；

社交：在眾人面前呈現個人弱點、與摯愛親友斷絕連繫、在人際關係上被誤解、出賣、孤立等；

心靈：心理及情緒上的震撼、驚嚇、不捨、傷痛、疑惑、失望、無助等；

生命：涉及嚴重事故，帶來難以逆轉的改變、沉重打擊及高昂代價，包括親友離世、患上絕症和大型災難等。

願意冒險與尋求安全都是人類的天性，是人類前進的動力。無論是嬰兒爬行及攀爬、少年人在青春期尋求自主及反叛，或是中年危機的轉向，均是歷奇的行徑。

二、歷奇的呼喚

對大部分人而言，生命好像一個循環。經過一段安穩的日子後，我們再次外闖冒險，直至達到目標為止。歷奇以後，我們又會安靜下來，享受當中的滿足和之後的安穩。重投平凡的生活後，內在的躁動會再次被喚醒。各人不同之處，是在於循環的周期、歷奇的形式、能力與危機的配對、判斷的智慧、結果及對生命長遠之影響。

有人曾説：「太多危機，身體死亡；太少危機，心靈死亡」。生命常在平順穩定中，欠缺危機的挑戰及衝擊，長遠會令心靈枯萎及死亡；危機太多、太大，超越當事人的應付能力，則會帶來傷亡。所以，善用活動中的危機，必要有合適的評估及判斷、準備、帶領及支援，才會為參與者帶來生命的成長及祝福。

理想地説，評估危機與相關準備，是根據提供歷奇程序的單位設立的危機管理系統，而系統則參照機構的目標及文化、業界運作準則、工作者受過的訓練及經驗而制定。

三、評估危機

要評估危機的適切性，必須要問：什麼（what）、為何（why）、為何不（why not）、為何是我（why me）、如果（what if）、何時（when）、哪裏（where）、誰人（who）、怎樣（how）和幾多（how much）。

同一項活動，可以存在不同的危機：

人物（people）：參與者、同行者及帶領者的身體及心靈狀態，以及他們面對危機的能力、經驗及意願，亦包括團隊合作的精神。

程序（program）：活動運作時存在的絕對危機（absolute risk），加上保護系統的真實危機（real risk）及個別參與者理解的意識危機（perceived risk）。

環境（environment）：當時的位置、場地、路線與天氣，以及因互動所產生的明顯及潛藏危機，如氣候的特性、早晚的變化都有重要影響。

器材（equipment）：當時的器材是幫助面對危機，抑或阻礙面對危機，如器材是否適切、帶領者及參與者是否懂得運用等。

接着便開始提問為何會出現危機？誰是關鍵人物？為何是他？為何是自己？

在分析危機的意義時，可以參考卡森（Ben Carson）醫生《冒險贏家：風險評估與承擔》（*Take the Risk*）提出四個相關的問題（見「理論連結」）。

危機評估要問的問題：提供資料讓工作者及參與者作判斷，問題都與時間、地點及人物有關係：哪個時候最合適？現在評估與稍後才評估對危機有何影響？哪個地點存在特別的危機？轉移位置對危機有何影響？若要轉移位置，需要什麼資源及支援？同行的人是否準備、願意及能夠面對當下的危機？怎樣面對這危機？需要什麼人力、器材及財政上的資源？付上這樣的代價，是否值得？

然後要判斷以下行動——

減低風險：調低危機，包括事前探路、程序運作預演，測試保護系統等；

轉移風險：加入可承擔風險的新元素，如專項活動教練協助，不用工作者和參與者獨自承擔那預知的危機；

中止風險：停止該程序。這種評估不單在活動前需要，在過程中更要持續進行，確保工作者及參與者能作正確的判斷。

四、危機的準備

現時香港歷奇界的訓練模式多是短暫、即興，務求讓參與者得着刺激和成功的興奮。然而，事前欠缺身體操練及心理準備，面對危機時很容易出意外。

外展訓練創辦人韓建德（Kurt Hahn）強調年輕人需要持續進行體能、靈巧及意志的訓練，才能進一步接受危機的考驗。參與者若期望攀登高山，必須接受循序漸進的山野訓練，輔以相稱的體能及負重鍛煉，才有機會實現登頂的夢想。

準備始於程序前的宣傳、簡介、招募、甄選，才不會出現活動與參與者錯配的情況。**整個程序應有體能、技巧及意志的操練，提升參與者能力，面對那預見的危機。**

五、危機的運用

要善用危機，除了事前的評估和預備外，過程中亦要有準確的帶領。

活動前：參與者必須知情同意（informed consent），清楚知道面對的危機、可能的後果及需付的代價，自願接受挑戰（challenge by choice），並與同行者建立整全的協約（full value contract）。

活動進行：工作者須不斷觀察現場環境及參與者的進度，與隊工保持密切的溝通，按需要適時調整，也要留意參與者的能力及意願的差異，在安全的大前提下以進度較慢者的步伐為準。而且，參與者面對危機時，反應不盡相同，工作者需因材施教，引導他們在危機中得着最大的成長。

此外，有經驗的工作者在理性判斷之餘，還需要聆聽聖靈的聲音，運用直覺帶領。如有猶疑，按着危機管理系統的指示，向上級請示是不可或缺的安全網。

事實上，危機的運用不單是要完成起初的目標，或是付出最少的代價，而是聆聽過程中的信息。所以，工作者需要在過程中安排適時的停頓、休歇及安靜，讓危機向眾人説話。

面對危機：眾人不單要奮進及堅持，亦要學習放慢步伐，改變路線，減低危機。一旦發生特殊事故，要終止活動及尋求支援。

六、危機的支援

隊工應預備資源面對突發情況，如急救及輕微傷病者的運送；當遇上超越隊工能應付的危機時，就需要尋求外間支援，如隨時候命的專業隊工，或政府的救援單位。而且，除了為傷患者提供所需的急救、運送等，也要為受影響的人提供安慰、鼓勵等心靈支援。

有些帶領者儘量不驚動他人，以免顯出隊工能力不足，或是輕率尋求救援，浪費公帑，這時危機管理系統的指引便成為眾人重要的參考。

七、危機的學習

一般歷奇活動嘗試提供結構性危機，讓參與者在當中學習，有助面對生活的真實危機。面對危機是眾人受教的時刻，工作者可以引領各人實踐所學，按共同的協約及羣體的能力參與，一同面對及跨越危機。

當危機緩和，眾人放鬆下來，工作者可適時帶領眾人檢視經歷，鼓勵各人分享感受及觀察，聆聽危機中的信息，並學習辨認意外、傷患及不成功所帶來的學習及祝福。

八、危機之後

人經歷危機之後，返回日常生活，容易淡忘重要的經歷。若然參與者和羣體希望領受信息，必須作事後整理，透過個人反思、心靈札記、羣體分享等，使經驗產生漣漪效應，帶來多層次的學習及意想不到的生命影響。

工作者及隊工也需要認真回顧及檢視經歷，向機構及單位提供報告，並與業界分享專業的領悟及心靈的啟迪。

九、危機中的危機

工作者運用危機之時，自己也會出現危機。若工作者沒有足夠的心理準備，往往會措手不及，容易變得急躁、匆忙及混亂，影響眾人的心情，干擾當下的判斷。

過去很多事故都與工作者的處事手法有關。**工作者過度自信、要求過高、好大喜功等，都有機會造成意外。相反，優柔寡斷、擔心出醜等亦阻礙處理的進程，引致更嚴重的後果。**

十、重要的條件

運用危機幫助參與者成長，必須有不同條件的配合。

參與者必須有足夠的身體及心理準備，事前也裝備相關知識及技巧，並且具有高度的意願參與及接受挑戰；隊工需要有羣體的精神，彼此配搭及支援。

工作者事前要周詳計劃、評估危機、預備器材、建立隊工共識及夥伴配合，更需要在過程中領受從《聖經》及歷程而來的信息、在禱告中憑信交託，並以開放的心懷見證聖靈的介入。

理論結連

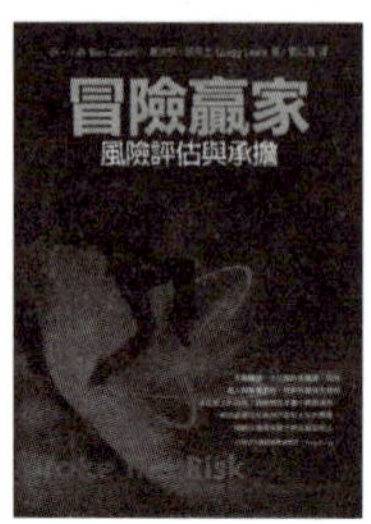

書名：《冒險贏家：風險評估與承擔》(*Take the Risk: Learning to Identify, Choose, and Live with Acceptable Risk*)

作者：班卡森（Ben Carson）、葛瑞格路易士（Gregg Lewis）著，劉如菁譯

出版資料：台北：道聲出版社

出版年份：2009

卡森醫生是腦神經外科醫生，一生從事冒險的工作，常常被問：「為什麼要冒險啊？」他卻說：「應該問：為什麼不冒險？」

一、冒險

卡森醫生形容這世代過分重視安全保證，卻無法保證什麼。要是我們不踏出安舒區，一直生活在封閉之中，只會出現「心靈死亡」。

在醫學院和行醫生涯中，卡森醫生面對不同的風險，嘗試以新方式思考，權衡各種選項，最終由自己作決定。後來，他整理出「最好與最壞分析法」：

- 如果我做，最好的情況會是什麼？
- 如果我做，最壞的情況會是什麼？
- 如果我不做，最好的情況會是什麼？
- 如果我不做，最壞的情況會是什麼？

縱使冒險的結果不如理想，卡森醫生確信每一個嘗試均是很好的功課，並給未來的嘗試有多一點參考，甚至質疑社會上普遍存在「安全至上」的思維，是否會影響我們冒險的意願？

1. 生命的冒險

冒險是人的本性，回顧人類的歷史，就是由不同的冒險及探索所組成的；但現代社會讓我們無所適從，以致慢慢對風險變得麻木，或是非理性的尋求保險。

2. 風險的抉擇

卡森醫生運用「最好與最壞分析法」時，進一步發問幾個問題：

- **誰人（who）**：誰會受到最大影響，然後從這班人的角度思考「最好與最壞分析法」的四個問題；
- **什麼事（what）**：了解當下的事情，以過去的經驗，幫助抉擇分析；
- **哪裏（where）**：不是指具體的位置，而是與這行動進程相關的問題，包括你要到哪裏（目標）、你現在在哪裏（能力、知識、技巧、想法、態度）和你從哪裏開始（準備）；
- **何時（when）**：當下時間與環境的關係，兩種因素對分析有很大影響，而卡森醫生提出時間的觀念，就如中國人所說的「時機」，包括天時、地利和人等因素；
- **如何（how）**：運作時最可行的策略，需要仔細思考及準備，並反復演練，才會帶來合理的成功機會及期望；
- **為何（why）**：內在動機。

上述問題沒有先後的次序，其中「為何」是風險分析的關鍵。理性分析加上個人自省，並以個人的價值觀及信念去衡量及抉擇。

3. 個人經驗

卡森醫生以個人信仰經驗演繹上述的風險分析，指出：神首先冒險創造人，賜人自由意志，並在人選擇叛逆祂後，差派祂的獨生子來到世上，為人而死，使我們知道人怎樣與祂建立個人關係。故此，卡森醫生願意冒險，遵行《聖經》的教訓，如：

- **「你們願意人怎樣待你們，你們也要怎樣待人。」**（太七 12）
- **「人為朋友捨命，人的愛心沒有比這個大的。」**（約十五 13）
- **「若有人要跟從我，就當捨己，背起他的十字架來跟從我。因為，凡要救自己生命的，必喪掉生命；凡為我喪掉生命的，必得着生命。」**（太十六 24）

卡森醫生患上癌症時，亦使用這風險分析方法，選擇接受手術切除腫瘤，身體得着康復。他對基督信仰的堅信及《聖經》教導的持守，經歷不同風險，給他帶來抉擇的智慧及勇氣。

二、反思及應用

卡森醫生建議我們嘗試自我抽離，多從別人的角度思考，容易克勝自己的怒氣，主動關愛別人，在人際關係上冒險以善以愛待人。

另外，在教養孩子方面，卡森醫生確信父母的任務要讓孩子向下扎根，適當時學習放手，鼓勵他們離巢。時機是重要的元素，若在孩子尚未具備良好的判斷力時放手，或帶來危險及傷害；但遲遲不願放手，亦阻礙孩子獨立。他提醒父母，教養子女是天職，建議從靈性方面考慮子女的教育，逐步幫助他們建立正確的身分認同及價值觀，為孩子提供合宜的抉擇工具，並容許他們有適度的冒險。

最後，他也提醒我們留意社會及世界上的公共風險，不單教育、醫療、核武等明顯的風險，也包括什麼都不做和沉默的風險。處於這樣的環境中，他選擇承受關懷的風險，以行動實踐自己的信仰價值觀。

應用提示：整全危機管理的理念、指引及相關工具

運用危機時，先要做好危機管理，以下是危機管理的理念工具及指引。

一、危機支援備忘錄

1. **理念**：危機管理包括危機預防及危機支援，首要關注的是眾人的安全，強調一個也不能少。除了項目負責人在活動設計時安排危機評估外，有經驗的支援者亦應滲透不同隊伍中，與負責人合作進行現場危機評估。活動進行時，不同隊工應定時提供資訊，讓大會了解整體和不同隊工的進度。

2. **目標**：預防及減少危機發生，並在危機發生時提供適時及整全的支援。

3. **策略**：滲透安排，每個工作隊伍至少安排一個懂得危機支援的人。

4. **決策流程**：在一般情況下，支援者配合項目負責人作危機評估。出現特殊事故時，危機支援者直接向統籌交代及請示。

5. **現場危機評估**：支援者需要因應參加者及工作人員的身體及心靈狀態、並當時活動環境，作出危機評估及向項目負責人作出建議。

6. **整全的支援**：除了提供急救、護理、人羣控制等支援外，支援者在有需要時亦應為參加者及工作人員提供安慰、陪伴及禱告等心靈支援。

7. **跟進安排**：任何危機介入後，危機支援者應儘快填寫及向大會遞交特殊事故表格，以便安排跟進。（頁 88-90）

8. **裝備**：危機支援者應携帶下列裝備：急救箱、額外清水、萬用刀、小背包、後備食物（能補充糖分的）、手提電話及後備電、電筒 / 頭燈及後備電池、後備繩（約三米長）、通訊聯絡表。

二、危機支援安排範例及表格

1. 架構：在中央決策小組之下設立危機管理核心小組。

2. 期望：提升隊工危機意識，減低危機發生的機會及其負面影響。

3. 目標：

- 設立危機管理機制。
- 提供危機評估。
- 提供適時及整全之危機支援。

4. 策略：

活動前

- 設立危機管理機制。
- 準備危機支援備忘錄。
- 簡介危機支援安排。
- 在隊工培訓中簡介危機支援，安排填寫參加者意願及身體狀況聲明。（見頁 85）
- 安排危機支援者、急救員及急救物資；事前更要進行簡介會，預備及分發急救物資。

活動中

- 為活動、營會及場地作危機評估。
- 事件發生時提供危機支援，事後跟進。

活動後

- 跟進危機支援，包括審閱特殊事故表、撰寫活動危機支援報告。（頁 88-90）

參加者意願及身體狀況聲明範例

參加者姓名：（中文）：____________ （英文）：____________

參與意願聲明：

本人自願參加本活動，願意遵守訓練項目的程序和服從導師之指示及安排。如在活動中，由本人疏忽或使用不當，導致所使用之器材損毀、遺失及因本人所導致之其它損失，本人願當賠償。另如在參加活動時如有任何特殊情況出現（如肌肉扭傷、撕裂、拉傷、骨折、意外、死亡、其他疾病或遺失私人財物等），舉辦機構之負責人、員工及有關工作人員均毋須負上任何法律或金錢責任。本人亦同意舉辦機構保留更改活動日期、時間、內容及錄影、錄音、拍攝等的權利。

身體狀況聲明：

1. 你是否有特殊心理健康或心理狀況，需要教練多加注意？ 是 / 否
2. 你最近是否曾接受手術，或身體受傷或骨折等情況？ 是 / 否
3. 你是否曾患肝炎、腺熱、肺結核或其他傳染病？ 是 / 否
4. 你是否曾經頭部受傷、嚴重腦震盪、有眩暈或幽閉恐懼？ 是 / 否
5. 你是否患聽覺或視覺問題、鼻竇炎、皮膚病（如濕疹、癬等）？ 是 / 否
6. 你是否有血友病或流血問題、月經或婦產科病等？ 是 / 否
7. 你是否有消化或腸胃問題、或對任何食物有敏感反應？ 是 / 否
8. 你是否正接受醫藥治療、患長期疾病（如：哮喘、心臟病、癲癇等）或需按時服藥？ 是 / 否
9. 你會否對高低溫度有不正常反應、對蜜蜂、藥物等有過敏症？ 是 / 否

如以上有任何項目答案為「是」，請在下面列明病況、病發日期、疾病之誘因（如什麼引致哮喘）及所需之特別安排等。

聲明：本人聲明以上填報的資料均真確無訛、完整及合時，並為事實之全部。

緊急聯絡人：（必須為直屬親人）姓名：____________ 關係：______

緊急聯絡電話：____________

參加者簽署：____________ 日期：____________

父母 / 監護人簽署（18歲以下的參加者）：____________ 日期：____________

特殊事故處理流程範例

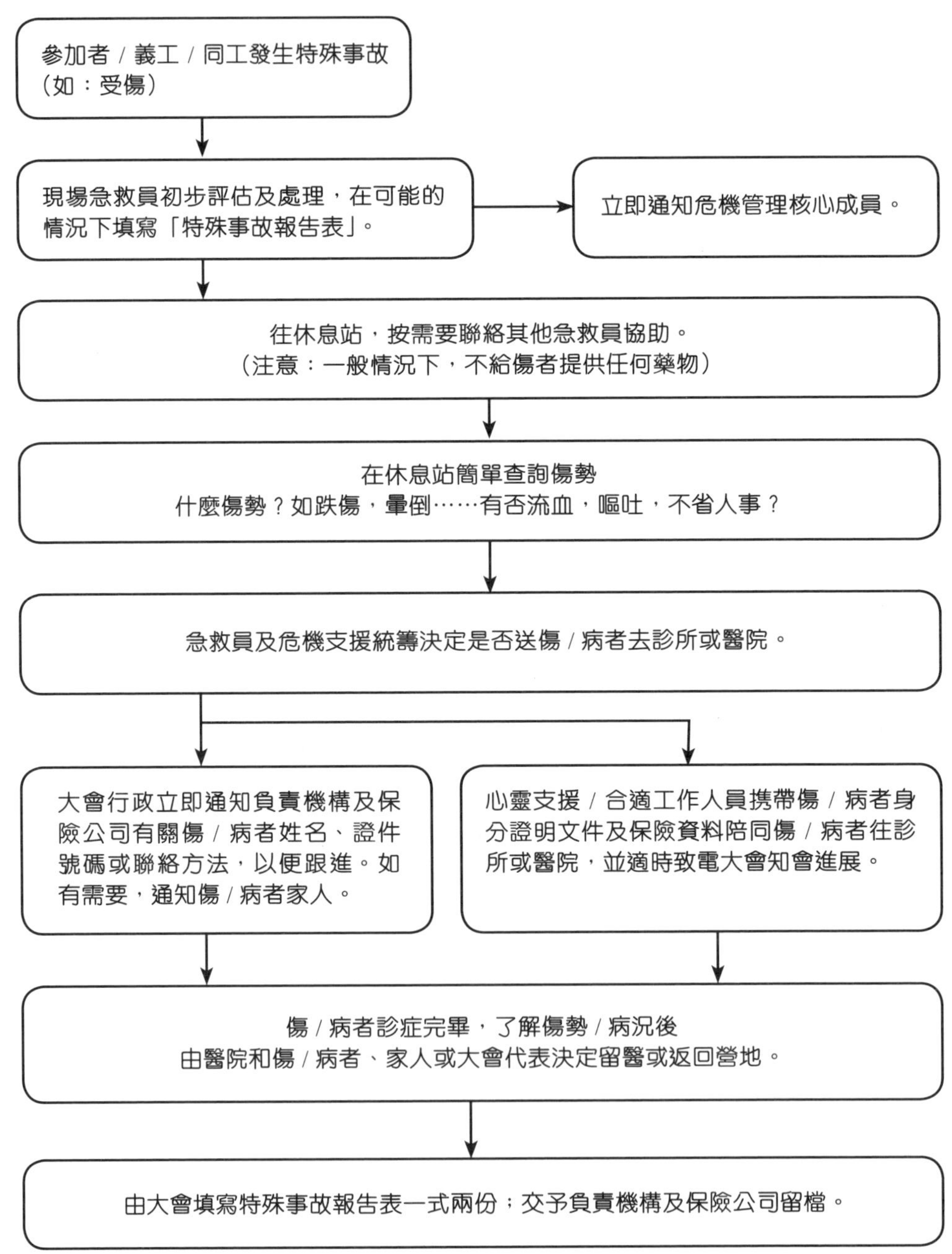
參加者／義工／同工發生特殊事故（如：受傷）
現場急救員初步評估及處理，在可能的情況下填寫「特殊事故報告表」。
立即通知危機管理核心成員。
往休息站，按需要聯絡其他急救員協助。
（注意：一般情況下，不給傷者提供任何藥物）
在休息站簡單查詢傷勢
什麼傷勢？如跌傷，暈倒……有否流血，嘔吐，不省人事？
急救員及危機支援統籌決定是否送傷／病者去診所或醫院。
大會行政立即通知負責機構及保險公司有關傷／病者姓名、證件號碼或聯絡方法，以便跟進。如有需要，通知傷／病者家人。
心靈支援／合適工作人員攜帶傷／病者身分證明文件及保險資料陪同傷／病者往診所或醫院，並適時致電大會知會進展。
傷／病者診症完畢，了解傷勢／病況後
由醫院和傷／病者、家人或大會代表決定留醫或返回營地。
由大會填寫特殊事故報告表一式兩份；交予負責機構及保險公司留檔。

嚴重事故處理流程範例

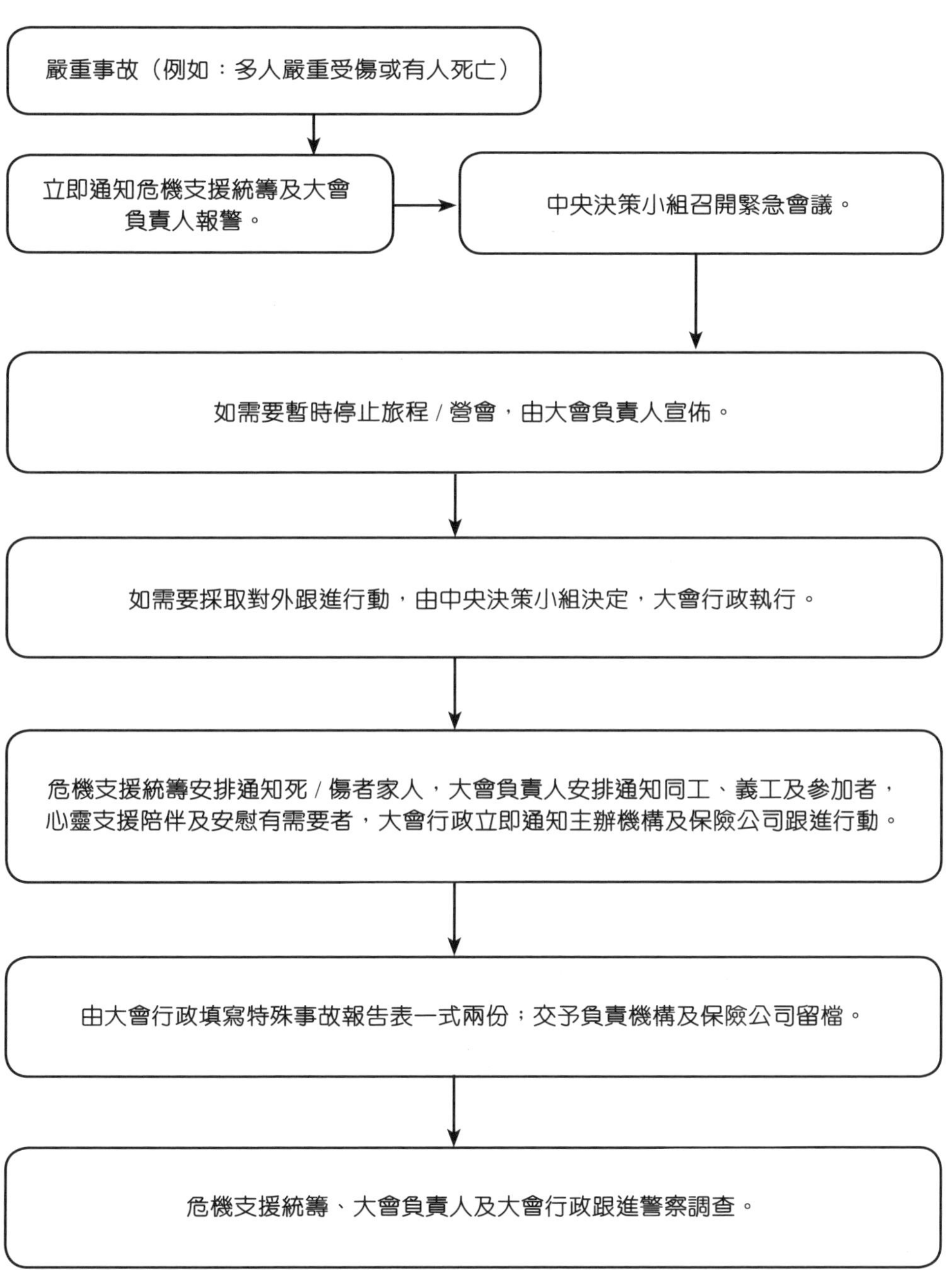
嚴重事故（例如：多人嚴重受傷或有人死亡）
立即通知危機支援統籌及大會負責人報警。
中央決策小組召開緊急會議。
如需要暫時停止旅程 / 營會，由大會負責人宣佈。
如需要採取對外跟進行動，由中央決策小組決定，大會行政執行。
危機支援統籌安排通知死 / 傷者家人，大會負責人安排通知同工、義工及參加者，心靈支援陪伴及安慰有需要者，大會行政立即通知主辦機構及保險公司跟進行動。
由大會行政填寫特殊事故報告表一式兩份；交予負責機構及保險公司留檔。
危機支援統籌、大會負責人及大會行政跟進警察調查。

機密 Confidential

特殊事故報告表
Incident Report Form

受傷 / 不適者資料 Personal Details

請用 ✓ 表示　　Please use ✓

☐ 同工 Staff　☐ 義工 Volunteer　☐ 參加者 Participant　☐ 其他 Other

姓名（中文）：__________ Name：（英文）：__________

性別 Sex：__________ 身分證號碼 I.D. No.：__________

年齡 Age：__________ 出生日期 Date of Birth：__________

住址 / 電話 Address / Telephone number：__________

____

____

組別 Group：__________

隊伍負責人姓名 Name of the Group leader：__________

聯絡電話 Tel.No.：__________

事件細節 Incident Details

意外日期 Date of incident：__________ 時間 Time of incident：__________

意外地點 Place of incident：__________

涉及人數 Number of people involved：__________

敍述意外情形 Description of incident：__________

____

____

____

____

已採取行動 / 治療 Actions taken / Treatment given：__________

____

____

____

____

致電緊急救護站 / 警察（999） Call Emergency Service / Police（999） ☐

時間 Time：__________ 報案號碼 File number：__________

致電其他 Call other：（__________） ☐

時間 Time：____________ 檔案號碼 File number：____________

送往醫院名稱 Name of Hospital：____________

救傷車編號 Ambulance number：____________

救護員編號 Ambulanceman number：

（1）____________ （2）____________ （3）____________

陪伴往醫院者 Person accompanying：______ 聯絡電話 Tel. No.：________

傷勢 Nature of injury：

____

____

____

____

____

跟進 Follow up：

____

____

____

____

____

填表人 Completed by：__________ 簽名 Signature：__________

職位 Position：____________

填表日期 Date：____________

危機支援統籌審閱及回應

Endorsement and comment by Emergency Support Coordinator：

____

____

簽名 Signature：____________ 日期 Date：____________

計劃負責人審閱及回應 Endorsement and comment by Project-in-charge：

____

____

簽名 Signature：____________ 日期 Date：____________

危機評估管理表（Risk Assessment Management Form）

活動名稱（Activity）：________________

負責人（In-charge）：________________

日期（Date）：________________

填表人姓名（Name）：________________

日期（Date）：________________

	危機評估（Risk Assessment）	危機管理策略（Risk Management Strategies）	所需計劃及器材（Required Planning & Equipment）
活動（Activity）			
意外機會（Prob.）/ 可能結果（Cons.）		RAP	
人物（People）			
意外機會（Prob.）/ 可能結果（Cons.）		RAP	
環境（Environment）			
意外機會（Prob.）/ 可能結果（Cons.）		RAP	

機會（Probability）：高（**H**igh）、中（**M**edium）、低（**L**ow）

可能結果（Consequence）：心靈震撼（**P**sychological impact）、
輕微受傷（**M**inor injury）、
嚴重傷亡（**D**isable or death）

RAP：減低（**R**educe）、避免（**A**void）、進行（**P**roceed）

三、急救員指引範例

急救目的

保存生命、防止傷勢或病情惡化、促進復原。

急救員基本責任

在安全的情況下 ——

1. 迅速評估整體情況，儘早召喚適當支援，有需要時設立臨時庇護所。
2. 正確判斷傷病者的傷勢或病情。
3. 立即提供適當的急救和充分援助，並決定急救的先後次序。
4. 儘快安排傷病者接受醫療援助或勸喻輕傷者稍後自行就醫。
5. 在現場陪伴及安慰傷病者，直至交由醫護人員護理為止。
6. 搜集傷病者的生命表徵（體溫、呼吸、脈搏及血壓），事發經過，傷勢和處理方法等資料，向接管者匯報。如有需要，應留在現場協助。

處理危急事件的優先次序

1. 評估現場
2. 基本檢查及分類
3. 優先處理
    - 暢通氣道：為不省人事者暢通氣道，把他置於復原臥式。
    - 維持呼吸：為沒有呼吸的傷病者進行人工呼吸。
    - 保持血液循環：為沒有呼吸和脈搏者進行心肺復甦法。
    - 制止出血：處理休克和固定骨折。
4. 安排送院

意外事件中行動概要

1. 環境安全
2. 基本檢查
3. 要求支援
4. 詳細檢查
5. 安排送院

基本檢查（DRABC）

1. 確保現場環境安全（**D**anger）
2. 判斷傷病者清醒程度（**R**esponse）──

Alert	完全清醒
Verbal	對聲音有反應
Pain	對痛楚有反應
Unresponsive	完全無反應

3. 判斷傷病者的氣道是否暢通（**A**irway）
4. 判斷傷病者是否有呼吸（**B**reathing）
5. 判斷傷病者是否有脈搏（**C**irculation）

診斷傷勢

1. 病歷：事發的經過
2. 病狀：傷病者描述的感覺
3. 病徵：檢查傷病者五官的表現（視覺、聽覺、觸覺、嗅覺）

整體指引

1. 不論什麼處境，所有人必須有意識地觀察及評估當時的情況及急救服務的需要，並適時向合適的人匯報。
2. 提供急救服務時，必須按當時的環境安全、受眾的需要、個人能力及資源而行，有需要時尋求別人的支援及轉介所需的服務。

3. 提供急救服務時，必須尊重受眾的意願及空間，避免過度干預及騷擾。
4. 提供急救服務時，必須兼顧肉體及心靈的需要，並留意現場是否有人有需要但沒主動求援。
5. 倘若可行，要待較自己更專業及適合的人士到達，才停止提供急救服務。
6. 提供急救服務後，若有需要，請填寫或協助填寫大會特殊事故報告表，以便有足夠資料跟進。
7. 無論肩負什麼職分，所有人必須具備心靈支援的意識，有需要時提供支援。

四、心靈支援安排範例

架構

- 核心成員
- 隨隊成員：各組別代表
- 非隨隊成員：被邀請的非駐場同工

期望

以情感關懷及禱告支持隊工，讓他們能夠在旅程中經歷與神同工，領受主在過程中所賜的恩典及信息，成為所有參加者及工作人員的祝福，並於旅程後能繼續深化有關信息。

目標

- 辨識及關懷有需要的同工、義工、夥伴及參加者。
- 協助各人轉眼仰望神。
- 辨認及分享神奇妙的作為。

策略

旅程前

- 隊工祈禱會。
- 設計默想指引，供隊工在旅程中默想。

旅程中

- 心靈支援：安排指定成員支援不同的組羣，主動關心他們的身心靈景況及需要，為他們代禱及祝福。
- 心靈記者：協助辨認及記錄神在過程中的作為，包括：Around us（在我們周圍）、For us（為我們）、In us（在我們裏面）、Through us（藉我們）、With us（與我們同在）。
- 預備旅程心意卡，讓隊工彼此鼓勵。

旅程後

- 安排心靈支援環節：帶領敬拜、祈禱、信息分享、感恩及慶祝環節，引領各人轉眼仰望神。
- 撰寫旅程心靈支援報告。

旅程中心靈支援備忘錄

- 以禱告及關懷作支援。
- 接待眾人如同接待主。
- 把握時機作深情對話。
- 聆聽別人心底的説話。
- 憑信心觀看神的作為。
- 為危機支援常作準備。
- 記錄及傳遞主的信息。
- 與隊工結連交流心得。
- 按需要適時反映觀察。
- 撰寫札記作延續學習。

3. 野外 ——

大自然的信息

生命操練篇

歷奇人說故事

- **我的歷奇路**：野外的啟蒙
- **歷奇人的心靈歷奇**：生命，啟航

從故事中學習

- **經驗深化**：讓旅程加添生命力

靈性的操練

- **聖經中的歷奇人**：十二門徒
- **生命信念**

歷奇人說故事

我的歷奇路：野外的啟蒙

小學時，我曾參與小狼隊（幼童軍），印象最深刻的是野外訓練。縱使記憶已甚模糊，那些經驗卻鼓勵我在少年時作領隊，帶領數個年齡相若的鄰居到附近的山野露營。

背着不知從哪裏搜集的器材，我們一行四人，浩浩蕩蕩往山頭進發。經過兩小時多的旅程，終於抵達露營的地點，我們合作架起營幕，準備享受大自然的樂趣。

當我們準備燒烤時，才發現漏帶燒烤的炭。作為領隊，自然義不容辭獨自跑回家取炭包，下山時卻遇上狗羣的追趕，驚恐中只得連忙快跑，結果扭傷足踝。為了完成任務，唯有含着眼淚，一步一拐的回家，再帶炭包上山。幾經艱苦，才與隊友匯合。

這次露營領隊的經驗，為我帶來難忘的回憶，也成為我日後野外服侍的啟蒙。

歷奇人的心靈歷奇：生命，啟航

這是一個三天的帆船退修旅程，四男四女的參與者分別來自台灣、內地及香港，船上的隊工有阿焯、誠叔、輝哥及我共四人。

各人出發前已獲工作安排，加上旅程的勞累，抵達旅程的集合點時，八位參與者已經各露疲態。但是，首次揚帆出海，眾人心中依然交織着期待與忐忑。上船以前，各人放下旅程裏用不着的東西，如朝夕相對的電腦，是一個不容易的歷程。

眾人在船上分享對主題「生命再啟航」的理解。從航海的角度，船隻返回港口後，需要先重整，才能啟航。是次帆船旅程，表面是外展活動，實質是一個動感的重整旅程，期望參加者經歷旅程中種種後，引發生命的反思，從新得力，再次在人生啟航。

首先，我向各人引介船上的地方及器材，整理船上的物品，讓眾人能安全、也安然地渡過這三天。這艘四十二呎長的單桅鐵殼帆船，名叫 Spitali，最多可容納十四人。Spitali 是塞浦路斯一條小村落的名字，也有寧靜、醫院的意思。作為反思的空間，這帆船也可以成為心靈醫治的家。

午餐後，同工阿焯駕駛帆船先到附近的帆船會補充淡水，然後離開港口，駛到較廣闊的海域。我們教導各人升帆掌舵，乘風破浪而去。初次揚帆出海，就能參與操控帆船，眾人均極為雀躍興奮。然而，波浪造成的搖曳，很快使眾人感到不適。參與者阿培開始嘔吐，其他人亦感到暈眩，只能坐在一旁。這時，餘下數位較清醒的成員，在同工們的支持下繼續參與操控。

守望

在風浪搖晃之時，夕陽正展示她的艷麗，但眾人只有眼神茫然，讓夕陽顯得更寂寞。轉眼間，夕陽已消失在遠方山麓之後；換來的，只有她別離後縈繞的晚霞，在天空中豪放地繪畫着那淡退的舞步。

家，是可以分享、吃和睡的地方。然而，在船上有限的空間中，安排睡覺的位置，也是一門學問。最後，我們三位同工選擇睡在甲板上，忍受寒風吹拂，讓其他人可以享受溫暖的睡眠。

帆船拋錨在海灣中，晚上要安排人守望，以確保船隻的安全。團隊輪值守望，每更三人，傳遞守望的經驗，也是最好的靜思及談心時間！阿輝起來當值，當他注目右方平靜的山麓，他能夠保持清醒；一望左方，卻感到海水如萬馬奔騰一般洶湧，令他暈眩不止。然而，阿輝禁不住好奇，常常回望左邊，最終嘔吐大作。在相對平靜的海灣下錨，仍會暈眩、嘔吐，除了是身體不適外，還有什麼內在的因素呢？

掌舵人的壓力

這團隊是國內服侍單位的核心領導，常常需要帶領別人工作。然而，因着風浪所引起的不適，他們第一天只能被動的坐着，直至第二天，阿焯決定給他們一項任務，就是駕駛帆船繞過停泊在海上的水警基地。「這帆船現在全是你們的！」團隊立即起來分工合作地操控帆船：在後掌舵、在中控帆、在前守望，各人變得精神抖抖，不再暈眩！

由於首段旅程是逆風，Spitali 需要迎風在「停滯區」（No Go Zone）邊緣前行及不斷轉航。在這情況下，舵手需要非常專注，才不致令帆船偏離目標航線，甚或轉變航道，觸發危險。

文主動承擔舵手之職，但因經驗有限，過程中他常會偏離目標航向。縱使在旁的隊友經常提醒：「右轉、右轉、右轉！」Spitali 卻沒有動靜。

生命盛宴

團隊在疾風中完成任務後，阿焯接手駕駛 Spitali 到北丫，並在眾人的協助下停泊在碼頭旁邊。平日的北丫極為寧靜，各人終於可以離開船上狹窄的空間，找個屬於自己的地方，享受五十分鐘的獨處，與自己約會，與心對話。

獨處之後，我們返回船上分享及吃火鍋。入夜後，雨點伴着涼風，各人在帳蓬內享受熱騰騰的食物及同工預備的特飲，聆聽彼此的生命故事。如此盛宴，想必是生命的主特意厚賜的禮物！

夜航

晚飯過後，原是休息時間。然而，因着風浪及潮汐，碼頭不能作為安歇之處。同工決定夜航至另一避風之處。淒風冷雨，四周一片漆黑；可依靠的，除了是航海圖及途中的燈塔外，就是同工們的經驗。

正當眾人疑惑還要忍受濕冷多久時，Spitali 已駛進平靜的避風港。經驗豐富的輝哥很快將纜繩安全地繫在浮泡之上。眾人同心合力蓋搭帳蓬後，便在牀舖安睡。我們三位同工仍堅持冒着風雨睡在甲板上。

危機

雖然處身於平靜的避風港，但要面對整夜的風雨，還有未知的危機。我在睡夢中被敲擊的聲音喚醒，本以為是清晨附近有人捕魚的聲音，原來是阿焯在進行洗手間維修的工程。忽然，向來冷靜的阿焯大聲叫喚，我們立時清醒過來。

在維修的過程中，有兩口連接船底閥（sea cock）生鏽的螺絲被扭斷，海水開始灌入船艙。為避免沉船，阿焯決定即時回航，儘早安排上船排維修。醒來的人同心禱告，把各人的安全交託掌管生命的主。原來，危機可以在最平靜安穩之處發生！

在航程中，誠叔及阿焯招聚眾人，講述有關的情況。國內團隊的和哥當下提醒：「在危機中，一切要以阿焯的指示為依歸，我們要儘量配合。」眾人神色凝重，各自肩負不同的崗位，心中默默地祝願 Spitali 能平安駛回港口。

在危機之中，這個羣體並無慌張，反而流露一種從心底而來的平靜。最終，Spitali 安然停泊在帆船會的浮橋，船主 David 出現時，眾人深感安慰。初步檢查後，Spitali 不用緊急上排。然而，在清涼的日子下潛到船底維修，對同工而言也是很大的挑戰。忙碌了一個上午，終於維修成功，眾人齊聲說：「阿們！」生命中總有急難，唯主的恩典夠用。

生命再啟航

回航，為的是要再啟航。

三天的帆船旅程轉眼結束，當中不同的經歷，好像生活的縮影，引發不同的生命反思。原來腳踏實地是多麼穩妥；原來日常的居所是多麼寬敞；原來有弟兄姊妹同心同行是這麼好；原來生命的主一直不離不棄，陪伴、守望着我們。

再啟航，生命不再一樣。

從故事中學習

經驗深化：讓旅程加添生命力

三天的帆船旅程，時間有限，怎樣才能讓參與者滿載而歸呢？

一、事先準備

活動前，負責同工早把旅程的意念及安排電郵給參加者，並給與十天默想的指引，讓他們在岸上就開始「生命再啟航」的旅程。

開始時，他們先分享在預備中的發現。由於事前已有準備，無論是主題及經文的分享，他們均能與當下的場景結連，引發進深的反思。

有別於傳統安靜默想的環境，帆船旅程是一個動感的歷程，當中有不同的體驗及突發的事情。**要讓這過程成為反思的空間，參與者必須在開始時有一份安全、安心及安然的感覺。**

帆船上的安全感主要是建基於對工作人員的信任、對帆船結構及安全措施的認識、並對天父的信靠；安心的感覺則源於對同行者的認識，感受到彼此的同心及接納，不怕流露自己真實的一面；安然是需要時間去培養，是對帆船的空間、生活的節奏及海洋的環境之適應，慢慢孕育在家的感覺。

二、行程安排

1. 認識

要建立一個家，除了同工們的接待外，參與者亦需要投入。開始時對帆船的認識、一起執拾及過程中彼此服侍，都有助他們建立歸屬感：「這是我們的家！」這個家可讓我們真誠地分享自己的生命。晚間帆船上的盛宴，以及生命經歷及恩典的分享，同是羣體中的慶祝。

2. 參與

家，是我們休歇的地方，也是讓我們有合宜參與之處。韓建德提倡「我們都是船員」的概念，就是指每個參與者在帆船上不單是客人，也可以是主人。

在帆船旅程中，**參與者可以在同工的指導下體驗每一個崗位，包括起錨及收錨、升帆及降帆、掌舵、控帆及安全守望等。**在狀況許可下，參與者也可以負責膳食、清潔及執拾。這是在家的參與，是彼此接待的實踐。

3. 犧牲

帆船上的空間有限，各人的生活作息均在相對狹窄的環境下進行，需要彼此遷就。晚上睡眠時，需要輪值守望，而且安排睡覺的地方也不容易。在這情況下，總有人要作出犧牲，睡在不太舒適的位置，或在甲板忍受涼風及雨點。

4. 空間

大自然賦予帆船旅程廣闊的空間，揚帆到人迹罕見的島嶼，處身一望無際的洋海。若有機會登岸，參與者也可在安靜的環境享受獨處。最重要的是，參與者能夠在帆船旅程上尋覓屬於自己的角落，開拓心靈的空間。

5. 氣候

大自然的氣候及節令是帆船旅程必然要面對的，亦是帶領者無法計劃及操縱的。好天氣時，參與者能享受日間天朗氣清及藍天白雲、黃昏艷麗的夕陽、繁星點點的夜空、從黑暗到光明幻彩般的晨曦。但是，有時掌管大自然的主又會安排酷熱、嚴寒、狂風、雷暴及豪雨。在不同的天氣揚帆出海肯定有不同的體驗，帶來的反思亦不同。

6. 海洋樂與怒

除了變幻的氣候外，海洋本身亦是充滿動感的。對於個別熟習水性的人而言，出海就像回家一樣，揚帆出海是賞心樂事，有機會暢泳及嬉戲更是盡顯童心的時間。

然而，潮汐漲退，波浪湧流，與氣流互動，經常令初次出海的人難以適應。暈眩、嘔吐，似是船上生活的一部分。不論在船上工作、閱讀、書寫，甚至去洗手間均極為困難。這時參與者好像什麼也不能作，只能極力控制自己不要嘔吐；到了不能忍受之時，要注意自身安全，不要掉到水裏，也要留意不讓嘔吐物弄污自己、別人及船隻。所以，在不適時能坦誠自己的狀態、表達需要，或是把握嘔吐後一小段清醒的時間，都是各人一個重要的學習。

7. 守望

有別於停泊在安全的港口，帆船旅程很多時會到偏遠的海灣下錨。晚上會受風向、水流、潮汐、天氣變幻等因素影響，為着眾人的安全着想，必須安排輪值守望。守望時，除了按指示觀察及巡視外，更可安靜默想及生命對談。

作為一個信仰羣體，彼此守望不單為了各人的安危，更可以延伸至日常生活中的守望！

8. 夜航

有別於以目的地及程序為本的旅程，生命重整的旅程主要是按參與者的狀況及進度，並當時的環境而決定行程安排。為着有一個較安穩的停泊處，船上的同工有時會決定夜間冒雨航行。

夜航比日間需要更高度集中及警醒。在夜間，眾人或會感到較勞累，不過漆黑的環境及寂靜的氣氛，又會使參與者特別警醒。各人主要依靠船上有經驗的同工，確信他們可以帶着眾人安全抵達避風港口。

9. 危機管理

跟其他野外活動一樣，帆船旅程有其潛藏的危機。除了事前的危機評估及恒常的檢驗維修外，最重要是危機出現時能及早辨認及適時處理，讓危機不致成為災難，並且可以轉化為眾人共同受教的時刻。

起航前的安全簡介、帆船及器材的認識等均是危機管理的第一步。最重要的就是在危機出現時能儘快評估嚴重程度、製訂應變方案、溝通合宜資訊、清晰安排分工、尋求外間支援，並共同禱告交託。

在危機中，眾人表現平靜及合作，明顯是生命的素質及過去訓練的結果；眾人在當中經歷平安，肯定是掌管生命的主所賜的恩典。

10. 隊工

帆船旅程需要合適的隊工彼此配搭。隊工的人數不多，卻要承擔旅程上不同的工作：帆船駕駛、器材維修、危機處理、反思帶領、信息分享等。正如一個參與者所說，在危機中，我們需要服從及配合船長的說話。**隊工在旅程中能夠彼此配搭，全因為有主的帶領。**

靈性的操練

聖經中的歷奇人：十二門徒

讀經：〈馬可福音〉6 章 30 至 44 節

野地，對於城市人來說，什麼也缺乏，充其量只作短暫休歇、安靜。

跟隨耶穌的門徒，一直近距離見證祂服侍、治病、趕鬼的成效，眼見祂的教導吸引不少追隨者。他們接受耶穌差派，兩人一組外出治病、趕鬼及宣講福音，靠着神的能力經歷服侍的果效。門徒帶着疲乏的身軀及興奮的心情與耶穌會合；他們期望與老師分享服侍的成果及經歷，亦希望可以休歇。當耶穌提議一同坐船退到野地，登山休歇，他們當然沒有異議。

誰需要接待？

34 耶穌出來，見有許多的人，就憐憫他們，因為他們如同羊沒有牧人一般，於是開口教訓他們許多道理。

接近逾越節，猶太人理應按照傳統，前往耶路撒冷的聖殿過節。然而，因着耶穌治病的神蹟，很多人從各城步行，快跑跟從祂，甚至比耶穌及門徒更早抵達，顯示他們對耶穌的期望何等迫切。

耶穌憐憫他們，醫治有需要的人，並教訓他們天國的道理。其實，因着表兄約翰被希律王斬首，耶穌當時也渴想有安靜的空間，平伏哀傷的心情；但為着眾人的好處，耶穌情願放下自己及門徒的需要，堅持接待他們。

對於這羣疲乏的門徒而言，眼前的羣眾並不在預計之中，這位老師怎麼不能體諒他們的需要呢？

看不見，問題便不在？

日頭快要平西，十二個門徒來對祂說：請叫眾人散開，他們好往四面鄉村裏去借宿找吃的，因為我們這裏是野地。(路九 12)

耶穌專注地服侍羣眾，直至日頭平西，門徒越發顯得不耐煩，終於鼓起勇氣，上前提醒老師時候不早，請儘早叫眾人散開。按《聖經》記載，現場的男人約有五千，估計連婦孺在內共有超過一萬多人。這麼多人聚集在野地，入黑時要安排膳食及住宿實在是一個極大的難題；若他們能分散自行處理，問題就得以解決。

或許對門徒來說，這次能夠主動辨識現場的問題，並且為老師提供一個簡易的解決方案，相信一定會得到老師的讚許！怎知，耶穌的回應又一次出乎他們意料之外！

你們給他們吃吧！

37 耶穌回答說：「你們給他們吃吧。」門徒說：「我們可以去買二十兩銀子的餅給他們吃嗎？」

耶穌憐憫眾人，就憐憫到底。祂不單沒有解散眾人，反而要求門徒想辦法為他們提供食物。若要為眾人買糧食，需要二十兩銀子，就是當時一般工人約二百天的工資。他們一時間哪有這筆錢？即使有，入黑的野地，怎能找到足夠的食物呢？

有的只是很少

有一個門徒，就是西門彼得的兄弟安得烈，對耶穌說：「在這裏有一個孩童，帶着五個大麥餅、兩條魚，只是分給這許多人還算什麼呢？」(約六 8-9)

單看資源，肯定是不足夠的。然而，門徒好像忘記了耶穌的身分，不認識祂是神的兒子！耶穌說：「拿過來給我！」那個把僅有的晚餐拿出來的小孩，眼睛一直盯着耶穌！

坐在青草地上

39 耶穌吩咐他們，叫眾人一幫一幫的坐在青草地上。

40 眾人就一排一排地坐下，有一百一排的，有五十一排的。

耶穌的關注不單是眾人的晚餐，更是個人內在的需要。有別於之前的混亂，眾人終於可以坐下休歇，享受那野地柔軟的青草。他們不再因着擔心晚餐及住宿的而焦躁及爭先恐後，反而可以逐漸平靜下來，在人數較少的羣體中彼此交談及結連。

這位好憐憫、願醫治、行神蹟的耶穌臨在，讓整個羣體變得不再一樣！

在主手中的奇妙

41 耶穌拿着這五個餅，兩條魚，望着天祝福，擘開餅，遞給門徒，擺在眾人面前，也把那兩條魚分給眾人。

耶穌拿着小孩子的五個餅、兩條魚，加上祝福，讓這些平凡的食物變得不平凡。當耶穌把餅和魚擘開遞給門徒，門徒就分給眾人。縱使門徒不知道怎樣行，此刻他們卻有份參與這奇妙的行動。

欠缺裏，沒有還是夠

42 他們都吃，並且吃飽了。

43 門徒就把碎餅碎魚收拾起來，裝滿了十二個籃子。

看來，享受過這奇妙的野地盛宴，各人不單身體飽足，心靈也是很滿足的！

參與這「非常任務」的十二位門徒，最後竟然可以收拾十二籃子剩餘的碎餅碎魚。在耶穌手中，無論多麼不足，最終可以成就奇蹟，甚至有餘。在祂裏面，就是足夠！除了像眾人一樣，確認耶穌是神所差派的、作神的工外，門徒不禁驚歎，原來他們也可以成為神蹟一部分！

是的，因着耶穌，野地可以充滿豐富；因着耶穌，小孩子微小的呈獻可以成為多人的祝福；因着耶穌，少愛、小信的門徒可以成為恩典的傳遞者。

那麼，你和我又如何？

生命信念

你們要嘗嘗主恩的滋味，便知道祂是美善；投靠祂的人有福了！(詩三十四 8)

Open your mouth and taste,
open your eyes and see ——
how good God is.
Blessed are you who run to him. (*Message*)

我們的神是一位美善的主，祂邀請我們去觀看、品嚐、體會及分享祂所造一切的美物。祂藉大自然呼喚、在大自然等候。

在祂懷抱的人，真有福！

實用篇

- **專題探索**：大自然的呼喚
- **理論結連**：從韓建德之生命及信念反思歷奇輔導在香港的發展
- **應用提示**：帆船旅程程序指引 ——
    - 核心理念
    - 事前預備
    - 默想指引
    - 程序元素
    - 程序意念
    - 危機管理
    - 經驗整理：五感

專題探索：大自然的呼喚

神創造大地，讓人居住其中，享受當中的豐富及美麗。大自然本是神向世人述說祂創造的事實及信息之書本（Book of Nature），讓人藉以觀看及靜聽，發現神的臨在，並祂創造、掌管、供應、更新等奇妙的作為。

本文嘗試從《聖經》（Book of Scripture）勾畫大自然的特色，進而結連生命之書（Book of Life），探索人在當中的領受。

一、大自然的信息

1. 天父的創造

「神看着一切所造的都甚好。」（創一 31 上）

起初神創造天地，**「神看着是好的」**（God saw that it was good）*(NIV)*。這樣好的大自然，就是祂送給人的禮物，讓人好好享受。

作為神創造的高峰 —— 人，按祂形象及樣式被造的，有男有女，有自由意志，有愛與被愛的能力，能與神、與人結連。

天父對人真好，厚賜祝福，更頒下文化的使命：**「要生養眾多，遍滿地面，治理這地，也要管理海裏的魚、空中的鳥，和地上各樣行動的活物。」**（創一 28）

要回應主這樣的心意，人要以感恩及盡忠的心當生命及大地的好管家。

2. 無聲的呼喚

「諸天述說神的榮耀；穹蒼傳揚他的手段。這日到那日發出言語；這夜到那夜傳出知識。無言無語，也無聲音可聽。」（詩十九 1-3）

大自然不斷向人們傳達信息，但沒有聲音及言詞，世人容易忽略和錯過。然而，這寂靜的聲音遍滿全地，沒有説出來的真理遍佈世上每一個角落。（Their silence fills the earth: unspoken truth is spoken everywhere.）

榮耀的神在創造，處處彰顯祂的榮耀及奧秘。作為受造之物，大自然每日每夜都無聲呼喚，邀請屬於神的人一同頌讚祂的榮美。

3. 神的足迹

「自從造天地以來，神的永能和神性是明明可知的，雖是眼不能見，但藉着所造之物就可以曉得，叫人無可推諉。」（羅一 20）

創造主是一位重視關係的主，很願意與我們結連。祂用諸般的方法向世人顯示祂的存在、位格、神性及永恆的大能。祂知道我們的智慧不足，就定意讓我們知道及明白。祂用一切受造之物，特別是大自然，讓我們得以認識祂。我們只要願意放慢腳步，專注地凝視及聆聽，觀賞萬物被造的奧妙，仰望星宿穹蒼之浩瀚，就能夠知曉及領悟。

當我們聽不到神的説話，看不見祂臨在的足迹，便容易忽略祂的真實，變得自我中心，而大自然更淪為滿足自我慾望的工具！**我們傾向征服、擁有及控制大自然；神期望我們欣賞及享受的心意，亦被容易扭曲為消費、謀利及濫用！**

然而，另一個極端就是人會神化大自然，膜拜太陽、月亮、海洋、動物等受造之物，或是過度高舉環保、綠色生活，成為生命唯一重點，成為另類的偶像。人並非看不見神，乃是不願意！

二、享受大自然

「神造萬物，各按其時成為美好，又將永生安置在世人心裏。然而神從始至終的作為，人不能參透。」（傳三 11）

神創造大自然，就是期望人能在當中享受祂所賜予的豐盛。祂邀請我們在當中遊玩觀賞，身心得着休歇；藉着大自然和我們內在聲音的協奏，讓我們聆聽天籟，就是掌管生命的主向我們微聲的呼喚！

大自然就像家一樣，等候着我們回來。無論是在沙灘踏浪、清溪嬉水、岸邊垂釣、田園耕耘、洞穴探秘、洋海揚帆、極地遠征等，**大自然都邀請我們以孩子的心盡情享受及探索，欣賞神美好的創造，體現從祂而來永恆的生命。**

1. 回家休歇

「你們要休息，要知道我是神！我必在外邦中被尊崇，在遍地上也被尊崇。」（詩四十六 10）

我們能夠回歸到創造主那裏，是因着祂的邀請及接待；祂呼喚我們放慢腳步，放開心懷，讓身、心、靈皆可以全然休歇。我們可在山上享受涼風，欣賞大自然的美景、遙望所生活的地方，更可以從高處及抽離的角度檢視個人生活。

午飯後的「黃金時間」—— 山中的午睡可以讓我們安躺在天父的懷中，享受在祂懷抱中的安息。**在安息之中，我們可以細意品味大自然中生命的豐富及美妙，享受大地慷慨的供應，靜聽箇中無言的信息，體會不同情景及節令，並選擇回應野外所賦與的挑戰。**

2. 另類教室

耶穌常常運用大自然環境作教導門徒的教室。大自然充滿教材，很多東西均可以用作學習的比喻。天空的飛鳥、野地的小草，皆是用來對比生活的憂慮；田中的麥子與稗子，喻指天國中不同生命本質與結果；芥菜種籽的成長比喻信心的果效等等。

大自然邀請我們以謙卑開放的心懷去觀看。石隙中茁壯的植物，鼓勵我們在逆境中自強不息；逆流而上的三文魚，弄得遍體鱗傷就是要傳承生命。同樣，領受主召命的人也可以靠着主的恩典，打美好的仗，跑當跑的路，守所信的道。空中翱翔的飛鷹，就是靠着那看不見的氣流得以展翅上騰；跟從主的人，也可憑着信心靠主展翅高飛。林木因紮根不深，風暴過後倒下；生命若不深深植根於神的話，在危難來臨時也會倒下。

我們在大自然中最需要領受的，就是我們被造的本質；在創造主的面前，要尊崇、敬畏祂、感謝祂的供應及厚賜，欣然接受祂對我們生命的塑造及更新。

3. 生命的塑造

休歇過後，野外環境不同的活動可以為我們提供真實的歷奇體會。大自然不是要引發我們爭競、征服的野心，而是邀請我們進入生命歷奇的旅程，與自己的心與神相遇，認識自己的身分、能力、限制及使命，並且認信那位創造、掌管、救贖、塑造、更新生命的主，以致我們可以經歷靠祂恩典而有生命轉化。

野外的活動非常多元化，包括遠足、露營、夜行、定向、風帆、獨木舟、潛水等。此外，作為動感的屬靈操練及福音介入，我們在野外環境中，亦可安排不同生命及心靈向度的活動，如：黑夜待曙光、獨處、露宿、生命的最後一夜等。這些活動可以栽培品格，為在城市長大嬌嫩的新生代添加內在生命的素質：堅忍、果敢、合羣、解難、關愛等等。藉着聖靈的介入及生命的感染，以基督信仰為本的歷奇輔導更可以成為聖靈果子（仁愛、喜樂、平安、忍耐、恩慈、良善、信實、溫柔、節制）培育的平台。

外在的環境及經歷可以幫助我們進入內心，確認神在我們生命中的善工（Embracing His good work in us）。神藉大自然在呼喚，我們願意聽嗎？

理論結連：

從韓建德之生命及信念反思歷奇輔導在香港的發展

書名：本文原載於《「大自然動力」歷奇輔導活動：體驗項目與經驗解説實踐彙編『2』》

作者：香港明愛青少年及社區服務編著

出版資料：香港：明愛青少年及社區服務

出版年份：2010

對於歷奇輔導的理念及信念，究竟仍有多少人認識、認信及實踐？

歷奇輔導的始創者，其中之一可追溯至德裔猶太人韓建德。本文嘗試回顧他的一生及他所倡導的教育信念及理念，從而檢視歷奇輔導今天在香港的發展，希望可以讓工作者得着前行的啟示。

一、生命旅程

外展訓練（outward bound）創辦人韓建德（1886-1974）出生於德國柏林一個猶太家庭。青少年時代就非常喜愛野外活動。一次旅程中中暑後，他的身體變弱，且經過數次的手術紓緩腦壓，不能如過往般在山野間享受陽光。在康復的過程中，韓建德常要遠離陽光，留在暗室之中，但在生命黑暗及軟弱的時候，他卻逐漸孕育建立青年人能力的教育模式。

在第一次世界大戰之後，他成為德國最後一位王儲 Max von Baden 王子的私人秘書，協助他撰寫回憶錄。受着柏拉圖的教育理念影響，他於 1920 年以這個教育抱負開辦沙林學校（Salem School），作為更新德國道德傳統的實踐。

沙林學校嘗試為青年人創造一個健康的環境，抗衡當時現代化社會出現的衰退現象，包括：體能、主動及進取心、記憶力及想像力、技巧及自顧能力、自律及憐憫心。韓建德倡導不少獨特的教育理念，如：非競爭性的體育活動、民主式社會合作、安靜與獨處、成功與失敗的經歷、個人需要與羣體利益的平衡等。這些意念均成為他日後建立外展訓練的核心基礎。

韓建德曾公開反對希特拉政府，在 1933 年被捉拿下監，最後在友好幫助下遷居至英國。為了繼續發展他的教育理念，他在蘇格蘭開辦的 Gordonstoun 學校，成為當時最出色進步的學校之一。

自此，韓建德陸續開展相關的訓練計劃，如 Moray Badge Scheme 及 County Badge Scheme，最終演變成為世界性的愛丁堡獎勵計劃（Duke of Edinburgh's Award）及今天香港的青年獎勵計劃。這些計劃包括：

- 與體能及個人健康習慣有關的持續性訓練計劃。
- 結合羣體合作及個人努力的艱辛野外旅程。
- 需要技巧學習及工藝的項目。
- 體會憐憫價值的社區服務活動。

第二次世界大戰期間，為了增強年輕水手面對戰爭時的抗逆能力，韓建德在 1941 年開辦外展訓練，以密集的挑戰性活動培訓他們，基本上，訓練包含下列元素：

- 身體的操練：強化心靈，提升自律及自我決定的能力。
- 長途之野外旅程：藉着成功與失敗、挑戰與支援，建立生命的健壯。
- 服務：透過服務，特別是拯救的訓練，提升憐憫的心懷，並對生命的尊重及肯定。

多年來，很多人均嘗試仿效他在外展訓練所倡導的訓練模式。然而，今天不少工作者傾向重視外在的形式，輕忽背後的處境、信念及理念，在訓練的過程中往往錯失當中的精意。

二、反思香港情況

1. 強與弱

韓建德曾説：「你的殘障就是你的機會！」（Your disability is your opportunity!）

戰後物資缺乏，韓建德看見當時普遍存在「失敗主義」（defeatism）及「不重要的意識」（sense of unimportance）。曾經歷中暑病，致使他認為逆境是生命的一部分，克服軟弱與發展強項同樣重要。他相信短時間的密集訓練，可以讓人超越逆境及克服失敗意識，為生命帶來更大的平衡及憐憫，得以超越自我，並且能夠學習以個人強項及優勢去服務他人。

今天，香港的歷奇活動受着市場主導影響，傾向滿足受眾表面需要，重視「量的歷奇」、即時成功及感官激情。為求達成顧客的目標，工作者容易輕看活動的歷程，亦忽視當中所呈現的生命真相。

作為強處為本的介入，歷奇輔導理應是發掘、肯定及建立參與者的內裏強處。然而，在現實的場景中，往往因着活動眾多，時間有限，只能讓有能者參與及表演，能力稍遜者則多在別人的催促下略為嘗試，最終或會中途而廢，只能在旁為別人打氣，最終淪落為強者為本的介入。

2. 成與敗

韓建德深信青年人需要經歷成功與失敗，學習克服內在的負面傾向，才能跨越生命中的逆境。

香港人普遍重視安全，對下一代過度呵護，而在歷奇活動中成人多鼓勵孩子以捷徑取得成功，避免承受挫敗的打擊。在強調問責的氛圍下，工作者或會着意選取較少出錯的項目及環境。結果只有模擬的危機、過度偏重安全的安排，帶來「廉價的成功」，減低年輕人從中學習及成長的機會。他們或會有許多歷奇活動的經驗，甚或相關資歷，卻缺乏生命持續考驗及操練所帶來的內在轉化。

3. 身體的操練

韓建德認為現代化的代價是令人們過度依賴科技，妨礙體能的發展。他強調青年人應接受持續的體能訓練，鍛煉強健及靈巧的體魄，並堅強的意志，為他們在生命及社會上的承擔奠下基礎。

香港的歷奇活動多是即興式及短期性的參與，着重當下的嘗試及刹那間的興奮，欠缺持續性及系統性的預備及培訓的基礎，難以帶來真正的能力及信心的提升，遑論孕育內在生命的素質。

4. 野外教室

韓建德深信野外是最佳的教室，比對人工的建設及環境，大自然與人類的本質有更多共鳴之處，更能啟發我們反思生命的信息。

今天香港歷奇活動的普及化，固然能讓很多不同背景的人（包括長者、幼童、弱能人士）有機會體會及參與。然而，一般人所經歷的主要是營地歷奇，甚至是室內的「空調歷奇」，只要少量付出（如不用準備、不需流汗、容易退出）就能經歷成功，達至歷奇中的所謂「高峰經驗」。可惜的是，他們的參與往往就在那模擬訓練中止步！

韓建德認為營地設施建構的歷奇經歷，只是野外歷奇經歷的預備。真正的挑戰，來自野外環境的真實、艱苦及危機；真正的學習，在於大自然的豐富、多變及空間。嚴峻的野外好像嚴父般，挑戰我們奮進及成長；廣闊的大地則像慈母，讓我們休歇及靜思。最終，在大自然的學習就是讓我們面對生命中眾多的挑戰及考驗！

5. 參與性學習

韓建德常對接受海上訓練的學員説：「你們是船員，不是乘客！」他認為教育的秘訣，是藉着服務他人建立青年人內在的力量。事實上，年輕人最需要聆聽的，就是一個召喚：「這裏需要你！」

或許今天我們為青年人安排的活動，最重要的是讓他們參與及學習自處，並與同輩一起面對各樣挑戰。工作者宜在活動前提供基本訓練及灌輸安全意識，過程中儘量放手，讓他們循序漸進嘗試，藉此發掘、運用及提升個人能力及資源。此外，除了幫助個人跨越困難，工作者亦應重視他們在羣體中的同行及結連，幫助他們終能在社會中尋覓、確認及實踐自己的角色及位分。

6. 社會的需求

韓建德説，一個人若非成為完美社會的一份子，必不能成為完美。他所倡導的教育，不單着重個人的提升，更要顧及當時社會的需求。在眾多生命素質中，他提出最能結連個人力量與羣體需要的就是憐憫！

反觀香港，社會在功能主義及消費意識下，歷奇活動漸趨功利，容易成為個人履歷中的增值工具。所以我們要重視的不單是歷奇輔導過程中的隊工合作，而是生活中的羣體相處，並生命中的羣體、社會、國家、世界等超越性視野！

7. 服務的操練

韓建德確信青年人藉着操練及刻苦，學習幫助在急難及困苦的人，他們的心就會被觸動，亦會發現那從上而來生命的召命。

由於時間有限，香港的歷奇輔導多限於挑戰性的活動，欠缺服務他人的實踐，以致不能轉化為他人的祝福。近年來開始備受重視的服務學習與野外歷奇訓練的整合模式，正是昔日韓建德致力倡導的方向！

8. 回應時代

二次世界大戰及戰後重建的經歷，讓韓建德體會培育青年人面對時代處境的重要。他一生的使命，就是要攪動那些安逸及柔弱的人（to disturb the comfortable），讓他們能藉歷奇訓練建立健壯的身體及心靈，長遠達至自我超越，並安慰在苦困中的人（to comfort the disturbed）。

表面上今天的香港甚為繁華、安逸，唯世界所經歷的災難，如：美國九一一恐怖襲擊、日本三一一海嘯、中國五一二大地震、金融海嘯、極端天氣等，均顯示天災人禍將有增無減。今天的歷奇輔導訓練，除了提升個人的能力外，能否培育高抗逆力及勇於承擔的新一代，讓他們在世界的苦難中成為別人的祝福呢？

雖然韓建德離世多年，但他所倡導的仍然在世界不同的地方延伸，他的生命、信念及教育理念今天仍然向我們説話。

應用提示：帆船旅程程序指引

主題：生命再啟航
形式：三天帆船旅程
地區：西貢海域
默想經文：〈詩篇〉84 篇及《聖經》Message 版

核心理念

Return and Rest	回歸與休歇
Review and Reflect	回顧與反思
Release and Rearrange	放手與重整
Refill and Renew	加油與更新
Reconnect and Recommit	結連與委身

事前預備

Explore	探索：了解旅程目標及航程資訊
Envision	想像：默想旅程完結時的景象（終點視野）
Equip	裝備：預備身心靈，默想信息，按旅程指引執拾裝備
Eliminate	放下：放下不必要的掛慮，輕鬆上路
Embrace	擁抱：確認意義，投入旅程
Engage	結連：尋找心靈及禱告支援，與隊友同心同行

默想指引

期間：帆船旅程前十天
每天默想課題：在「生命再啟航」中，請默想下列概念：

Return	回歸：你回歸的心願有多強？你想回歸到哪裏？
Rest	休歇：休歇對你有何意義？你最想怎樣休息？
Review	回顧：生命中有什麼事情你最想回顧的？什麼事情是你最怕回顧的？
Reflect	反思：過去的反思對你有何幫助？什麼事情及安排會幫助你反思？

Release　放手：你最渴望放手的是什麼？有何攔阻？
Rearrange 重整：你最想改變的是什麼？最想保持的又是什麼？
Refill　加油：你現在「生命的油量」怎樣？最需要加添什麼？
Renew　更新：你最需要的更新是什麼？何處及怎樣可以得着更新？
Reconnect 結連：你最想與誰結連？誰最想與你結連？
Recommit 委身：若能再啟航，你最想往哪裏去？這目標與你所信的神有何關連？

請以筆記簿，寫下你每天默想後的心靈札記及禱文，並携帶上船。

程序元素

執拾：帆船作我家
船務：眾人皆船員
服務：彼此的接待
體驗：生命的品嚐
安靜：生命的反思
分享：生命的故事
對談：生命的對話
豐富：生命的歡慶
立志：生命的委身

程序意念

第一天

上船：分享旅程準備的經歷、認識船上位置及器材、執拾船上物資
午餐：分享 Return & Rest
啟航前：安全簡介及基本操作學習
啟航：掌舵、揚帆、靜看夕陽、下錨（大蛇灣）
晚餐：分享 Review & Reflect
午夜：輪值守望

第二天

早餐：晨曦約會、詩歌敬拜、〈詩篇〉84 篇
啟航：掌舵、揚帆、生命對談、泊岸（北丫）
午餐：分享 Release & Rearrange
下午：上岸獨處（默想寫下的默想）
啟航：掌舵、揚帆、生命對談、泊浮泡（鹽田仔）
晚餐：分享 Refill & Renew
午夜：安歇（不用輪值守望）

第三天

早餐：晨曦約會、詩歌敬拜、〈詩篇〉27 篇
回航：掌舵、揚帆、生命對談、泊泡、執拾
午餐：分享 Reconnect & Recommit、總結、前行祝福、最後清潔

- 上述程序會按參與者的進度及當時的環境而調校。

危機管理

- 旅程前檢查船上機器及結構。
- 旅程前讓參與者熟悉船上不同的位置及設施。
- 旅程向為參與者提供安全簡介。
- 旅程中安排岸上當值支援者。
- 不懂游泳者在航程中必須穿着救生衣。
- 在航程中安排守望者在船上不同的位置觀察守望。
- 船上同工團隊需要為每一個旅程及停泊位置作危機評估。
- 當危機出現時，一切以船長的意見為依歸，其他人儘量配合，並按需要尋求外間支援。

經驗整理：五感

感觸：情感
感想：思想
感恩：恩典
感慨：慨歎
感動：行動

4. 動感輔導——

超越程序的安排

生命操練篇

歷奇人說故事

- **我的歷奇路**：挫敗原是祝福
- **歷奇人的心靈歷奇**：堅冰也有融化時

從故事中學習

- **經驗深化**：生命轉化的契機

靈性的操練

- **聖經中的歷奇人**：水上行
- **生命信念**

歷奇人說故事

我的歷奇路：挫敗原是祝福

回望過去，經過不少挫敗。早期挫敗的經歷沒有認真處理，以致未能領受教訓，從錯誤中學習；至於後期的，因着天父的恩典、別人的幫助及個人成長，才慢慢轉化成為生命的祝福。

中學階段，我已受盡挫敗。（詳見第一章）

在大專時期，除了上課，我積極參與班會工作，課餘兼職補習教師賺取學費。作為少數從文法中學升讀的學生，我在「技術繪圖」的根基很薄弱，又不懂主動求問，結果失手，補考亦未能及格。最終，我被終止學習，在結構工程師的專業道路上止步。

在那段時間，我感到羞愧、內疚、無力、無望。接下來半年，我沒有進修、沒有工作，全然陷於生命幽谷之中。當時除了與一羣好友創辦風帆會外，就只有野谷戶外活動中心的基督徒朋友在旁鼓勵及同行。最後，他們更帶領我接受基督信仰，讓我可以站起來，重新上路！

往後兩年半的教學及青年工作經驗，讓我有機會重返香港理工學院，修讀社會工作文憑課程。由於曾失學，讓我加倍珍惜重返校園的日子。除了帶領班會，時間都投放在學習上。然而，唸理科的我，對社會科學甚為陌生，撰寫文章更特別困難。縱使已搜集很多資料，但總是很難動筆，以致待交的功課不斷地累積，心裏的壓力亦日漸增加。

那時候，我又要重蹈覆轍，面對學業再次失敗的情景。然而，因着一位年輕同學的提醒：「你真像一個煮熟的狗頭！」讓我猛然醒悟，放下對功課完美的堅持，如期繳交及參與考試，跨過一個難關。

生命的挑戰層出不窮。多年後我在突破的服侍也曾經歷耗盡，萌生放棄的念頭，便用了二十八天在瑞士跟隨屬靈導師漢斯學習生命重整。（詳見第六章）

回望這生命之旅，多有挫敗，但亦充滿恩典；很多不足，卻教我學會向神求助、向人求問；路途彎曲多變，但均指向回家的路。雖然未曾接受有系統的輔導，卻在過程中感到結果的迴響，學習心靈的反思，也有「在上的手」（higher hand）引領，合奏動感的生命奏鳴曲！

回望，只有感恩！

歷奇人的心靈歷奇：堅冰也有融化時

生命，應該是溫暖及柔和的；然而，一般人從他身上只看見頑劣及失控。

家明在一個名為「皇者行動」的訓練計劃中認識他——阿立，十四歲，外表戇直，臉上長滿青春痘，寡言，與其他同學也甚少交往。多次在活動中提早到達，跟導師們談話，幫助佈置場地。然而，活動時卻容易與同學發生爭執，以致被他們排擠。

計劃開展了一半，導師們從老師口中聽說他又闖禍了。他在學校與同學發生爭執，突然好像瘋了似的，把旁邊壁報板上的通告及裝飾全部撕掉。在旁的老師曾嘗試制止，唯他全不理會，以致老師報警求助，阿立被帶到警署落案。

失控的狂石

經仔細了解，原來阿立自小被父母遺棄，由年老的祖母獨自照顧。縱使阿立心中愛錫祖母，唯對她卻很無禮，常常大聲呼喝。阿立在學校經常闖禍，令祖母非常擔心，她對阿立實在感到無能為力！

阿立在學校是一個不起眼的學生，成績一般，沒有出眾的技能，在活動中也沒有優秀的表現。他在課堂上甚少表達自己，容易被老師忽略，而與朋輩相處時，他怪怪的表達方法，常被同學嘲笑、戲弄，甚至欺負。

直至中一下學期，他又被幾位同學當眾羞辱及圍毆，滿臉是血。過去的他，只會默然忍受，但這次他的憤怒卻如火山般爆發，瘋狂地大叫，拚命追打那些欺負者。若非老師們及時到場攔阻，相信最終有人會受到嚴重的傷害。

縱使阿立是受害人，但那次他的反抗，卻換來「記大過」的處分。然而，在那羣滋事同學的眼中，阿立不再是可隨意欺負的「玩物」，而是會隨時爆發的活火山！

顯然，沒有很多同學喜歡與阿立親近，而部分老師也會視他為難以管束的「計時炸彈」，不知何時會為學校帶來麻煩。當阿立情緒爆發時，報警求助，好像是校方唯一可作的事。

這個少年人，是學校訓導處的常客，是老師眼中的「麻煩人」，是同學眼中的怪人，然而他的內心究竟是怎麼樣？自小就沒有爸媽在旁，他怎樣看自己？只有祖母的陪伴，他怎樣成長？沒有父母在旁保護、愛錫、鼓勵及培育，他怎樣學習處理及表達心中的感受？他怎樣學習與人相處的？

「皇者行動」計劃推出時，校方自然推薦這個訓導處的「頭號人物」參加！

溫情的石頭

阿立的表現也曾令導師們刮目相看。一次，眾同學前往一間中度弱智的兒童院探訪，為兒童安排遊戲及茶點。導師期望藉這次服務體驗，讓參與計劃的同學擴闊視野，學習以愛待人。

預備時，各人如常嬉笑、搗蛋，毫不認真。直至抵達兒童院，看到智障的幼童時，同學開始凝重起來。除了智障外，兒童還有其他障礙及病患，以致他們的臉容有別於一般兒童。換了平日，這羣同學多會恥笑、戲弄或忽略這類兒童，但在導師的鼓勵下，他們卻願意坐在兒童旁邊，陪伴他們欣賞表演及進食茶點。

其中一個幼童，不懂説話且滿面紅腫，樣子古怪。看着這孩子，阿立遲疑片刻後，主動走到他前面，要求照顧他。觀看表演時，阿立只是默然地抱着那個小孩，之後更耐心地餵他吃茶點。

看着阿立抱着小孩的情景，目光溫柔及祥和，家明不禁問：「究竟是阿立以愛心接納及服侍那個孩子，還是那個孩子的苦難及安靜，讓阿立內在的美善得以彰顯？」

相對在校園的狂野表現，阿立這個溫柔的臉容只是曇花一現。究竟哪一個才是真的他？自從那次服務之後，阿立變得較為沉靜。究竟他是掛念那個與自己相似的孩子，還是掛念那個溫柔的自己？答案沒有人知曉。

融化的堅冰

「皇者行動」計劃以三日兩夜的野外挑戰營作尾聲，期望同學在營會整合計劃中的學習，藉着野外挑戰發揮潛能，體會高峰經驗。

然而，阿立及他所屬的小組，在營會中的表現不太理想。阿立與組員常常爭執，以致在比賽中不斷失分，士氣也每況愈下，連小組導師家明也開始擔心！

營會的第二晚，同學在黑暗中獨自穿越叢林，鼓動面對困境的勇氣。第三日，天還未亮，眾人又重訪仍舊漆黑一片的樹林，在安靜的旅程中學習默然面對自己。

突然，隊伍的後方傳來聲響，原來阿立與組員又發生爭執。他們初時口角，繼而動武。導師介入，建議隊伍繼續前行，但看着阿立怒氣沖沖的樣子，家明決定暫停隊伍行進。家明因着過去對阿立的理解、對他成長背景的憐愛，以及曾經看見他內在的美善，他選擇留下來陪伴阿立安靜反思。

家明輕拍阿立的肩膀，正想表達安慰時，阿立卻毫不領情，憤然推開他的手，雙眼射出怒火，緊握拳頭！

眾人正以為阿立將要接受懲罰時，家明卻選擇按手在阿立的肩膀上，為他禱告：「掌管生命的主，或許很多人不明白阿立，但你認識他，知道他現在的感受，明白他很憤怒和懼怕，更知道他此刻的需要。

「阿立很想與人建立真誠的關係，但不知為什麼卻常常與朋友發生爭執，又不懂得控制自己的情緒。如今，他再次落入這樣的處境，經歷關係的破裂！

「主啊，此刻的情景，你知道阿立不想見到的，但他實在不知道發生什麼事，也不知道怎樣處理。我們不完全了解他昔日走過怎樣的成長路，對他有什麼影響，但我們真實地體會，他現在所面對的難處。

「主啊，阿立很想做的事情，卻不能做；他不想做的，卻偏偏做了。唯有你完全明白阿立的處境和內心的掙扎；唯有你能幫助他去改變。求你親自幫助他改變，去除他內在的黑暗，帶領他走到光明之處！」

在禱告的過程中，家明聽到飲泣聲，亦感受到阿立僵硬的身體逐漸放鬆。禱告完結後，家明緊緊地抱着阿立，體會到這塊堅冰正在慢慢融化！

之後，家明邀請眾人跟阿立説一句心底話。不料，第一個走出來的，是與他爭執的組員，大聲向阿立道歉；其他同學、導師及工作人員亦逐一走到阿立面前表達心意。他們每一句鼓勵及祝福的話，就在灰暗的樹林中迴盪。

當所有人説完話後，仍然垂着頭的阿立，突然朗聲地向眾人説：「對不起！多謝你們！」就在這時，就像電影的橋段，第一線的晨光剛好從樹梢中射進來，溫暖眾人的心！

後話

作為一個另類的高峰經驗，眾人當下並無標準的激情反應，反而心中默默地感恩，讚歎上主的作為。

出營的時候，阿立熱情地握着家明的手，眼神流露着他心中的喜悦及謝意！

計劃完結時，校長在台上向所有完成訓練的同學頒發證書。阿立從校長手上領取他在學校唯一的嘉許狀時，他與台下的祖母眼中均泛起淚光！

看着阿立的背影，家明心中默然向主禱告，求主延續在他身上轉化的作為！

從故事中學習

經驗深化：生命轉化的契機

任何青少年訓練計劃，都不能單單把焦點放在活動過程和行為問題上，而是放在參與者身上。

片段中的主角阿立到底是個怎樣的人？在叛逆及違規行為的背後，他需要的又是什麼？過去他走過怎樣的成長路，以致成為現在這個樣子？在他裏面有何不足之處？有何仍待發展的潛質？在阿立身邊，有誰能關心及支援他？這樣的支援，有何正面的功能，又有何限制？

從基督信仰為本歷奇輔導的角度來説，怎樣是有效的介入？當中有何催化元素？有何限制及需要跟進的地方？

一、另類輔導

一般學校舉辦的歷奇活動，參加者多是有行為問題的學生，藉着活動轉移他們的精力，以及拓展潛能，讓他們以建設性的方法得着成功感及滿足感。

在歷奇訓練的過程中，工作者多重視參加者在過程中的表現，看看他們能否完成任務、跨越挑戰。不少工作者更引入競爭元素，激發參加者的鬥心，高舉勝利者的優越。另一方面，這種輔導計劃期望能改正他們的行為問題，幫助他們較容易融入及適應學校的生活。

像阿立這種孩子，是不是真的一無是處？他的潛能怎樣被確認及拓展？他能否完成訓練？

二、以人為本的介入

基督信仰為本歷奇輔導重視每一個參加者，嘗試辨認他們的需要，從他們的處境，展現他們的強處（start where they are; start where they have），這與業界一些強調紀律訓練及「先拆毀，後建立」的訓練取向截然不同。

工作者以生命的成長及改變為焦點，與參加者同行，一同探索及選擇前行的可能性。循序漸進克服當中的挑戰，進而建立他們的能力、動力及辨識力，邀請他們與生命的主及祂所差派的同行者結連，孕育生命中前行的視野、方向、意義及所需的素質。

對於被學校推薦參與輔導活動的同學而言，他們得到的資訊有限，加上對校方欠缺信任，或許遲疑（reluctant）或抗拒（resistant）。前者因不清楚自己的能力，擔心是否能夠面對挑戰，所以他們既想嘗試又怕失敗；後者因不明白參與的意義，他們不一定抗拒活動，只是抗拒安排他們參與的人及權威。

阿立想尋求生命突破。因着輔導老師的推薦，他抱着即管一試的心態參與；不過，他對這樣的計劃及自己基本上並沒有多大期望。

他常常提早出現，主動協助，顯示他對計劃的隊工基本上有好感，亦對計劃有歸屬感。然而，除了個別較熟絡的朋友外，阿立對其他同學仍抱觀望態度。縱使在活動中他們或會學習正面溝通，唯在校園裏的他們並無改變，仍是容易發生爭執及吵鬧。

三、生命轉化

1. 誰願同行？

阿立自小與祖母相依為命，除了基本的照顧及關心外，祖母難以替代父母的職能。當阿立日漸長大，便感到自己與其他同學不同。當他生活上遇到困難及挫折，而祖母又未能明白與幫助時，阿立便會向老人家大發脾氣，事後卻非常後悔。

這樣的少年人，心底極度期望有人與他同行，明白他的處境及需要，分擔困苦、喜樂。然而，阿立外表沒有優勢，又不擅表達，加上情緒不穩，致使他與別人產生距離及誤會，更叫他感孤單。究竟是否有人願意與阿立同行呢？

2. 羣體的接待

任何輔導計劃，程序只是工具，最重要是隊工及參加者的羣體同行。這種羣體結連，是我們存活的基本元素，也是前行的啟迪及困境中的支援。

無論什麼活動，只要負責隊工培養羣體接納的態度及氣氛，讓參加者感到自己受歡迎，並在過程中建立安全感及歸屬感，他們就願意繼續參與。**當參加者在羣體中經歷被信任及接待，他們就會有信心顯露真我，願意接受挑戰，踏出自己的安舒區。**這正是阿立轉變及成長的基石！

3. 服務的學習

在計劃早期，阿立雖然從沒缺席，但也沒明顯的進度。縱使他在活動偶然表現投入，但回到校園後，仍是那個老樣子。倘若校園的環境（包括那些同學）及家庭環境沒有改變，阿立這類學生實在很難有任何具體改變。然而，那次的服務體驗，卻為阿立帶來震撼。

歷奇訓練強調自我提升，但服務體驗及學習傾向則以他人的需要為依歸。從廣義來看，歷奇要求人離開個人安舒區，進入不熟悉的環境，接觸陌生的羣體、從事新鮮的工作，經歷心理上的受壓區（groan zone，或作掙扎區、呻吟區），進而踏進成長區（growth zone）。事實上，服務體驗及學習最終的目標並非為個人增值，乃是接觸及參與超越自己的事情，進而讓生命得着超越。

一般香港的青年人，日常生活的圈子多局限於家庭、學校、網絡，甚或小數的社羣（包括宗教羣體、興趣活動及課餘進修）。對於社會上的弱勢社羣，他們多只從媒體得到片面的印象。服務體驗及學習會安排參加者接觸比他們更弱勢、更貧乏的羣體，認識他們的處境及需要，提供合宜的服務，並期望參加者在他者身上學習面對逆境之道。

在智障兒童的服務中，阿立接觸比他更不幸的兒童，讓他放下自己，學習關懷他們。他流露的溫柔和祥和，映照着孩子滿足的樣子，襯托出一幅美麗的圖畫。那次的經驗是難得的突破，也讓導師重新認識這位學校裏的「麻煩人物」。

4. 多元智能

近代教育學者嘉納倡導多元智能，指出不同的人有不同的性向特質，適合不同的學習方法。不同的智能會影響我們在不同工作及場景的效能。

歷奇活動也要運用不同的智能。一般需要肢體運作智能，以野外作為場景更涉及空間智能與自然觀察智能。**羣體合作的活動，亦需要運用人際關係智能，過程中的解説及學習轉移更是與自我內省智能息息相關。**

至於，基督信仰為本歷奇輔導主要建基於經驗式學習理念，着重與上主、大地、自己及世界等四重關係，並個人在不同向度的互動。雖然加德納並未確實處理靈性智能及存在智能，但這不表示上向向度並不重要，反而提醒我們，在屬靈的向度上，超越人的理解及掌控。

雖然阿立學業成績不佳，在「皇者行動」的表現不算出色，經常爭執和犯錯，好像全然缺乏加德納所提及的八種多元智能。然而，他對智障孩子的愛護及照顧，超出加德納多元智能的框架，亦是現實社會較容易忽略的素質。

阿立處於欠缺培育資源的環境（包括家庭、學校），能力及內在資源缺乏，究竟他的未來會怎樣？有何選擇？獨特之處是什麼？怎樣轉化？

5. 競賽顯真我

最後一個活動野外挑戰營，包含一連串提升士氣的競賽活動；各組在不同項目上會按其表現得分。一般而言，在求勝之心推動下，參加者皆會積極參與，期望取勝。

比賽中總有強弱之分，強者得勝，固然非常興奮；弱者失敗，自然感到沮喪。然而，從基督信仰為本歷奇輔導的角度而言，過程中的解說及反思，勝與敗只是認識自我及成長的機會而已。

對於阿立這一組，每一次失敗經驗都印證他們能力不足，是羣體中的失敗者。他們士氣低落，言語間流露負面情緒，關係自然緊張，繼而影響發揮，形成惡性循環。除了失敗，他們究竟有沒有出路呢？

基本上，要在營會有限的時間逆轉參加者的生命，實在不易。畢竟，生命的轉化不是由表面及短暫的行為所塑造，也不是程序或工作人員可以影響的。作為基督徒隊工，唯有藉禱告交託掌管生命的主！

6. 高峰的經歷

基督信仰為本歷奇輔導相信，透過活動及場景，讓參與者的能力與危機配合，有助他們經歷個人的突破及成長。倘若活動要求的能力高而危機低，參與者只感到刺激；若活動要求的能力低而危機高，只會成為負面歷奇，參與者可能經歷心靈震撼及身體損傷，甚至驚嚇及生命傷亡。最理想的情況當然是活動要求的能力與危機完全配合，參與者就會體驗高峰經歷（peak experience），感受全力以赴達成目標的狂喜。

不過，這或許只是理想的境界。因為效果還要視乎個別參加者的能力（包括體力、經驗、參與意願等）、隊友同心、隊工的判斷及應變、外間支援等影響；而活動的設計、器材、天氣、環境，並其他難以掌握的因素，皆會影響高峰經歷的達成。而且，若處理欠佳，高峰經歷隨時有機會變為負面歷奇。

説到底，阿立的小組反省能力不高，未能珍惜活動中反思的機會，某些活動更凸顯了他們生命中的黑暗。結果，訓練營只為他們帶來失敗經驗，更遑論什麼高峰經驗。

在基督信仰為本歷奇輔導中，只有聖靈的介入才會在看似不可能的景況下，讓參與者經歷生命轉化。

7. 受教時刻

在歷奇輔導中，受教時刻是指一個攪動心靈的環境及經歷，引發個人、現場的眾人靈光一閃，領受心靈的頓悟，聆聽提醒及指引。這一切不單會是難忘的片段，更可以是生命突破、轉化的時機。

這種受教時刻，只能領受及捕捉，很難預先安排；其關鍵之處，就是工作者及隊工的心靈空間，願意聆聽聖靈微聲的提點，觀看祂在當中巧妙的安排，順服及配合祂的心意而行。

營會最後一個清晨，大隊正在安靜默想，學習向黑暗説再見。阿立因不能忍受別人粗暴的對待，又與組員發生衝突。像過去眾多的場景，他不顧後果，只想釋放內心累積的憤怒及無助，情緒像火山般爆發。他不能再面對別人及自己的黑暗，再一次選擇放棄自己！

阿立高聲叫罵、出拳擊打，不盡是力的表現，而是脆弱心靈的自衛，是來自心底無助、絕望的呼喊！一般而言，阿立的行為惡意破壞當下程序。當導師善意提醒家明留下阿立繼續前行時，就是不想因一個人影響整體進度，家明卻放下管理及懲罰的衝動，選擇用心回應。

然而，家明的善意，卻遭猛然拒絕。因着聖靈當下的提醒、隊工默然的支持，家明堅持使用人看似「軟弱」的行動，在眾人面前為他禱告。當下，家明實在不知道禱告會帶來什麼果效，只好交託給天父！

當下，是禱告的能力、是安靜的空間，抑或是眾人的承載帶來改變，家明不知道；他只知聖靈叫阿立軟化下來，流淚哭泣，並接受為他按手的禱告。

禱告，真的可以影響人心。意想不到的是有份生事的同學，禱告後主動上前道歉。在家明的邀請下，導師、同學逐一向阿立表達心聲。這超出設計程序，卻成為眾人受教的時刻，阿立生命得以轉化，是聖靈奇妙的工作！

靈性的操練

聖經中的歷奇人：水上行

讀經：〈馬太福音〉14 章 22 至 36 節

這段經文記載了門徒與耶穌歷奇的經驗。事件發生在五餅二魚的神蹟之後（參第三章），耶穌催促他們上船橫渡加利利海，祂卻留在山上獨自禱告。

22 **耶穌隨即催門徒上船，先渡到那邊去，等祂叫眾人散開。**

23 **散了眾人以後，祂就獨自上山去禱告。到了晚上，只有祂一人在那裏。**

24 **那時船在海中，因風不順，被浪搖撼。**

25 **夜裏四更天，耶穌在海面上走，往門徒那裏去。**

26 **門徒看見祂在海面上走，就驚慌了，說：「是個鬼怪！」便害怕，喊叫起來。**

整晚逆風航行，眾門徒初時或許仍會熱烈地討論那奇異的經驗，但在漆黑中他們因着疲倦而逐漸無言，心中只盼望能早些到達彼岸，得以休歇。黎明將近，海面上一個黑影迫近。在身心俱疲的狀態下，這羣門徒，包括當中經驗老到的漁夫，只感到驚恐。

相對於生活的危機及災難所帶來的震驚和無助感，合宜的歷奇經歷內藏安全的承托，以致當下所感受的震撼，並非來自真正的危險，而是源於意識的危機，並相關的心理反應。

從經文來看，耶穌似乎是刻意讓門徒先渡海，而自己留在山上禱告等候，直至夜深才在刮起風浪的水面上行走，與門徒會合。祂到底期望門徒有何經歷呢？

歷奇的邀請

27 耶穌連忙對他們說：「你們放心！是我，不要怕！」

28 彼得說：「主，如果是你，請叫我從水面上走到你那裏去。」

風浪仍舊，但耶穌的臨在及安慰，成為門徒危機中的盼望及平安。祂不單讓彼得平靜下來，更攪動他內在冒險的心，叫他躍躍欲試。

能夠聽到熟悉的聲音，看見親切的臉容，明白保護系統帶來的安全，能叫我們安心。在面對歷奇輔導中的挑戰時，重要的是參與者能夠理解安全的保護，明白箇中的意義，並在過程中體會當中的信息及尊貴。

歷奇輔導建基於工作者專業的能力、硬件保護系統及羣體承托所帶來的安全感，讓參加者按個人能力及意願，適時及循序漸進地離開安舒區，體會自身內在的潛能，並跨越意識限制的喜悅，聆聽從內心深處發出的宣告：「我能夠！我願意！」

耶穌非常熟悉彼得，知道他既勇敢又魯莽、率直又好勝、忠心耿耿但又會軟弱跌倒。若門徒要冒死跟從主，相信彼得會身先士卒！

踏出安舒區

29 耶穌說：「你來吧。」彼得就從船上下去，在水面上走，要到耶穌那裏去；

30 只因見風甚大，就害怕，將要沉下去，便喊着說：「主阿，救我！」

彼得的宣告，在果敢之中帶着懷疑及條件；唯得到耶穌悅納，鼓勵他憑信踏出那重要的一步。彼得憑着那份歷奇的天性，相對其他門徒更願嘗試和冒險。彼得二話不說踏出船邊，向主前行。能夠在水面上、在風浪中行走，真是一生難忘、令人羨慕的高峰經驗！

風仍在呼嘯，腳下的浪花如泡沫般飛濺，彼得的目光慢慢偏離遠方的目標及等候他的主，身軀不由自主地顫動。眼見自己快要被那洶湧的波浪吞噬，在恐懼中，彼得憑直覺向主求救。這一次，他懂得向合適的人發出生命中最重要的禱告！

有別於坊間的歷奇挑戰活動，歷奇輔導不強調競爭及比賽，亦不重視達到既定的水平及成績。歷奇輔導重視參加者自訂的目標，並與眾人共訂的約定；而身旁的人是支持者、同行者，更是這超越性經歷的共創者！

另一方面，縱使歷奇輔導的活動期望啟動參加者的潛能，工作者不會亦不能保證有「廉價成功」的經驗。過程中合宜的失誤或失敗，也會為參加者及所屬羣體帶來影響深遠的受教時刻！

好像彼得這樣的行動者（activist），或許最重要的學習是承認一己的不足，適時向主求助！

共同受教的時刻

31 耶穌趕緊伸手拉住他，說：「你這小信的人哪，為什麼疑惑呢？」

32 他們上了船，風就住了。

33 在船上的人都拜他，說：「你真是神的兒子了。」

34 他們過了海，來到革尼撒勒地方。

35 那裏的人一認出是耶穌，就打發人到周圍地方去，把所有的病人帶到他那裏，

36 只求耶穌准他們摸他的衣裳縫子；摸着的人就都好了。

耶穌並沒有遲疑，趕緊伸手拉住彼得，領他返回船上，並讓風浪平靜下來。

耶穌欣賞彼得勇於嘗試，體恤他的困境，但亦指出他的小信，要求他反思疑惑的原因。彼得安全返回船上，風浪變得平靜，餘下的旅程，相信是他靜思的時機。

雖然其他門徒未能經歷彼得震撼的歷奇，但這件事已叫他們近距離體會基督超越的能力：漆黑中在海上行走，適時拯救彼得，平靜風浪，難怪他們在船上立即跪拜祂。

為了安排更佳學習及成長的果效，歷奇輔導工作者多會着重活動前的心靈調校，協助拓展過程中的心靈空間，安排獨處靜思，撰寫札記及生命對談等環節，讓參加者可以在動感歷奇活動中整理心靈攪動，整合外在及內在的經歷，進而啟動生命成長的旅程。

歷奇過程中挫敗或成功的經驗，會帶來痛苦和眼淚，或興奮和喜悅；而歷奇輔導的經歷，就是預備我們面對生活中可能出現的困難、危機和苦難。或許要經過震撼的經歷，才能裝備門徒，跟隨耶穌到革尼撒勒去，面對令人更震撼的場景，參與超越生命的服侍。

生命信念

你叫他比天使微小一點，並賜他榮耀尊貴為冠冕。(詩八 5)

You have made them a little lower than the angels
and crowned them with glory and honor. *(NIV)*

Yet we've so narrowly missed being gods,
bright with Eden's dawn light. *(Message)*

輔導是什麼？在基督信仰裏，輔導並非單單為解決問題，或是回復對象舊有的功能。按〈創世記〉及〈詩篇〉的演繹，我們原是按神的形象被造，在本質上只是比天使微小一點，有從神而來的榮耀尊貴。輔導的目標，就是讓我們重拾生命的光輝及尊貴，活出祂所創造的生命，讓神得着榮耀。

動感輔導要讓我們在生命旅途上不斷經歷神再創造（re-creation）的善工及奇工！因為主，每天活着，真好！

實用篇

- **專題探索**：辨認基督信仰為本動感輔導核心元素
- **理論結連**：霍玉蓮《心理與心靈的重聚──從佛洛依德到米高維：婚外情個案演繹》
- **應用提示**：動感輔導運作指引
    - 小組評估指引（GRABBSS）
    - 小組發展階段
    - 活動進程指引（APPLE）
    - 生命對談指引範本

專題探索：辨認基督信仰為本動感輔導核心元素

基督信仰為本歷奇輔導，特色在於為歷奇加添輔導及信仰向度。本文提及的動感輔導源於傳統的心理輔導，唯其重點及表達形式上有以下各項獨特之處：

一、動感本質

生命本來就是動態的，不停在轉變。無論是生理及心理上的成長及老化、社會上對人生不同時期的期望，加上上帝奇妙的介入，都令生命多姿多彩。然而，究竟怎樣的生命才算有意義？怎樣的方向才叫我們無悔呢？

有人曾説，神對我們的引導好像船上的舵一般，只有在行進之時調校我們的方向。動感輔導就是工作者與參與者同行，引導他們在動感的經驗中得着對生命的啟迪及能力。**動感輔導着重的，不單是此時此刻的經歷，更是在當中引發對現況的深層理解，對過去的回訪及演繹，及對未來的想望及抉擇。**

二、強處為本

動感輔導的信念在於強化參與者的強處，使他們願意面對其軟弱及未了之事。工作者不可單注目於參與者的問題及困難，更要在過程中辨認他們的強處及能力。

無論參與者過去經歷多少挫敗及創傷，他們仍有其獨特應變之法。工作者要與他們一起進行尋寶之旅，發掘內裏的能力、強處，並那隱藏的整全（Hidden wholeness）等。

從信仰的角度而言，工作者就是見證人，見證神在參與者生命中奇妙的恩典及作為（為着他們、在他們裏面、藉着他們），並在當中辨認饋贈（giftedness）、摯愛（belovedness）、罪性（sinfulness）、揀選（chosenness）、超越（transcendence）等生命特質。

三、同行共學

動感輔導重視同行共學的互動關係，在過程中參與者與工作者均是學習者。參與者同意（informed consent）和主動參與是整個過程的基礎。每一個參與者只要有合宜的空間及足夠的鼓勵，在羣體中也可以是貢獻者。**而工作者並非以專業、超然的角度帶領，乃是一同參與，共同經歷及創造真實的體會，並確信羣體中的生命可以互相影響及感染。**

四、羣體承托

我們若要冒險成長，先在羣體中體會安全的承托。羣體中接納、鼓勵及欣賞的文化，組成參與者冒險時的防護系統，而先行者的經驗及榜樣，亦會成為後來者的參考。

在基督信仰為本歷奇輔導的活動，參與者共同建立的協約（如着重安全、投入參與、彼此支援、真誠分享）會成為羣體中的共識、規範，從而建立文化。事實上，同行的羣體就好像一面鏡子，透過即時及真誠的回應，讓參與者知道自己行事為人的結果及生命現況。

最理想的境界是，動感輔導歷程經歷類似小組的發展歷程：包括形成期、風暴期、規範期、效能期及終結期等階段的特性。透過這個臨時羣體（temporary community），讓成員從中經歷及成長。

具體而言，工作者可以在活動開始時邀請參與者思想及分享對小組的期望和貢獻承諾，並且在活動後檢討，亦讓其他人分享對他的觀察及回應。此外，參與者可選擇一位組員作為觀察及守望的對象，事後互相分享。

五、過程取向

動感輔導着重參與者的成長。動感輔導活動多會提供半結構性程序，容讓過程中有調節及介入的彈性。由於這是一趟旅程，當中的程序主要是啟動，讓工作者引導參與者與過程中的經歷互動，進而塑造及更新個人與羣體成長的方向。

同一個歷奇活動或野外路線，在不同時候，由不同羣體經歷，必定產生不同的互動。工作者要讓那場景發揮作用，辨認介入時機，以行動回應，與各人一同理解那經驗的意義（making sense of the experience），共同領受當下的信息。

無論當下活動的進度如何，動感輔導重視的是過程中對真相的呈現、理解及回應。這是過程介入的焦點。

六、引導介入

這裏的介入並非強力干預，而是過程中的催化（facilitation）、引導（guidance）、鼓勵（encouragement）、肯定（affirmation），並之後的回顧（review）和反映（reflection）等。

在歷奇輔導的過程，往往出現突發事情，可能是意外、參與者失控、羣體摩擦等。從輔導的角度而言，**無論經驗多麼震撼，工作者都可以將危機轉化成各人的受教時刻，以認清情況，提升面對危機的能力，亦讓當下的經驗幫助眾人整理過去、前瞻未來。**這就是過程中引導及解説的重要。

七、真理為本

近年隨着歷奇輔導的推廣，解説也被廣泛認識及使用，而解説最重要的功能就是讓眾人在經驗後反省，進而認識真相及真理。

霍玉蓮在《心理與心靈的重聚》一書曾提及，真理就是「一個完全以天父看萬物的視點，一個活出來的事實」，使人活得天真、喜樂、充滿生機，與宇宙的真氣和正氣響應與共鳴。她認為人畢生悔改的歷程就是從「萬物的觀點看上主」，轉至「以上主的視點看萬物」的真理。

在認識自己方面，除了羣體間當下真誠的彼此回應外，個人安靜獨處、生命對談，以至研習及教導《聖經》都有相當效果。

八、聖經學習

動感輔導需要神啟示的説話作印證。工作者若熟悉《聖經》，就可以從《聖經》角度理解當下處境，並引導解説，扼要地作出回應。此外，**工作者亦可以安排獨處的時間，讓參與者默想經文，從信仰整理個人經歷，開展人神對話。**

九、安靜獨處

愈來愈多人發現動感野外歷奇活動中安排獨處的好處。多年研究獨處的學者 Tom Smith 於 *Wilderness Beyond...Wilderness Within...* 一書中提出，曠野不單是山野荒涼之地，更是人以外神靈至高之處及人以內隱密之處。他認為野外獨處就是結連大自然、自己及屬靈世界的場景。

獨處的本質就是在動感中的安靜，在神聖時刻、地點與神聖的上主相遇，認識自己的超越及神性，並且接觸自己的傷處及幽暗。在安全的情況下，獨處時最適合默想、禱告、閱讀及撰寫札記。

十、生命對談

除了密集的體驗活動、寧靜的獨處安靜，動感輔導也可包括工作者與參與者的生命對談。

由於工作者與參與者一同面對過程中發生的事情，這些共同經驗是生命對談的基礎。**對談主要是聆聽，讓參與者暢談他們的關注、疑惑、掙扎，尋求澄清、肯定及印證，而工作者只需要給予合宜的回應。**

有時參與者會期望了解工作者的經驗、對事情的理解及生命信念，工作者要把握機會分享。倘若可行，工作者在完結時可以為參與者禱告祝福，將一切未了的事全然交託給掌管生命的主。有需要時，工作者也要跟進關懷及轉介。

十一、聖靈介入

工作者只是同行者，在過程中要學習開放，讓聖靈帶領。工作者嘗試聆聽聖靈在心中微小的聲音，辨認受教時刻及生命轉化的時機，配合及見證祂在當中奇妙的作為：為着眾人（for them）、在眾人之內（in them）、藉着眾人的（through them）和陪伴眾人（with them）。

理論結連

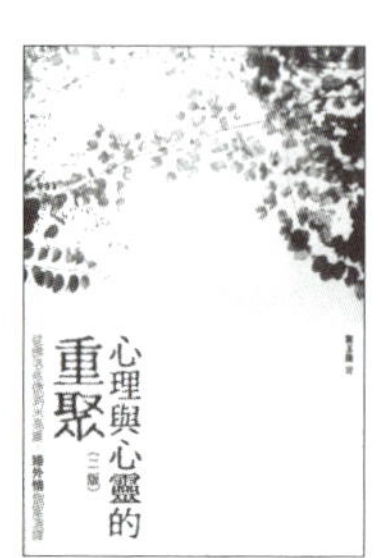

書名：《心理與心靈的重聚——從佛洛依德到米高維：婚外情個案演繹》

作者：霍玉蓮

出版資料：香港：基道出版社

出版年份：2009

一、內容簡介

作者回顧輔導心理學中不同的個人輔導理論及家庭治療學説，嘗試以基督信仰的立場，探討信仰與心理學之關係。由於篇幅所限，本文只集中介紹幾個重點。

1. 心理學的虛位

作者肯定心理學的貢獻，但也指出其虛位。心理學只談人的潛能與資源，不談人的根源；只談自我超越、自我實現，不談人的靈魂和本性；只談內疚、饒恕，不談罪孽與邪惡；只談情緒和痛苦，不談人的命途（human destiny）及苦難；只談人，不談創造人的主。

心理學是「心」、「心靈」(psyche）的道理，以致遺漏許多心性和靈性的事，還有一些重要的人生議題，如人生、關係、人生意義等命題。

相反，基督教啟示的人性，是一場相依——相離——回歸——相擁的關係。藉着三個關鍵問題的探討：「人從哪裏來？」「人現在在哪裏？」和「人又往哪裏去？」指出心理問題其實是心靈失去方向，不知如何歸家。

2. 神聖命途

作者確信人活着原有一個神聖命途，就是榮耀神。這種榮耀，不是中國傳統文化的大搞排場，是信徒能夠在主裏活得滿足，就如 John Piper 提出「當我們在上主裏面感到心滿意足的時候，上主在我們中間便獲得最大的榮耀」。

同樣，神聖命途也是信徒在基督裏愈來愈像天父，恢復創造的美麗。而作者更認為屬靈人就是能夠時刻分辨什麼是上好、次好的，並滿心歡喜地選擇上好的東西。

心理學說提到的「心靈與心理的裂縫」，即是心理學知識與基督教信仰間的角色、連繫、分歧和位置。作者提倡以心理學說、實務經驗、個人靈性修煉和神學四方面，構築螺旋式立體迴環對話，藉着聖靈產生領悟，作為心理與信仰的整頓方法，也就是以真實的實務案例作思考及關懷的起點，參考心理學說、借助神學反省，來回觀察、咀嚼、思量、考究，而產生領悟。

3. 基督為依的心理學

基督為依的心理治療採用一切心理學的學問和治療方法，但背後以基督為最高典範、終極的審視原則。基督為依的心理治療就是依靠基督的心腸和眼光，在心理學的領域中尋求合乎上主的啟示，進入眾生的殘缺，與上主、與人一同經歷在主裏面創造和持續創造（更新）的可能。

在治療實務來說，基督為依的心理治療有三方面的意義：

穿透：以基督的眼光和心腸「穿透」心理學問的可取與不可取之處；亦「穿透」人間萬物的悲歡離合。

同苦：以基督的心腸和教導，進入心理學的領域，認同人間身心的貧病疾苦。

審視：以基督所啟示的道路、真理、生命，審視心理學和人間萬象的底蘊。

基督為依的心理治療，是以基督為圓滿的獨特啟示，並以心理學和其他學説作為輔助性的普遍啟示。以基督為本，作為審視各種心理學説的原則、價值標準，以及不斷悔改，得以「永生回歸」(eternal re-creation)。

作者關注特殊啟示與普遍啟示的關係，提醒我們當一般心理學與特殊啟示發生衝突時，就要需要鍛煉明辨的心智，以特殊啟示為依據，濾清普遍學問的渣滓。

4. 審視原則

作者強調「察看」，細心審察認識傳遞知識的人（包括其人生背景，創建或傳授心理學説的動機，為人處事和所結的屬靈果子），才能認識他所創造或傳遞的學問。我們要從《聖經》的角度，察看別人所宣傳的學問有什麼地方貌似基督、卻又不似基督、敵對基督。審視學問不單以理性思想，更是「察看」，以心靈和智能深入認識，與《聖經》和基督的啟示來回對照。

在應用某種符合基督真理的心理學説時，若由衷地感到歡欣、平靜、欣悦、美善的，便為可取；相反，感到內裏引起頹喪、壓力、恐懼、擔心、疑惑的，就要祈求上主幫助，辨認真理的邊界。事實上，輔導員、治療師內在靈修、淨化的功夫愈好，觀照物象的能力就愈大。

5. 認識真理

作者認為活着的悲喜愁煩本身就是一場奧秘。真理，就是恒久、常存不滅的真相，從中彰顯宇宙、創造的奧秘。這奧秘來自創造主、祂創造的心意，並與受造物的關係。真理也是一個視點，是一個活出來的現實，使人活得更天真、喜樂、充滿生機（come alive），更能與宇宙的真氣和正氣響應與共鳴。真理就是完全以天父的視點看萬物。

6. 三重工作

作者提到輔導室內有三重工作：

第一重工作：神透過輔導員協助當事人，如輔導員是否勤懇學習，在現場如何應用理論、學問、人生智慧，如何感應當事人，如何覺察神的工作而互動。

第二重工作：神對輔導員的工作。作為負傷的治療者，輔導員也有最害怕的人生經驗。然而，神卻讓當事人的經歷成為輔導員的治療。輔導員個人的開放、對上主的敏感、靈修的操練、誠實的反省、經歷上主的愛及接納、清心地讓聖靈內住，均是非常關鍵的。

第三重工作：神在當事人身上直接工作。當事人願意開放，領悟、反省，對自身遭遇誠實和着力改變，接納及願意經歷上主。

若然要以上主的眼光看萬物，就需要跟隨耶穌的榜樣，經常回到天父懷裏，省察心靈，更新意慾，校正人生焦點，悔改回轉，讓上主充滿和陶造，重新認識主，也在主裏重新認識自己。

聖依納爵的靈修操練，是以基督為默想靈交的軸心，重視五官、全人全意識的參與，重視靈裏內在的修行，及外在的行動使命，而且又強調培育屬靈辨識能力。真實的屬靈操練，就是在默觀中行動，在行動中省察。

7. 全因為主

一切都出於上主，唯有上主可以叫人的心眼復明。輔導工作者應渴慕上帝，與上帝相依，恢復心靈的視野。生命的神奇，就在於我們可以接駁生命源頭，不斷獲取休息、契合及分享上主創造、再創造的驚奇。

生命本是一場傾注，先由天父藉着耶穌傾注祂的生命，再藉祂的兒女傾注祂所賜的生命。

二、反思及應用

作者提出的心理學處位，讓我不禁反思神創造人最終的目標與輔導目標的關係，並輔導目標多向度的可能性。

作者提出「榮耀神」的神聖命途，有別於傳統向神獻祭、頌揚的行為，並嘗試將「榮耀神」演繹為「活出神創造的榮美」。這與畢德生牧師（Rev. Eugene Peterson）在信息版《聖經》中演繹〈羅馬書〉12 章 1 節異曲同工：「**我們為神作最好的事，就是擁抱祂為我們所作的一切。**」（Embracing what God does for us is the best thing we can do for Him.）

此外，書中也提醒我們若要釐訂輔導的目標，必先認識真理。人被創造及救贖，實在需要回轉，從「萬物的觀點看上主」轉移至「以上主的觀點看萬物」。我想這就是基督信仰的核心：「讓神作神、讓人作人」的另一個演繹。

在實務方面，作者倡導在輔導歷程中神所作的三重工作，讓輔導工作變得更立體。作為輔導者，我對受導者、輔導者及神這三方隊工開始懂得欣賞及尊敬，並在輔導過程中謙卑地期待，見證神藉我在受導者身上、在我身上，及神親自在受導者身上奇妙的轉化作為。

應用提示：動感輔導運作指引

動感輔導並非單一程序，而是基督信仰為本歷奇輔導中核心元素之一。這裏提供三組指引，讓工作者可以在運作上參考。

小組評估指引（GRABBSS）

這是工作者在安排歷奇輔導活動前為小組提供的評估，藉着了解組員的目標、準備程度、情緒、行為、身體狀態、發展階段，判斷他們的起點、能力、關係、需要及面對的困難，從而設計及調校活動，成為動感輔導介入的參考。

Goal（小組目標）

1. 小組的目標是什麼？
2. 小組為何要設定這目標？
3. 個人目標與小組目標有何異同？
4. 組員對小組目標及任務有多明白？
5. 組員對小組目標是否已達成共識？

Readiness（小組準備程度）

1. 小組中個人及羣體的能力怎樣？
2. 小組及個別組員能否發揮所長？
3. 小組及個別組員參與的動機怎樣？
4. 有何因素影響組員的參與？
5. 有何因素影響小組及個別成員發揮所長？

Affect（情緒）

1. 小組整體的感覺怎樣？
2. 組員間能否分享個人的喜悅及憂愁？
3. 組員間彼此接納及互相關心的程度怎樣？
4. 組員間有否不和及衝突？
5. 小組有何成功及喜悅的經歷？
6. 個別組員在參與時有否呈現與程序及小組經歷不相稱的情緒？

Behavior（行為）

1. 小組整體表現怎樣？
2. 組員間怎樣溝通？
3. 在解決問題時，組員傾向團隊合作還是獨自應付？
4. 組員間有否意見分歧？怎樣處理？
5. 小組中有哪些建設性行為？有哪些破壞性行為？
6. 個別組員在參與時有否呈現與程序及小組不相稱的說話及行為？

Body（身體狀態）

1. 組員身體狀態怎樣？疲倦的程度如何？
2. 有什麼因素影響組員的身體狀態？
3. 個別組員的傷患對小組有何影響？
4. 個別組員及小組的身體狀態顯示什麼信息？
5. 若要恢復及提升組員的狀態，有何應作的事及可作的事？

Stage（發展階段）

1. 按小組發展進程來說，小組現時在哪一個階段？
2. 有何因素影響小組進程的發展？
3. 在這階段中，有什麼事情是小組最需要的？
4. 組員對小組未來發展有何意見？
5. 小組發展的下一階段有何潛在危機及機遇？

Setting（處境）

1. 工作者設定的處境是什麼？
2. 外在環境有何特別？有何障礙因素？有何催化因素？
3. 當下的人（包括工作者、工作隊工、參與者及現場中其他的人）對小組有何影響？
4. 程序安排對小組有何影響？
5. 這樣的處境對小組的影響稍後會有何改變？

小組發展階段

形成期（forming）：組員初次接觸，彼此認識，各人傾向呈現正向的一面，並尋求小組共通之處。

衝擊期（storming）：各人經過初步認識，開始互相測試，以確認這小組是否可以信賴，並尋覓自己在小組中的位置。這是小組歷程最困難的階段，個別組員或會在此時選擇離開。

共識期（norming）：此階段的特性是：「我們的感覺」。各人開始體會小組的好處及同心，逐漸建立共同的言語及規範。

效能期（performing）：這是小組最甜蜜的階段。小組基本上可獨立運作，完成所訂的目標，帶來極大的歸屬感及滿足感。

定形期（conforming）：小組喪失動力及創意，變得因循及僵化，被昔日所訂立的規則及章程所束縛。

扭曲期（deforming）：小組被個人或羣體意欲利用，滿足私利，成為傷害個人、小組，甚或社會的工具。

改變期（reforming）：小組嘗試更新外在形態，包括溝通模式、獎懲安排、領導風格、實務分工等，嘗試提升小組效能。

更新期（transforming）：小組不斷反省、整理及實踐，不斷更新，包括基本信念、價值方向、羣體文化及共同使命，不單完成既定目標，也為個人及小組帶來從內而外的改變，準備迎向未來的挑戰。

終結期（adjourning）：在完成目標及任務後，小組或會適時選擇解散。各人在回顧昔日光輝時刻及表達欣賞之餘，多會依依不捨。各人若能總結在小組中的得着，相信可以成為下一次學習及成長旅程的參考。

參：李德誠、麥淑華（2005），《整全的歷奇輔導》（修訂版）。香港：突破出版社。

活動進程指引（APPLE）

在安排歷奇輔導活動，一般會包含這五個在過程中持續進行的步驟：

Assess（**分析**）：參與者特性及需要、程序的目的及設計、小組的狀態等。

Plan（**計劃**）：活動的可行性，與目標配合、與參與者特性及需要配合、與隊工配合、安排次序、危機評估等。

Prepare（**準備**）：場地選取及檢查、器材及道具預備、隊工招募、培訓、簡介及分工等。

Lead（**帶領**）：處境設定、帶領風格、羣體文化、活動調校、危機處理等。

Evaluate（**評估**）：小組互動、個別參與者的情況、參與者及隊工的觀察及回應、程序的成效（特別是對小組、個別參與者及隊工的影響）等。

生命對談指引範本

1. **安排**

   由導師、家長、Host（兩位中六同學）約見一至兩位同學面談，每次面談約三十分鐘。

2. **原則**

   - 澄清這並非輔導時間
   - 以禱告的心傾談
   - 保密
   - 善用有限時間
   - 尊重同學意願及步伐
   - 以營會經驗作起點
   - 以營會主題為方向

- 重點是神的恩典及作為
- 按聖靈感動邀請及挑戰生命的抉擇
- 以禱告祝福作結束
- 有需要時鼓勵同學尋求其他支援

3. 建議的對談問題

- 你最想傾談的是什麼？
- 直至現在，你有何深刻的感受？
- 對於營會主題，你有何問題或意見？
- 你對這個營會初時有何期望？現在有何不同？
- 過程中你對自己有何新發現？
- 這營會令你想到生命哪方面需要堅持？哪方面需要改變？
- 有什麼事情我可以為你祝福禱告？

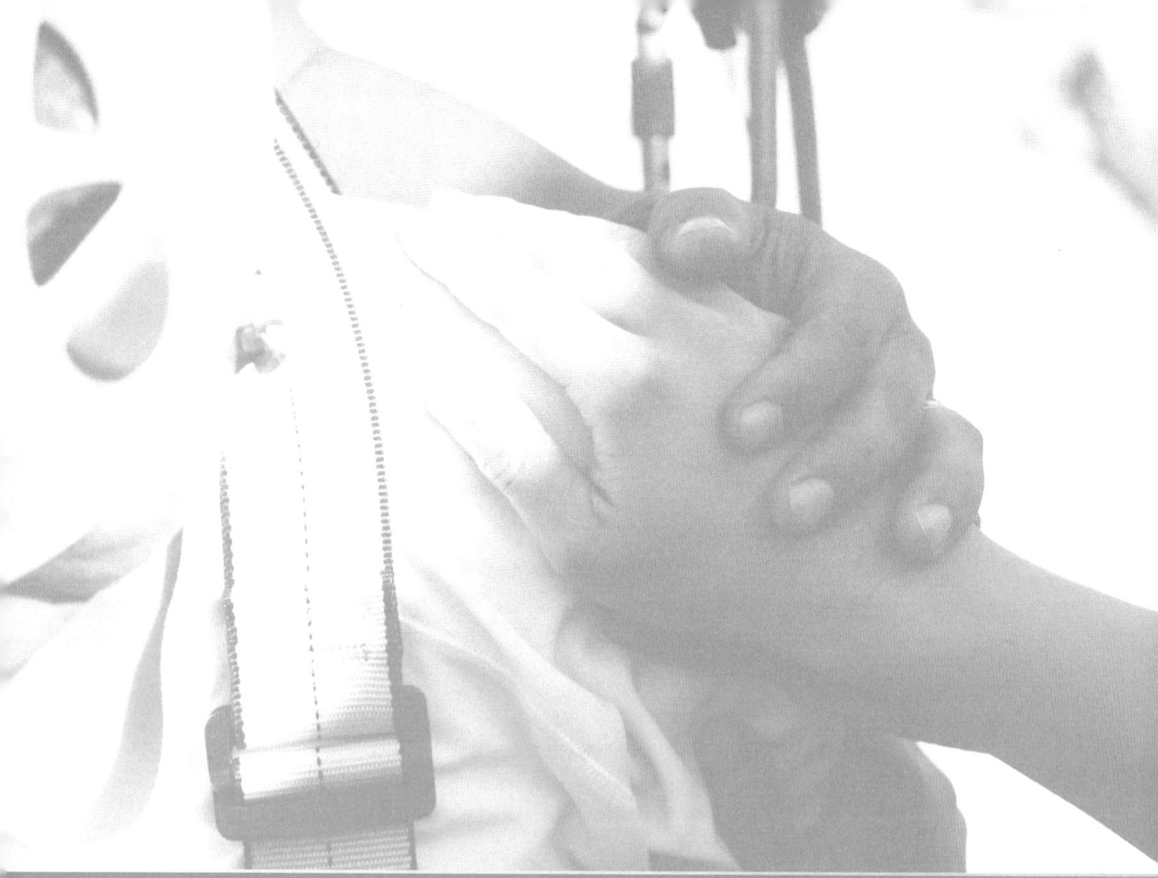

5. 心靈及生命教育 ——

改變始於內心

生命操練篇

歷奇人説故事

- **我的歷奇路**：生命的尊貴
- **歷奇人的心靈歷奇**：向生命出發

從故事中學習

- **經驗深化**：設計心靈營會

靈性的操練

- **聖經中的歷奇人**：以馬忤斯的門徒
- **生命信念**

歷奇人說故事

STORY 我的歷奇路：生命的尊貴

生命是什麼？一個平凡的生命怎樣變成尊貴？這些問題直到我成長後才懂得思想。唯天父早已藉着嫲嫲在我生命播下種籽。

幼年時對嫲嫲認識不多，只知她是我們家族唯一的基督徒。她長期患病（後來才知道是肺病），多年來一直住在醫院。爸爸很關心及尊重她，常常帶我們兄弟姊妹長途跋涉到靈實醫院去探望。然而，每當她到我們家裏探望時，媽媽擔心我們被她傳染，不容許她觸摸我們;吃飯時只許她坐在一角，吃預先分配的餸菜。

直至她離世那一天，我才開始認識她。那天，醫院通知我們嫲嫲危殆，爸媽很早就趕往醫院。當時我年紀還小，但不知怎的整天在等候。結果，他們帶着嫲嫲離世的消息回來；爸爸雙眼通紅，想是哭了很久。

爸媽告知，那天嫲嫲一直處於彌留狀態；她一直堅持，直至見到二叔才離世。特別的是，當日醫院裏的醫護人員及病友不斷到她牀前向她告別，以說話、詩歌、禱告表達對她的感謝、欣賞及祝福。

一個平凡的病人，為何會得到這樣不平凡的待遇呢？因為嫲嫲長期住院，與醫護人員及病友非常熟絡，加上她晚上通常難以入睡，便自動請纓協助護士照顧病友，備受眾人的敬佩。原來病友也可以成為其他病友及醫護人員的祝福！原來平凡的人可以活得不平凡！原來生命可以這樣尊貴！

三十多年後，我經歷耗盡後生命重整，領受新的名字，就是嫲嫲為我的命名「德誠」，指誠信的德行。天父藉着她多年前的命名，鼓勵我在祂裏面安息，活出自己的生命（Just as I am）！嫲嫲雖然離世多年，她的生命卻仍然在說話！

歷奇人的心靈歷奇：向生命出發

對活躍、好動、處於資訊爆炸年代的中學生，要安靜默想及反思生命，實在是不可思議的。然而，在一個心靈教育領袖訓練營中，年輕人的表現卻令人刮目相看！

這次的營會主題為「向生命出發」，讓青年人以不同生命旅程體驗肯定生命、更新生命及呈獻生命。

肯定生命

在乘搭渡輪的一刻，營會已經開始。各小組在導師的帶領下，以小遊戲開始熱身，分享各人的心靈札記及鼓舞自己入營的一句話。讓同學帶着發現的視野（eye of discovery）參加這個營會。

抵達長洲後，開展第一段生命旅程。各組同學需要自行尋路往營地，在旅途中以相機捕捉三個生命的象徵。抵達營地稍事休息，同學們便開始分組討論，選擇代表性的相片，向其他小組分享。在同學眼中，短短的旅程充滿生命：翩翩飛舞的蝴蝶、辛勤築網的蜘蛛、慢步靜行的蝸牛、悠閒樸實的村民，並一眾認真觀察生命的同學！

晚飯後，展開第二段生命旅程。在詩歌及音樂襯托下，導師 Rob 分享他的生命故事，怎樣靠着上主學習寬恕與祝福父親！由剛開始時的嬉笑，到安靜聆聽，同學都很留心，有人更被 Rob 的經歷所觸動，眼泛淚光。

小組時間，同學進入另一段生命旅程；他們分享小食，亦藉帶來的象徵性物品述説生命中祝福他人的片段。手機代表問候、紙巾代表安慰、背包代表承擔、照相機代表視野、頭燈代表冒險……這羣年輕人的生命真豐富！他們分享的是生命的寶藏。

然後，同學安靜下來重整及深化，並在心靈札記上寫感受。之後，導師帶領他們以祈禱、短誦及詩歌，表達感恩、交託及祝福，呈獻給厚賜萬物、掌管生命的主！

更新生命

第二天清晨，展開「我和晨曦有個約會」活動，包括身體操練，信息分享及靈修默想操練（太六 32 下 -33），讓同學領會天父的理解及關心。

早餐後是第四段生命旅程，包含了各種心靈歷奇活動。在「奇妙的洞洞」，同學要運送小球經過一條滿佈破洞的報紙通道到終點。過程中小球常常掉進洞中，同學們仍會奮力再試，直至克服困難為止。原以為破洞是前行的障礙；唯這成了同學溝通、合作、聆聽及體諒的機會！

「美麗傳說」是一個建築工程。組員們分成傳訊組和行動組，傳訊組要以非語言方法，包括揮手、拍手等，傳遞給行動組。他們在蒙上眼睛的狀態下，透過發問，理解及澄清信息重建模型。縱使同學們均很認真，但往往事與願違、事倍功半，同學感到困惑、挫敗。當下，導師重申在困難時可以尋求「恩典的安排」。恩典，原來就是同學（包括傳訊組）可以開口溝通三十秒。個別的小組，就是因着開放溝通的機會，最終得以完成任務。

「非常任務」表面上像「搶凳子」，保護空凳，但在安全及尊重的大前提下，規定同學不可以粗暴攔截及移動任何椅子。此外，在活動前同學需要共同訂立攔截入侵者的策略及目標時間。

由於同學坐的位置及方向不一樣，直至入侵者在眼前出現，才驚覺危機，個別同學或在情急之下會不自覺地拉開空椅子！

入侵者好像魔鬼，攻擊羣體中的缺口。然而，同學在壓力下往往為求目的不擇手段。總結時，當導師問及：「究竟誰才是魔鬼？」同學們都靜下來，反思自己及羣體的幽暗！

生死之旅

第五段生命旅程，同學走到長洲西灣一帶的墳地及鬧市，同學要辨認死人中的「死人」、死人中的「活人」（死了，卻仍有信息對活人說）、活人中的「活人」、活人中的「死人」（沒有生命力的人）。

進入墳場時，同學收起輕鬆的笑臉，換上尊敬及惶惑的心。本來死亡對大多數同學是非常遙遠的事，能夠進入墳場，近距離閱讀碑文，讓同學正視死亡，聆聽離世的人所傳達的生命信息，實在難得！

踏進長洲鬧市，卻有另一番景象：一個老翁在海旁倚坐，雙目凝望着遠方。另一邊，一個小女孩在爸爸陪同下踏單車，不慎在轉彎時摔倒受傷。是的，活着的人，有愛有恨、會笑會哭、在痛苦中成長、在挫敗中學習、在盼望中等待、在夢想中相信。

生命中最後一夜

第六段生命旅程從東灣沙灘開始，向夜靜出發，在長洲黑暗的角落體驗「人生中最後一夜」。當導師宣佈要收起重要物品（手機、相機、MP3、飾物、錢包等），同學的心頭為之一震。接着，同學要逐一向生命中重視的人及物說再見時，各人都顯得非常不捨。

同學們安靜列隊前行，遠離喧鬧的光明，邁向寂靜的黑暗，沉重的呼吸伴隨沉重的步伐。「生命的完結是否就是這樣的？那時候，有誰與我同行呢？」同學被逐一安置在一個位置獨處，在漆黑中隱約看見他人的身影。這麼近，那麼遠！

如果生命列車突然中止，這一晚夜可作什麼？應作什麼？有何不捨？有何不甘？若是此刻見主面，會說什麼？主會說什麼？最後一夜，是回望、重訪、珍重、向摯愛說再見的時刻；在有限的時間和空間，要作的事實在太多了！

導師的呼喚，標誌獨處時光完結，生命旅程可以繼續前行。活着，要帶着怎樣的態度面對死亡前借來的空間、額外的時間？

靜行回營地時，各人心中仍縈繞着這最後一夜的衝擊；對於「返回人間」，究竟是慶幸、還是不捨，同學們亦不曉得！

小組分享後，導師請同學寫下一句說話、一段禱文，表達心中的感覺、感想、感悟和感恩。

從違規到受教

第三天「我和晨曦有個約會」安排較特別。早操過後，在信息分享之先，營主任朱老師凝重地提出深夜時分同學們的違規事件。

幾位男同學在夜靜之時走進異性同學的房間傾談。朱老師及另一位導師當下非常憤怒及失望；免自己在怒氣中過度反應，決定延至早上才處理。

經過兩天的營會，他們已經非常疲乏；整理日間經驗及預備翌日程序後，心想可以休歇了。然而，偶然發現同學違規的行為。導師自然是怒火中燒，想破口大罵。諮詢心靈導師的意見後，朱老師選擇剖白過程中的感受，表明對同學的期望及鼓勵他們悔改。過程中並無嚴厲的責難，只有心靈的同苦。她強調的不單是違規的行為，而是心靈的軟弱、信任的破壞，並對羣體的傷害。一個肢體受苦，眾肢體都受苦；一個同學違規，整個羣體都痛心！

這一刻，除了促使當事人願意公開道歉外，更成為眾同學共同的受教時刻，體驗在主裏面生命更新的可能及真實。難得兩位導師仍有心靈空間，讓聖靈介入，使羣體有機會參與，轉危為機！一個以生命為本的旅程，既肯定生命，也要呈現生命的軟弱及幽暗，凸顯更新生命的需要。

呈獻生命

第七段生命旅程是服務時間，回報營地的接待，同學一起以油漆美化營地一面牆壁，以行動祝福後來者。或許是經歷過生命的恩典，縱使豔陽高掛，油漆過程弄得全身非常骯髒，同學們都樂在其中。當眾人在美麗的製成品面前拍照留念時，臉上都展現出滿足的笑容！

洗腳的震撼

不過，最令同學們感到驚奇的，是第八段生命旅程。當眾人還是滿頭大汗、沉醉於服務成果帶來的滿足時，導師邀請他們返回禮堂，觀看及體會震撼他們心靈的另類服侍。場內播着柔和的音樂，導師宣讀《聖經》中耶穌為門徒洗腳的經文。各導師先由兩位心靈導師為他們洗腳，然後他們逐一為同學洗腳。

當導師走近、跪下、奉主的名以梘液、清水及毛巾仔細為同學洗腳時，全場鴉雀無聲。無論是在烈日下油漆所帶來的汗味及污迹、是晚上違規行為所帶來的歉疚，或是平日個人的行徑，同學皆感到不配導師這樣謙卑及埋身服侍。

「洗腳，是耶穌為門徒所作的服侍，怎可以發生在我的身上呢？」「你絕對不可為我洗腳！」面對導師謙卑地跪在自己面前，有些同學不自覺地退避、有些掩面不看；大部分同學均在洗腳時落淚，深感不配及歉疚，也是感動及感激！

每一位導師都是非常溫柔，手捧着同學的腳，專注及用心去清潔、按摩及抹乾。清洗完畢後，導師擁抱及祝福每一位同學，展現肯定生命及更新生命的美麗圖畫！同學登時熱淚盈眶！

導師也要更新

在這溫馨場面之中，還有一段小插曲。當導師阿 Matt 開始為組員洗腳時，另一位導師阿強也上前來，期望可以分擔工作。然而，阿 Matt 則斷然拒絕：「你不能洗我孩子的腳！」為同學洗腳，原是謙卑的服侍。作為導師的，我們是否擁有他們呢？潔淨他們又是否一個人的專利呢？需要經歷潔淨及更新，怎會只是同學們呢？

上山，為的是要下山

最後一段生命旅程是回顧及前瞻。回顧營會活動相片，幫助同學整理營會得着；同學及導師為彼此寫下祝福及鼓勵的説話，也為眾人加添心靈的力量。

在閉幕儀式中，各導師輪流説出營會中的體會、感受及對同學祝福的説話；在分享過程中，導師及同學們也眼泛淚光。在營歌〈在晴朗的天空下〉的歌聲下，眾人一起慶祝旅程結束。回程的船上，導師邀請同學們寫一封信給未來的自己，日後再把信寄回給他們。

從故事中學習

經驗深化：設計心靈營會

如何為中學生設計心靈教育營，幫助他們安靜默想？入營前要作什麼預備，才能讓他們投入其中？哪些活動能配合同學活動的需要，亦能帶出靜的效果？怎樣面對當中的紀律問題？人的帶領如何配合神的介入？需要怎樣的隊工帶領？營會過後，如何延續營會中經歷的轉變及成長？

一、主題理念

是次心靈教育營主題是「向生命出發」，包含三個向度：肯定生命、更新生命和呈獻生命。生命本是一趟旅程，當我們離開母腹時，就是回應呼喚，向生命出發。

肯定生命，為的是要培育發現的心，認識生命的尊貴，肯定自身生命中的祝福，並因生命的尊貴而更珍惜、善用生命。更新生命，是要面對限制及罪性，靠主重拾尊貴。**呈獻生命是延續生命的更新，不再注目自己，只要回應召命(vocation)，以生命服侍及祝福他人。**

1. 肯定生命，始於發現

每一天，生命均在呼喚，邀請我們放慢腳步，用心觀看、聆聽及品嚐，辨認生命的痕迹，發現生命的美善，確認活着就是恩典。

生命的發現，始於外在的世界：大自然的美景、四季的變幻、潮汐的漲退、晨曦與晚霞，實在令人讚歎；同時，也存在於人世之間：嬰兒在睡夢中的微笑、孩童的天真爛漫、朋友間真摯的分享、信守盟誓的老夫老妻，實在令人觸動！

發現生命，讓我們肯定生命中的獨特、神聖及超越，就是創造主的傑作，是恩典、更是禮物！

2. 更新生命，面對幽暗

生命最大的祝福，不在於我們處身的烏托邦，而是靠着從上而來的恩典，不斷更新，在黑暗中作生命的光。

生命的更新，就是以恩典的視野，靠着主的靈檢視內裏的傷痛、幽暗及罪性，學習放手、回轉、順服及信靠，藉着持之以恆的操練，聆聽內心微小的聲音，在「常」與「恒」中重尋真我，**也就是接受主耶穌在十字架為我們成就的一切，讓生命成為聖潔，配得上那位呼召我們聖潔的主。**

3. 呈獻生命，為主所用

藉着生命的分享，我們可以經歷共學、共創的歷程，生命彼此豐富。生命的呈獻，讓我們實踐召命，靠着從上而來的恩典，生命得着轉化及超越，讓創造及掌管生命的主得着榮耀。

二、程序元素

整個營會包含多種程序元素：

1. 預備

一般營會的焦點都放在幾天內密集的活動及經歷。心靈教育營培育的對象是學生心靈教育領袖，好讓他們能協助推動校園的心靈教育。營會前一年多開始招聚及培訓導師，並在學校開展校園心靈教育。當中包括在早會訓練同學靜默、聆聽心靈信息；在班主任課中，同學閱讀、默想心靈信息及生命故事；在日營中，同學嘗試靜行、靜觀、靜食等操練。

同學認真思考，願意進入心靈及信仰領域了解生命，更渴想與掌管生命的主結連。同學於入營前更要特意預備自己：撰寫入營前的心靈札記、寫下一句鼓勵自己入營的話、攜帶一個代表自己生命的象徵物及一種與同學分享的小食。當同學們在乘搭渡輪往長洲時，營會的活動已開始了！

2. 旅程

營會以九段不同的生命旅程貫穿（詳見實用篇・應用提示），蘊含生命多元的向度 —— 辨認生命（尋路往營地）、聆聽生命（分享晚會）、分享生命（小組禮物分享）、反思生命（心靈歷奇活動）、尋找生命（在活人、死人中尋活人、死人）、珍惜生命（最後一夜）、服侍生命（營地油漆服務）、祝福生命（洗腳）和慶祝生命（營會總結）。

緊湊的活動安排，是為了把觀念深植同學心中，讓他們把營會中的學習延伸至日常生活，最終期望他們能夠直接與掌管生命的主結連！

3. 場地

三天的營會運用不同的場地作經歷場景，包括室內外、建築物及大自然等元素，如：來回長洲的渡輪、前往營地的路途、墳場及郊野、鬧市及食肆、營地中的禮堂、聖堂及飯堂。

4. 節奏

營會活動動靜兼備。每早上均有信息聆聽及默想，午餐後有身心休歇的黃金時間，晚上也安排在聖堂安靜禱告。第二晚的「生命中最後一夜」更有長時間的靜行、獨處及撰寫心靈札記。

5. 工作人員

營會非常重視參與者，包括同學及隊工。營會除了整體活動外，更有小組分享及與導師個別的生命對談，讓同學進深分享生命的課題。

營會人手充裕，各人對心靈教育及培育年輕人很有熱誠及經驗豐富。分工清楚，如：營主任、行政支援、小組導師、程序帶領及程序支援，彼此配搭，互相補足。營會程序較一般營會複雜，需要營地多方面配合。導師預早與營地建立夥伴關係，協商及共創程序，妥善安排各種活動。此外，營會還有兩位心靈導師，負責在背後禱告支援及適時分享信息。

6. 保護

對於有危機的活動，隊工在事前需進行實地考察及危機評估。活動進行時，除了曾受訓練的技術隊工支援外，分組旅程活動亦需急救員伴隨支援，保障同學安全。

7. 宣講

一般而言，宣講是指直接講述信息。然而，這次的信息宣講，是讓同學透過不同的活動去體驗及領受，及後輔以解說。營會期間安排安靜時間，鼓勵同學沉澱反思。此外，心靈札記、生命對談及晚禱等環節，更可以讓信息內化。

在處理進入異性房間的違規事件中，隊工選擇動之以情、説之以理，而非強硬的責罰，不單令同學心悦誠服，更呈現營會的信念，適時讓眾人經歷受教時刻，體會營會主題及心靈教育的真意。

8. 禱告及權能（power）

人的生命從神而來，人的心靈是聖靈的居所。心靈教育是神啟動、人配合的共創經歷；**過程中，隊工必須靠着禱告，一同見證神的作為。**

心靈教育的特質在於心靈及生命的向度，當中自會有其開放性，聖靈自有其獨特的工作方式。説到底，過程中眾人所體會的受教時刻、生命轉化，非隊工及個別工作者所能設計及操控，乃是聖靈奇妙的作為。

9. 表現

除了期望豐富同學的生命及心靈，營會更致力培育超越的生命素質，安排油漆服務以回應營地的接待，實質呈現同學的成長及更新。而導師為同學洗腳，是讓他們體會耶穌作僕人領袖的心腸，孕育感恩的心懷祝福世界。

作為學校培育的心靈教育領袖，最重要並非同學在營會中的表現，乃是在校園長遠延伸的實踐。

靈性的操練

聖經中的歷奇人：以馬忤斯的門徒

讀經：〈路加福音〉24 章 13 至 36 節

復活節期間，教會均有不同的慶典。慶典之後，信徒回復日常生活。生命的危機及生活的困擾，往往淡化基督復活的震撼力。對於信徒，復活與我何干？

心靈迷失，眼睛迷糊

13 正當那日，門徒中有兩個人往一個村子去；這村子名叫以馬忤斯，離耶路撒冷約有二十五里。

14 他們彼此談論所遇見的這一切事。

15 正談論相問的時候，耶穌親自就近他們，和他們同行；

16 只是他們的眼睛迷糊了，不認識他。

自從耶穌被捕、受苦、被釘死，門徒就四散逃命。就算傳出耶穌復活的消息，門徒也是難以置信（too good to be true）。

經文提及的兩個門徒名不經傳（一個叫革流巴，另一個則沒有記載名字），之前三年曾緊貼耶穌學習，見證祂大能的作為，甚至可能曾被差出去傳道。以馬忤斯可能是他們的鄉居，是離開耶路撒冷後的蔭庇之處。昔日他們曾跟隨耶穌，今天心靈迷失，踏上回鄉之路（約十一公里，兩至三小時行程），離棄他們曾跟從的主所建立的信念，放下他們的身分，重操故業。難怪當耶穌就近他們時，他們的眼睛迷糊，不能辨認。

與主相遇，重整經驗

17 耶穌對他們說：「你們走路彼此談論的是什麼事呢？」他們就站住，臉上帶着愁容。

18 二人中有一個名叫革流巴的回答說：「你在耶路撒冷作客，還不知道這幾天在那裏所出的事嗎？」

19 耶穌說：「什麼事呢？」他們說：「就是拿撒勒人耶穌的事。他是個先知，在神和眾百姓面前，說話行事都有大能。

20 祭司長和我們的官府竟把他解去，定了死罪，釘在十字架上。

21 但我們素來所盼望、要贖以色列民的就是他！不但如此，而且這事成就，現在已經三天了。

22 再者，我們中間有幾個婦女使我們驚奇；她們清早到了墳墓那裏，

23 不見他的身體，就回來告訴我們，說看見了天使顯現，說他活了。

24 又有我們的幾個人往墳墓那裏去，所遇見的正如婦女們所說的，只是沒有看見他。」

門徒的愁容顯示他們心中的哀傷及困惑。耶穌以客人的身分提問，間接邀請他們重訪整個歷程，呈現事實與時序，確認信念及關係，並凸顯失望和疑惑。今天耶穌已復活升天，不能再與我們在地上相遇，但他所差派的聖靈，無論透過個人反省或是對談提問，仍可以幫助我們重新檢視當下的處境。

返回《聖經》，認識真理

25 耶穌對他們說：「無知的人哪，先知所說的一切話，你們的心信得太遲鈍了。

26 基督這樣受害，又進入他的榮耀，豈不是應當的嗎？」

27 於是從摩西和眾先知起，凡經上所指着自己的話都給他們講解明白了。

靜心聆聽過後，耶穌並沒有接納他們的想法，反而斥責他們小信。祂善用這個受教時刻，即時講解舊約《聖經》有關基督的教導，讓他們認識背後的真理。除了聖靈的啟迪外，《聖經》也是我們穿透世情，明白神心意的唯一工具。

心裏火熱，眼睛明亮

28 將近他們所去的村子，耶穌好像還要往前行，

29 他們卻強留他，說：「時候晚了，日頭已經平西了，請你同我們住下吧！」耶穌就進去，要同他們住下。

30 到了坐席的時候，耶穌拿起餅來，祝謝了，擘開，遞給他們。

31 他們的眼睛明亮了，這才認出他來。忽然耶穌不見了。

32 他們彼此說：「在路上，他和我們說話，給我們講解聖經的時候，我們的心豈不是火熱的嗎？」

與主相遇，聽祂親自講解《聖經》，兩位門徒心裏火熱。耶穌欲前行，或許是提供機會讓門徒表示誠意，主動挽留。晚餐時耶穌反客為主，以祂慣常的方法為餅祝福，門徒眼睛明亮，終於認出祂來。這時候，祂卻突然消失。這叫門徒思考，要繼續逃避惡劣的環境，還是憑信跟隨這位復活的主。

憑信回應，分享見證

33 他們就立時起身，回耶路撒冷去，正遇見十一個使徒和他們的同人聚集在一處，

34 說：「主果然復活，已經現給西門看了。」

35 兩個人就把路上所遇見，和擘餅的時候怎麼被他們認出來的事，都述說了一遍。

數小時前，他們還是逃兵；數小時後，他們已成為復活主的見證人，勇敢地傳講主的信息。兩個門徒不單經歷旅程折返，還有生命的破碎及重整，裝備成配被主使用的傳道者。

主沒有揀選位高權重、博學多才的人，反而是與祂相遇、願意被祂塑做的工人。難怪很多初信者都成為熱心的傳道者。

羣體印證，再遇基督

36 正說這話的時候，耶穌親自站在他們當中，說：「願你們平安！」

復活的主，不單向門徒顯現，更曾向不同的人顯現。當門徒彼此分享及印證與基督相遇的經歷時，基督再次顯現。

是的，當信主的羣體彼此印證主在我們中間的所為，傳講神的心意及真理時，主的靈就在當中，他的名就被高舉，我們便再一次經歷主同在的平安！每個跟隨主的信徒，也可以在個別處境聆聽上主的呼喚，立志作天國的傳道者，讓更多人能享受屬天的祝福，不用面對那永恆的咒詛。

生命信念

人算什麼，你竟顧念他！世人算什麼，你竟眷顧他！你叫他比天使微小一點，並賜他榮耀尊貴為冠冕。(詩八 4-5)

一直以來，總覺得自己是較活躍、好冒險。少年時常常闖禍，後來參與野外歷奇工作，好像找對了職業，活出自己的生命。然而，不知怎地，我的進取卻令我與同工合作產生張力，有段時間經歷枯竭陷入低沉的幽谷。

回望這段歷程，明瞭問題不在自己歷奇的心，乃在着意用己力走己路。大能的神有祂的心意，藉各樣的際遇讓我放慢步伐，用祂的溫柔引領我反思自己的處境，聆聽祂一直以來微聲向我述説有關心靈及生命的信息。今天我帶着謙卑的心重新起步，確信：「耶穌帶我去歷奇！天父讓我成尊貴！」

實用篇

- **專題探索**：心靈教育計劃的理念
- **理論結連**：Paul Tournier. *The Adventure of Living.*
- **應用提示**：心靈營會程序指引 ——
  - 「向生命出發」營會程序大綱
  - 旅程信息及指引

專題探索：心靈教育計劃的理念

心靈教育（Spiritual education）計劃由香港中文大學天主教研究中心關俊棠神父推動，為「提升學生與教師的心靈素質，引導學生懂得尋找生活經驗中的各樣意義和價值，從而發現生命中的神聖及超越的幅度，即生命裏令人肅然起敬並因之而潔身自好的東西。」[註1]

計劃建基於三個靈修體系：方濟靈修、依納爵靈修及本篤靈修，並因應香港獨特教育處境將之轉化為大自然教育、人生教育及自處教育[註2]。

一、大自然教育

以方濟靈修作基礎，協助青年人重尋「自己在整個宇宙及大自然中的位置和身分。」[註3]。這身分既渺小又崇高，人要尊重及珍惜大自然其他生命，也要重視作大地管家的職分。期望青年人能學習「從創造中認識個人生命的獨特與尊貴；接觸超越，讓宇宙、大自然、人情及生命奧妙與個人生命產生連繫；培育對大自然其他生命（蟲魚鳥獸、花草樹木、山嶽平原、海洋天空）的尊重與和諧，視他們如手足；探索個人生存目標和自身在世界中的位置，思考整全的世界觀……培養不以自我為先的態度，與別人及羣體建立互重互愛的關係。」[註4]

二、人生教育

以依納爵靈修作基礎，協助青年人在成長過程中「發現生命的意義和怎樣在生活中做好大大小小的抉擇。」[註5] 青年人「培養自我覺察及反省的能力；認識個人的情感及情緒表現；從個人生命經歷中發現自我價值；辨認及領受個人召命及超越一己的目標；確認生命存在的價值及建立審慎抉擇的原則。」[註6]

三、自處教育

以本篤靈修作基礎，協助青年人「管理自己」。[註7] 具體而言，這計劃期望同學能學習「作自己本能的主人；保持內心平靜；培養負責任、信實的態度、並覺醒的素質。」[註8]

四、心靈的眼睛

生命歷奇的本質在乎適時離開安舒區。不過，行動時要帶着合宜及整全的視野，才不致迷失。

發現的真意是看透事情的外在真象。這視野不單需要學習及操練，更需要刻意放慢步伐，在安靜中開拓心靈空間、擦亮心靈的眼睛，才讓我們看得見、看得清、看得真。

發現的途徑包括：靜觀外在事物、聆聽世間的苦難，探訪昔日生命的足迹、檢視此刻生命的實況、探視心靈的暗角等。過程中，以《聖經》為指引、以禱告的心觀看及聆聽、邀請聖靈帶領、邀請信任的人同行守望，才不致心靈迷失！

昔日天父禁止始祖吃分辨善惡樹上的果子，使徒保羅則提醒信徒，知識叫人自高自大，新舊約都指出發現的界限，就是避免人陷入自以為是、自以為神的光景！

香港野谷戶外活動中心的口號是「發現與進取」，意指發現後需要行動回應，生命要前行及成長，才配得上這個更新的視野！

是的，跟隨神始於認識神，發現自己，願意以神為神、以人為人。說到底，敬畏耶和華才是智慧的開端！

五、發現的視野

因應上述三個靈修傳統，心靈教育計劃蘊含着一個超越的視野，就是從平凡之中看見不平凡（see the extra-ordinaries from the ordinaries），從可見之事看出不可見之事（see the invisible from the visible）。

畢德生指，這是 19 世紀耶穌會詩人 Gerald Manley Hopkins 所倡導 Inscape 的觀念，意指對事物透視的理解，像《聖經》所説：「**眼睛未曾看見，耳朵未曾聽見，人心也未曾想到的。**」**（林前二 9 下）**活現眼前！

簡單而言，這與基督信仰為本歷奇輔導的五重視野不謀而合：

下向視野：與大地結連，發現創造的奇偉、生命的豐富，培育好奇及學習之意和敬畏及讚歎之心！

內向視野：與心靈結連，確認生命的獨特和尊貴，辨清內在的欲求、傷痛、恐懼、軟弱及幽暗，聆聽心靈深處微小的聲音，選擇讓聖靈帶領，靠着神的恩典讓生命更新及轉化。

橫向視野：與他者及羣體結連，認信羣體中互重互愛的重要，欣賞別人生命的美善及價值，體恤他們的需要及軟弱，謙卑承認個人的不足及有限，建立互相守望、支援的關係。

上向視野：與生命創造及救贖主結連，數算生活的恩典，承認或顯或隱的過犯，配合聖靈更新，確認生命的尊貴，領受的召命。

外向視野：與世界結連，實踐超越一己的目標，尋求公義的彰顯，見證生命的改變及夢想實現，共同領受及慶祝那從上而來的祝福。

註 1、註 8：關俊棠（2007），〈寓靈修於教育——理論與實踐的探索〉第一階段閱讀材料（一），頁 1。

註 2-5、註 7：同上，頁 2。

註 6：同上，頁 1-2。

理論結連

書名：*The Adventure of Living*（《生之冒險》）

作者：Paul Tournier（保羅杜尼耶）

出版資料：Godalming: Highland Books

出版年份：1983

一、內容介紹

1. 歷奇的本質

作者指出歷奇是人的本性，就像自我保護一樣，是行動背後主要動力之一，是人類文化及科技發展的源頭。

人渴想歷奇，投入時不單滿足其潛在的本性，更會經歷一份狂喜、得力及更新的感覺，令他深信參與是正確的。對於歷奇這獨特的需要，既是終極渴求，也是人對神的渴求。但人因為過往思想的習性及約定俗成，並以為參與後可能會是不歸路，以致非常困難踏出第一步。

作者認為歷奇分為兩類：質的歷奇和量的歷奇。人對終極渴求的心讓他致力尋求有質素的經驗。若不成功，或會以量去滿足所失去的質。從歷奇角度看，當質的歷奇被量的歷奇取代時，只會帶來持續的不滿足，進而衍生惡性循環。

真正的歷奇是源於為真理、公義及為有意義的目標奮鬥的信念。然而，這樣的歷奇並不保證結果。回看歷史，歷奇的本性是人類最大的成功、也是最大的苦難源頭！

2. 歷奇的定律

先經歷死亡才會有重生。淤塞定律（Law of silting）指出我們渴求的東西總是比得着的東西更吸引；循序減退定律（Law of progressive extinction）是指在歷奇開始階段多是快攀升、高增長、多支持、少阻力。當它抵達顛峰、滿有力量時，阻力逐漸出現。為要保持已獲得的地位，這階段的歷奇要組織、確認及維護原訂的目標，直至目標達成，歷奇就完結。

3. 歷奇的重燃

作者提倡要重新發現歷奇創新的精神。他認為一個業餘愛好者（amateur）較容易呈現這種精神，因着個人喜好，他們選擇全然投入及從事這活動，不會視為責任及重擔。

當我們意識生活就是歷奇時，就會意識生活上每一個舉動的危機，使我們舉步為艱。作者坦然分享他處身兩難的個人經驗，一方面他意識到那推動他前行的熱情，另一方面他體會到內在恐懼的攔阻。所以，當我們面對歷奇時，也會有同樣的內外挑戰，然而，當我們不再疑惑，全然投入時，就會發現那抗衡疑惑的嶄新力量。

4. 工作及委身

人工作的意義在於滿足神注入我們心中歷奇的本性。助人行業工作者多以熱情及歷奇的心開始參與。然而，或許是失望，或許是每天例行工作，工作慢慢成為重擔、責任、習慣，甚至一個監獄！

另一方面，若我們的智慧、創見、想像在工作中被尊重，我們就會覺察自己的人性，有份參與一個主動的歷奇。

人與動物最大的差異，是在自我保護的本性外的歷奇本性。人需要藉着創作表達自己，委身於新的路向，參與創作。在認知萬物、世界、生命及個人工作意義的過程中，人需要知悉自己創意的貢獻在世界中的位置。對作者而言，唯有活出個人信念的生命才是真正的生命。

創意工作屬於個人歷奇。就是讓工作重拾其人性的本質，重燃我們的歷奇精神，達到知識增長，在歷奇中成長。

5. 神的歷奇

神按着自己的形象造人時（創一 27 上），也許植入一些祂自己的素質，歷奇的心必定是從祂而來。當我們稱神為創造主時，亦可稱祂為偉大的歷奇者。在歷奇中，我們常常遇見未預知的障礙、困難、有待解決的新問題，並引發歷奇、更新的事情。從另一角度，神會像我們在創造的每一個階段均會檢討其工作，並肯定自己：**「神看着是好的。」（創一 25 下）**

人按着神的形象被造，得着祂所賜與歷奇的心，能夠讓自己全情投入歷奇；然而，人亦有可能抗拒神、破壞創造的完美景況。無論如何，人擁有創作歷奇的心，照《聖經》中神對第一對夫婦的心意：**「要生養眾多，遍滿地面，治理這地」（創一 28 上）**。神賜人科技發展，讓人可以運用天然的資源，分享祂對大地的主權。神吩咐人為各活物命名，就是給人科學的歷奇，讓人可以為萬物定義、歸類及分析。

神掛念及祝福祂所造的人，以溫柔及體貼待他，視他為夥伴，賜他一個妻子，讓他知道羣體生活的歷奇。又把他安置在伊甸園，使他修理、看守（創二 15），啟動工作的歷奇。所以，在墮落之前，工作是一個單純及可愛的歷奇；在墮落後，工作開始成為重擔。人期望以自己的資源及方法歷奇，拒絕參與神的歷奇。因此，人要終身勞苦才能從地裏得吃的；必汗流滿面才得糊口（創三 17、19），完全失卻神在祂美善中賜下歷奇的真意。

回望歷史，創造的歷奇與救贖的歷奇並行。神揀選亞伯拉罕作救贖的媒介，賜他信心的歷奇：**「你要離開本地、本族、父家，往我所要指示你的地去。」（創十二 1）**啟動了以色列人，甚至世人救恩的歷史。神的歷奇不斷前行；當一個人願意聆聽及忠心順從神時，一段新的歷奇就開展。因着人的不足，這歷奇也會終止，需要重生。在這歷程中，耶和華**「並不疲乏，也不困倦。」（賽四十 28）**祂忠於與人所立的約，使用人成就祂創意的工作，呼喚他以順服的心進入祂的歷奇。

神是行動的神、工作的神。這位歷奇的神透過祂的子民、人類歷史，成就祂的大工。祂最終的歷奇就是耶穌道成肉身，降世為人，經歷失望及苦難。

每一個與受苦、受死、復活、升天的耶穌相遇的，均會被祂影響，引發個人生命中的歷奇。復活的耶穌堅固他的門徒，並差派聖靈內住，再一次揀選屬祂的人——教會，賜下聖禮，分派他們傳福音到地極的歷奇（徒一8）。而《聖經》就是一本歷奇的書，不單記載世界及人類的歷奇，更記載每一個被神觸摸、呼喚、差遣的人之歷奇，並為歷奇賦予真正的意義。

6. 從神而來的歷奇特徵

自我表達：神賜萬物自我表達的本性。從心理學角度看，自我表達所帶來的滿足感是人健康指標之一；反之，那些不能表達的情緒多會毒害人的思想。

原創性：神造萬物均有其特性，詩人讚歎：**「我要稱謝你，因我受造，奇妙可畏。」（詩一百三十九 14）**面對神在大自然所呈現的偉大，人自然感到渺小；然而，神賜下掌管大地的能力，讓人成為神在神聖創造歷奇中的夥伴。這位創造的主賜人創意，讓每一個人在表達自己時均有其原創性。

目標取向：無論人的歷奇形式怎樣，作者認為在當中必有其一致性及目標取向。説到底，歷奇並非循環不息的自然現象，乃是有意識、有方向、有目標、有始有終的旅程。

以愛作目標及動力：作者確信任何歷奇皆以愛為目標，就好像神基於愛創造世界及人類一樣。因着這份愛，神尊重人的自由，以致要面對人的錯誤及叛逆，並在十字架上付出代價。

必然的冒險：歷奇可能帶來錯誤的目標、不當的方法，甚至是以怨恨及復仇為動機，但因着失敗的可能性，歷奇才變得吸引；就是這份必然的冒險，讓我們嚮往歷奇。歷奇中最大的喜樂就是對成功的期待，即或我們同時要面對更多失敗的經驗。無論別人給予多少成功的承諾，我們還會經歷各種失敗，如：症病、殘障等。它本身是一個從上而來的禮物，也就是一個超越自己的渴想。唯有體會歷奇本性裏的神聖特質，人才能意識自己對神的責任，願意配合祂的心意。

二、反思及應用

香港很多人帶領歷奇活動，卻對歷奇的本質欠缺深入的探討。杜尼耶的演繹，讓我們能夠辨認量的歷奇與質的歷奇之別。相對於今天消費歷奇的取向，特別是有限時間「購買」最多、最激的歷奇經驗，他所提出歷奇的發展階段及定律實在是當頭棒喝，提醒我們歷奇不是消費品，而是生命中不可或缺的部分。

杜尼耶認為歷奇的本質應是從業餘愛好者開始。因為業餘愛好者因着個人的喜愛選擇全然投入及從事歷奇，視之為委身，這就歷奇的精意從內心發出的歷奇（adventure from within），就是與生活及工作結合的歷奇（adventure of living）。對於今天的歷奇工作者（也包括其他專業工作者），我們需要在工作及專業上重尋這份委身的心志，讓工作中的歷奇催化成長，重拾生命的意義，重燃熱誠。

生活中的歷奇源於創造的神，當我們歸向祂，知道我們的歷奇是祂宏大歷奇的一部分，一定會孕育敬畏、謙卑及驚歎的心。

最後，當我們用心檢視杜尼耶所指，從神而來歷奇特性之時，必會豐富我們有關歷奇活動的設計及帶領；歷奇內藏的冒險及失敗，叫我們感到謙卑之餘，更讓我們再思今天業界所安排的活動，是否濫用量的歷奇，在經濟效益的大前提下，意圖於短時間內製造廉價及虛假的成功經驗。

應用提示：心靈營會程序指引

一、「向生命出發」營會程序大綱

	第一日	第二日	第三日
早		7:45-8:30 我和晨曦有個約會 早操、信息分享、靈修操練 8:30-9:15 早餐 9:15-10:45 生命旅程（4） 小組（4）： 心靈向度的活動 10:45-12:00 自由時間 / 生命對談 （每人約 15 分鐘）	7:45-8:30 我和晨曦有個約會 早操、信息分享、 靈修操練 8:30-9:15 早餐 + 執房 9:15-10:35 生命旅程（7） 服務（1）： 服侍營地（油漆） 10:35-12:00 生命旅程（8） 服務（2）： 洗腳
午	1:55 中環碼頭集合 2:00-2:10 簡介 2:10-3:10 船程 小組（1）： 互相認識、熱身小遊戲、分享、入營前的功課： ・分享心靈札記 ・給自己一句入營的話 3:10-4:00 生命旅程（1） 小組（2）： 找一條特別的路徑前往營地（辨認三個「生命的象徵」）	12:00-1:00 午餐 1:00-2:00 黃金時間（在禮堂，同學帶備大毛巾） 2:00-2:45 預備旅程（簡介、執拾物資、伸展活動） 2:45-5:15 生命旅程（5） 小組（5）： 往西灣天主教墳地尋死人、活人（於西灣碼頭集合 + 解說）	12:00-1:00 午餐 + 收房（交還鎖匙） 1:00-1:45 黃金時間（在禮堂，同學帶備大毛巾） 1:45-3:00 生命旅程（9） 總結、慶祝、預備回家的旅程 3:00-3:30 大合照、唱營歌 3:30-4:00 離開營地，前往長洲碼頭

	第一日	第二日	第三日
	4:00-4:20 小休+解說生命旅程（1） 4:25-5:35 大組分享： 回顧剛才的照片（各小組匯報三種有生命象徵的東西） 5:35-6:00 營地同工簡介營地規則，分房	5:15-6:30 豐富下午茶，之後於西灣沙灘附近集合（設計上這晚學生沒有晚餐，讓學生也有些許飢餓的體驗）	4:15-5:20 乘慢船往中環 5:20 解散
晚	6:00-7:30 晚餐 7:30- 8:30 **生命旅程（2）** 生命分享晚會： 詩歌、生命故事，以音樂會形式進行 8:30-9:30 **生命旅程（3）** 小組（3）： 在禮堂一角，小組內分享禮物（小食、象徵性禮物） 9:30-9:45 安靜、撰寫心靈札記 9:45-10:00 祈禱時間（聖堂） 10:00-11:00 導師會議（餐廳）	6:30-8:30 **生命旅程（6）** 生命中最後一夜： 靜行 + 獨處（陳震夏郊野公園） 因應學生步行速度，時間分配大致為： 6:30-7:00 步行至獨處地方 + 簡介 7:00-8:00 獨處 8:00-8:30 回程，返回營地 8:30- 9:30 小組（6）： 分享（回應獨處時思考的問題） 9:30- 9:45 祈禱時間（聖堂） 9:45-10:00 豐富宵夜 10:00-10:45 導師會議（餐廳）	

二、旅程信息及指引

生命旅程 1

任務

- 以小組形式自行尋路往營地（長洲鮑思高青年中心）。
- 於下午 4:30 前抵達。
- 自行決定路線。
- 途中請留意三項生命的象徵（在許可的情況下，請記錄及拍攝下來）。

器材

長洲地圖、緊急聯絡電話表、急救包、攝影機

信息

成長，總是要離家，但最終卻是要尋找自己的家！

在邁向營舍的路程，一般人傾向趕快到達，急於回家安頓似的，卻往往忽略了途中的寶藏。盧雲神父（Father Henri Nouwen）卻說：「在回家的路上，找到家！」在這旅程學習放慢腳步，尋覓大自然中三個生命的象徵，聆聽箇中的信息，必定為我們帶來驚喜！

生命旅程 2

信息

生命本是一份禮物，讓我們分享。仲夏夜，在閃爍的星光下，在蟲叫蟬鳴之伴奏中，最好的就是以樂會友，憑歌寄意。歌曲，能牽動我們的情感，傳遞心聲；故事，能引發共鳴，拉近心靈距離。在羣體及小組中，我們不單可以分嚐五餅二魚般的美食，更可以共享眾人生命的美善，一樂也！

生命旅程 3

任務

- 分享所帶來的小食。
- 分享自己的生命故事，作為呈獻給組員的禮物。
- 建議引言：「我想我的生命最寶貴的是……」或「我生命中最能夠成為別人的祝福是……」
- 由於組員人數不少，建議每人分享的時間約五至八分鐘。
- 分享之後，請二至三位組員給與一句回應。

信息

每個人的生命都是獨特的，都是上天的一份禮物。你的存在，對這個世界完全重要。缺少了你，世界就會欠缺了一點；有了你，世界就會豐富一些。所以，別小看自己。

這個分享禮物的環節，象徵着這番話。食物，代表滋養和趣味，我的存在，能否使別人得到滋養及快樂？分享代表自己的那份禮物，就是在別人前，開放自我，好讓別人能認識，也讓我更加走近別人。

生命旅程 4

信息

有人說：「人生如戲」，也有人說：「戲如人生」；有人說：「玩樂人生」，也有人說：「從遊戲中學習」！

遊戲不單讓我們真情流露，活出真我，更可以不同的角色及角度學習。有生命及心靈向度的遊戲，幫助我們重訪過去、反思當下、透視未來，聆聽生命中的信息。耶穌曾說：「讓小孩子到我這裏來」，或許他們比成人更懂得在遊戲中學習吧！

生命旅程 5

任務

在西灣一帶的墳地：尋找

- 活人中的活人。
- 活人中的死人（沒有生命力的人）。
- 死人中的死人。
- 死人中的活人（死了，卻仍有信息對活人説）。

器材

長洲地圖、緊急聯絡電話表、急救包、水壺。

信息

對相信神的人，死亡不是一切的終結；而是生命回歸天家。所以，我們可以説，死了的人，是在天父懷中活得更精彩；相反，不少活人，是活在夢境中的迷糊人生，更甚的只是行屍走肉。

墳場巡禮，是一個難得反思生命的機會。我期望自己的生命是一個活死人，抑或雖死猶生？若然選擇後者，此生此世就不能馬馬虎虎，得過且過，而是活好上天賜給的歲月，有日離世時，能為親人朋友留下許許多多美好的回憶。

生命旅程 6

任務

放下身上貴重的東西，靜行至獨處位置，安靜默想

默想

- 若這一晚是你生命中的最後一夜，你會有什麼感覺？你會掛念誰呢？
- 在你一生中，誰是你的摯愛？有什麼心底話想向他 / 她表達呢？
- 面對生命的完結，你有什麼話要對自己説呢？

器材

筆記簿、筆、電筒 / 頭燈、水壺。

信息

每個人總會有最後的一夜。這夜什麼時候來，無人可以肯定；唯一能肯定的，這夜一定會來。今晚，嘗試讓自己提前經驗。如果我們將要離開人間，我還有什麼未了的心事？未完成的抱負？未圓的夢？又會有什麼話要告訴父母和好朋友？

如果上天恩佑，今晚不是我此生最後的一夜；明天，我將會以怎樣的態度來迎接新的一天？看看星星，聽聽大地，可知它們此刻對我有什麼訴說！

生命旅程 7

信息

台灣花蓮慈濟的證嚴法師一再叮嚀她的義工團隊成員：「每次做完服務工作後，要衷心感謝那些被你服待過的人。因為是他們給了你這個機會做好事、播好種、積德」。

基督也曾對祂的子弟說過：「**這樣，你們做完了一切所吩咐的，只當說：『我們是無用的僕人，所做的本是我們應分做的。』**」（路十七 10）

生命旅程 8

信息

耶穌說：「**你們也當彼此洗腳。**」

洗腳，是一份謙卑的工作；所有偉大的事都是從卑微開始；是一份放得下的服務；對洗的人而言，是放下自己的身分，對被洗的人，是一份信任的交託；是一份完全的事奉，需要洗的人全情投入，被洗者全心接納。

生命旅程 9

信息

生命旅程的珍貴，不單在終極的目標，也在過程中的經歷及發現。三天的旅程，很快便完結。

在我們再出發前，一起回顧發現與學習，數算恩典，共同慶祝，並以彼此間的感激、欣賞及鼓勵，成為前行的動力。完結標誌另一旅程的開始，向生命出發，是外闖的路，也是回家的路。讓我們帶着信念、祝福、喜樂及盼望起步，深信：“The best is yet to come!”

各位親愛的朋友，再見！願我們在永恆的家中再相見！

註：生命旅程 3、5-8 的信息，由關俊堂神父撰寫。

資料來源：心靈教育營（2009）營刊

6. 生命轉化的元素 ——

從新得力

生命操練篇

歷奇人說故事

- **我的歷奇路**：死火
- **歷奇人的心靈歷奇**：山中的休歇

從故事中學習

- **經驗深化**：生命轉化的元素

靈性的操練

- **聖經中的歷奇人**：生命的福音、福音的生命
- **生命信念**

歷奇人説故事

STORY 我的歷奇路：死火

一直以來，我很享受帶領野外營會，亦喜歡透過個人輔導及小組活動幫助青少年成長，直到那段日子，我容易感到疲累，常被生活及工作的事情影響情緒。那時，我的服侍熱誠好像減退了。

自從兩位資深同工先後離職及放假進修，我在突破機構承擔署理服務主任一職，在沒有什麼準備下帶領一個跨專業、文化、語言的隊工。作為單位主管，我盡心學習帶領，並持續參與自己喜愛的野外營會訓練工作及前線青年工作。在工作量不斷增加的情況下，除了加班，我還犧牲休息及與家人相處的時間。弔詭的是，當我致力提升青少年的團隊精神時，與太太的關係卻甚疏離；當我盡心培育別人的孩子時，卻很少陪伴兩個兒子。

那段時間，我定期輔導一位少年人。由於是他媽媽迫他來，他時常遲到及缺席。有一天，他沒有按約定時間現身。當我致電給他時，他只是愛理不理説：「我不來了！」放下電話時，我並沒有往常的氣忿，反而因他的缺席而暗暗高興。然而，當安靜下來時，我開始質疑為何會有這反應。原來我已沒有空間去承載別人的心靈，可是一直沒有覺察……

那天是機構的大日子。等待已久的突破青年村工程已到成形階段，眾同工心情興奮，浩浩蕩蕩地參觀工地上不同的建築物。接續移師到附近一間神學院敬拜、感恩。奇怪的是，當自己開口唱詩讚頌時，卻唱不出聲音。原以為因沒吃早餐，心想午餐後會無恙。然而，飯後的聚會，同樣有口難唱。我開始感到自己虛弱及無力。

就在那天，我開始承認自己的身體及心靈均出現「死火」現象，就是不少青年工作者談及、卻很少人願意面對的「耗盡」處境。警號已響起，我怎樣回應呢？

歷奇人的心靈歷奇：山中的休歇

由於內心的耗盡，經蔡元雲醫生推介，我終於放下一切。1997 年初夏，我與二十二位來自世界各地的基督徒工作者，一同到瑞士跟從導師漢斯貝基學習，經歷二十八天的生命重整旅程。

墮落的祝福

「我要向山舉目；我的幫助從何而來？我的幫助從造天地的耶和華而來。」（詩一二一 1-2）

四星期裏，我們住在山上一個小村莊，過着簡樸、憩靜及悠閒的生活。每天除了聚會、學習及分享外，就是小睡休歇、安靜獨處、反省默想和撰寫札記。漢斯特別鼓勵我們每天午睡，讓身體休歇，心靈得以洗滌；還要走到山中親近大自然，不過為免發生危險，漢斯提醒我們切勿單獨上山。

然而，熱愛登山的我在開始時已是獨自上山。一日午睡過後，我又漫步至村後的山坡。心想稍後能登上附近的山峰，便沿山坡的斜道練習攀登。突然，一個不留神，我失足直滑下二十多尺的山坡。經過初步檢查，除了腹部瘀傷外，只是左膝韌帶受創，算是不幸中之大幸！

但是，肉體的痛楚遠遠不及心靈的震撼。身為野外歷奇教練，我一直重視別人的安全，自己卻罔顧安全守則，落得如此景況。由於遠離民居，欠缺求救工具，我有可能被迫逗留在荒野上露宿，亦會驚動全體營友進行搜索和拯救。及後，幾經艱苦終於返抵營舍，我因羞愧而不敢向人透露遇險一事。

翌日早上，漢斯帶領我們默想《聖經》，是雅各與上帝在雅博渡口摔跤的片段，驚覺自己就是那凡事依靠自己、最後被神在大腿窩摸了一把之「瘸腿的雅各」。當漢斯邀請我們默想自己的舊名字時，我即時想起一直沿用的英文名字：亞歷山大（Alexander，簡稱 Alex），就是征服者的意思。原來自己內藏着征服者的傾向，昔日在大專被迫中止學業後，我就企圖憑藉己力去征服生命中不同的山峰，拚命證明一己的能力，到頭來卻弄得迷失和耗盡，害己害人……回顧半生的勞碌，原來自己只是膺服於內在的驅動 —— 藉工作及服侍賺取別人的欣賞來肯定自己，卻輕忽了生命內藏的本質。

重新默想的名字時，腦海中就浮現一個既熟悉又陌生的名字，是祖母在我出生時替我取的：「德誠」—— 意指誠實、誠信，表裏如一的德行。命名本身是一個祝福，是召命及使命的提示。然而，人的本性卻愛憑己意闖己路；唯有在迷失、跌倒、軟弱、無力、破碎的時候，人才願意聆聽那微聲的呼喚：「回來吧！」感謝上主，祖母在四十一年前為我命名的祝福，終於可以體現了！

那日，剛好是我的生日，太太梅玲從香港傳真祝福的信息，鼓勵我繼續作家中屬靈的頭：**「誰能登耶和華的山？誰能站在他的聖所？就是手潔心清，不向虛妄，起誓不懷詭詐的人。」（詩二十四 3-4）**神的邀請及悦納不屬那些成就高、擁有多的人，而是清潔和實踐誠信德行的人（A man of integrity）。

雖然太太不曉得我在瑞士山頭的經歷，但她的傳真就如漢斯所言，是一張屬靈互聯網（spiritual internet），是聖靈親自確認我那更新的名字 ——「德誠」。這一切，就成為我生命重整後的方向、生命的渴求、生命的經文！

破碎的禮物

離開香港前，從蔡醫生口中知悉漢斯和太太 Ago 結婚即將五十周年，我特地買了一套漁翁夫婦的陶瓷作為禮物。

出發當日，太太特意放假陪伴我購物。然而，由於我太專注處理事務，完全忽略她在旁等候的心意。及至到機場話別時，她已極為不快；兩夫婦即將分離六個星期，她要在懷孕期中獨力照顧兩個兒子，而我卻不領情，不珍惜與她共聚的機會。一家四口帶着眼淚分離，我亦無心照管那份禮物，只有託運了事。

在山上經過一半的營期，實在感受到天父藉着漢斯對我生命的祝福。當我滿懷感謝取出陶瓷時，卻發現漁夫的擔扦折斷了。我滿臉羞愧地趕快取出漁婦像來；糟糕，它的左腳也斷了。當下，帶着內疚及失望，我只好連連道歉：「對不起！對不起！請讓我回香港後再買一套寄給你們，可以嗎？」

那邊廂，Ago 輕聲地說：「不要緊！我丈夫對於修補陶瓷很在行，你就讓他嘗試修補吧！」說罷，他們兩個就緊緊地抱着我，對我說："That's good enough!"（這已經夠好了！）

自從我被學院終止學習後，在工作及服侍上總是要求自己作多一點、作好一點。然而，這次漢斯及 Ago 所看重的，是背後的心意。我在服侍上的枯竭，本就是一個破碎的歷程。或許，當我以破碎的自己作禮物向天父呈獻，祂也會體恤我的心意吧！在他們的懷抱中，我感受到天父的擁抱；在淚眼之中，彷彿聽到祂對我說："That's good enough!"

營會近尾聲，漢斯說他無法修補，建議把禮物送給營地主任的孩子作玩具；更陪我親自送禮，並介紹陶像背後的意思。孩子們對陶瓷玩具感到興奮，把玩一整天後，把它們安放在花園中作裝飾。在神的手中，破碎、看似無用的東西，竟然成為別人的祝福！

觸摸的服侍

過去耗盡的經歷，除了使自己身心無力、與家人失連外，更使我與神相離。縱使我竭力奉神的名作工，但卻不肯定神是否悅納。故此我期望在退修營中既經歷內在生命的重整，亦可與神相遇相親。

在營會尾聲，偶然聽見其他參與者分享與神相遇的經歷。我開始向神呼求，讓我也可以經歷祂；然而，與祂相遇到底是個怎樣的經歷，是看見？是聽聞？是觸摸？我實在不曉得。

那天下午，漢斯邀請我們學習彼此洗腳，模仿昔日耶穌面臨十字架的苦難、與門徒分離前，共進最後晚餐，並且親自為他們逐一洗腳。當一眾門徒只注目於誰能在主復興的國度中為大，忽略祂為世人的罪走上十架的苦路時，主選擇以行動述說，以謙卑服侍去教導。

營會中的洗腳活動是二人配對，彼此用軟膏去「乾洗」。我的夥伴是一位瑞士弟兄，負責瑞士一間宣教機構，為人謙和，忠心服侍。那位弟兄先為我洗，他單足跪在我面前，眼睛凝視着我，輕聲地問：「我可以為你洗腳嗎？」那時，我的心頭為之一震。

一直以來我覺得自己的腳不夠好，想在人面前隱藏。在我成長後，除了太太，誰也沒有接觸過這雙腳。他溫柔地捧着我的腳，仔細地觸摸及按摩腳面、腳底及腳趾間的部位。他手中的溫暖，令我全身扳緊的肌肉逐漸放鬆。看着他專注服侍的身形，我不單感受到他好像耶穌一般謙卑，更逐漸意識到自己的價值，被愛、被重視！有別於想象中驚天動地的場景，原來天父可以藉着那雙溫柔的手顯現！

「你們稱呼我夫子，稱呼我主，你們說的不錯，我本來是。我是你們的主，你們的夫子，尚且洗你們的腳，你們也當彼此洗腳。我給你們作了榜樣，叫你們照着我向你們所做的去做。」（約十三 13-15）

之後，我樂意以服侍作回報。然而，跪在地上捧着弟兄的腳時，一股臭味立即衝進鼻孔裏。謙卑的服侍，就像其他歷奇經驗一樣，總是「看易行難」的！憑着一份堅持，我只管用膏油塗抹他的腳掌，感受及按摩每一吋皮膚。不覺間，膏油馨香的味道取代了那臭味，服侍也變得輕省！與主相遇，領受祝福，就在卑微的服侍與被服侍之中！

從故事中學習

經驗深化：生命轉化的元素

曾有資深歷奇輔導工作者表示，生命的轉化需要長時間的介入、沉澱、整理及應用；二十八天的營會才是真正帶來持續改變的場景。上述的片段，描繪筆者的營會經歷，也是生命轉向的關鍵經歷之一。究竟什麼原因可以為參與者帶來這樣重要的改變？

一、空間

這次營會的重點是生命重整。**參加者已有很多有待整理的生命經歷，營會不需再為他們添加額外震撼的歷奇經歷，只要提供回顧、反思及沉澱的空間才要緊。**

帕默爾（Parker Palmer）曾說："To teach is to create space in which obedience to truth can be practiced" 上文描述的營會，究竟有無這樣的空間？外在與內在的空間要怎樣結連起來？

營會的基督徒服侍者（包括牧師、宣教士、機構同工、教會領袖等），都是忠心服侍、但身心俱疲；他們最需要的是休歇及重整。故此漢斯沒有安排密集的培訓程序，反而鼓勵各人要有足夠的休息，讓他們可以回顧、沉澱、反思及重整，從新得力。營會憩靜的環境、精簡的程序及獨處的時間，能夠幫助參與者拓展內心的空間，容讓他們按自己的步伐經歷這內在的旅程。

二、接待

作為營會的負責人，漢斯非常願意接待每一位參與者。**在未參與營會之前，漢斯安排他們個別住宿在瑞士服侍者的家庭中，讓他們可以先適應時差、氣候、地域及文化差異，並在接待下放鬆心情，預備進入營會。**

營會在瑞士南部偏遠山區 Rasa 的一個小營舍中舉行。參與者均住宿於單人房間，三餐品嚐當地清淡而豐富的膳食，享受山野間清新的空氣及大自然美麗的景色。處於羣山之中，參與者每天漫步山間，觀賞花草之艷麗、林木之挺拔、高山的巍峨並雲彩的變幻，體會天父創造的奇偉。

三、帶領

漢斯每日都有《聖經》及生命的教導，幫助參加者進深默想神的話與自己生命經歷的關連。除了心靈及屬靈向度，他重視身體的操練，帶領有關“Feldenkrais”的動作系列，提升各人對自己身體的意識，幫助參加者以較佳的身體狀態進入生命默想及重整的旅程。

漢斯嘗試運用大自然環境的治療元素，用休歇的空間及緩慢的步伐，讓眾人可以釋然進入生命的旅程，經歷聖靈的作為，孕育內在的變化。在過程中，漢斯鼓勵參與者獨處，聆聽自己的説話及辨認心中的意念。**他的教導扼要精簡，在營會中與參與者個別生命對談也只限於十分鐘。因為他相信聖靈的介入比人的帶領更重要。**

四、生命信息

入營前，漢斯鼓勵各參與者除了《聖經》及個人經歷外，不要携帶其他書籍。當生命疲乏、迷失及枯竭時，最需要的不是更多的資訊，而是從默想《聖經》及反思生命而來的智慧。過程中，他邀請各人撰寫以每七年作一個階段的生命足迹，默想《聖經》與自己的關係，以「警告」及「應許」反思晚上所作的夢，還要每天寫心靈札記，學習聆聽自己生命的信息。

五、時機

一般人主要是以時序（chronos）線性的觀念看時間。然而，從生命轉化的角度來看，這卻是與時機（kairos）有關，與中國人「天時」的概念相近，是掌管生命的主介入生命的特別時刻。

參與者均有其生命獨特的經歷，卻在崗位裏經歷不同程度的枯竭。故此期望生命重整。**於這個時機，聖靈預備每人有一顆願意改變的心，開啟他們的眼睛及耳朵，以致他們在這環境、程序、羣體及空間當中認識自己的景況，領受神要向他們傳遞的信息，生命得着轉化。**

六、轉化

一般的歷奇輔導活動，多是藉着工作者所設計及帶領之結構性程序，期望參加者得着改變。然而，**從信仰的角度而言，生命的轉化不單是人的覺悟及努力，更是聖靈介入的結果。**

筆者生命更新的契機（頁 198「墮落的祝福」），並非漢斯設計及帶領的結果，而是筆者罔顧安全所致。因着身體的受傷、心靈的震撼及羞愧，整夜無眠，最終藉默想雅各與神摔交而得着頓悟，進而領受新名的「祝福」。

「破碎的禮物」本是一場誤會，是筆者的輕率導致。送禮時發現禮物破碎固然令筆者極為羞愧，唯筆者更意識自己在神面前的破碎及無用。然而，漢斯夫婦的接納及擁抱，讓筆者聽到從上而來的信息，就是一直期待的話：“That's good enough！”

至於「觸摸的服侍」結果完全是意料之外，透過一雙人手成就與神相遇的經歷。在謙卑洗腳的歷程中，無論是服侍或是被服侍，耶穌都在其中。生命轉化，人所能作的有限，最重要是聖靈奇妙的作為吧！

靈性的操練

聖經中的歷奇人：生命的福音、福音的生命

讀經：〈使徒行傳〉9 章 1 至 22 節

大文豪狄更斯在《雙城記》中曾說：「這是最好的時候，這是最壞的時候！」蔚藍色的天空，萬里無雲，溫暖的陽光，秋風送爽，真美；多處地方經歷天災人禍；香港樓市高企，物價高漲；加上人世間的病患、意外、生離死別等困擾，真苦！

哪個是最好的時候？哪個是最壞的時候？這個世代有何好消息？當新聞不斷報道壞消息時，我們的平安及依靠從哪裏來？作為基督的跟隨者，實在要思想福音對我們及身邊人有何意義？

晚間新聞的主角

耶路撒冷電視台晚間新聞報道：「一位名叫掃羅的宗教及政治新星，數日前在前往大馬色執行宗教任務時，忽然被不明來歷的強光擊倒在地上，頓時失去視力。

「據同行的官員透露，他們從耶路撒冷出發，帶着大祭司的手令，前往大馬色拘捕那些耶穌門徒。在距離大馬色城不遠的地方，出現令人驚怕的強光；他們聽到從天上而來的聲音，並掃羅與之的對話；然而，他們什麼也看不見。

「據報掃羅失明後，被拖帶到城中，三日三夜不食不喝。最奇怪的，當地一名名叫亞拿尼亞的耶穌門徒為他祈禱恢復視力，他開始變得失常，放棄昔日立場，公開為那些他原要逼害的人之老師，就是那位已經死去多時的耶穌辯護，證明他是神的兒子，引起當地猶太人的公憤。當猶太人計劃要殺害他時，他卻逃去無蹤。」

這樣戲劇性的經歷，誰願體會？誰願當這種主角？

迷途者的醒覺

根據《聖經》，保羅本名掃羅，猶太人，生於大數城，在耶路撒冷長大，曾在名師迦瑪列門下受過高深的宗教教育，熱心遵行律法及服侍神。對於宗教領袖而言，掃羅年輕有為，大有前途。由於他致力逼迫耶穌的門徒，所以大祭司授命他前往大馬士革捉拿他們。

掃羅所作的，是按着他的理解，全程投入執行任務。他就像一個登山的人，向着自以為正確的方向前行。然而，掃羅就像我們一樣，有人的限制及對事情理解的偏差。當他全速向着錯誤的路前行時，最需要的，就是懷疑及醒覺自己的錯誤。一個迷途的人，最需要知道及承認自己是迷途的，這看來是不幸，卻是回轉、歸正的開始！掃羅向耶穌發出最重要的問題：「主阿！你是誰？」

當壞消息變成為好消息

掃羅滿腔熱血，決心要剷除正統猶太人眼中的異端 —— 耶穌門派，想不到會與耶穌相遇，然後失去視力，連走路也需要別人幫忙。在他生命最黑暗的時間，耶穌的說話卻不斷在他心中迴響：「掃羅！掃羅！你為什麼逼迫我？我就是你所逼迫的耶穌。起來！進城去，你所當做的事，必有人告訴你。」原來掃羅一直逼迫的那一位，正是猶太人歷代所期待的彌賽亞，原來他一直所作的都是錯的！

在全然無助的景況下，掃羅能作的，就是嘗試向耶穌說話，禱告懇求這位彌賽亞拯救他，給予進一步的指示。

三天之後，在神的靈引導下，主耶穌預告的幫助者出現，就是他想要逼害的人之一 —— 亞拿尼亞。

> **17 亞拿尼亞就去了，進入那家，把手按在掃羅身上，說：「兄弟掃羅，在你來的路上向你顯現的主，就是耶穌，打發我來，叫你能看見，又被聖靈充滿。」**

掃羅身體及心靈的視力得以復原，從新得力，受洗成為耶穌的門徒，並且致力向眾人宣告耶穌是神的兒子！

對掃羅來説，耶穌對他生命謬誤的對質，好像是壞消息，然而，這卻是聆聽好消息、接受福音必經之路！

承載福音的生命

在這過程中，誰在承擔傳福音的角色？

明顯而言，這是神藉聖靈的工作，讓掃羅經歷生命的破碎、回轉及更新。神使用的正是一個不見經傳的門徒。亞拿尼亞在《聖經》中只出現一次，本是一位敬虔的門徒；當聽到掃羅前來大馬色捉拿信徒，亞拿尼亞一定也擔心。

15 主對亞拿尼亞説：「你只管去！他是我所揀選的器皿，要在外邦人和君王，並以色列人面前宣揚我的名。

16 我也要指示他，為我的名必須受許多的苦難。」

亞拿尼亞在擔心中選擇順服而行，見證主在掃羅生命轉化的奇妙作為。在主的塑造下，掃羅 —— 即我們熟悉的保羅，後來成為偉大的使徒，一生致力傳揚福音。他的生命見證着主的信實、慈愛、大能及恩典。面對外憂內患、困苦及傷害，他以生命作見證，説：「主的恩典夠我用，因為主的能力是在人的軟弱上顯得完全！」

在主的引領下，亞拿尼亞及保羅均成為承載及傳遞福音的器皿。他們的生命、特別是在逆境中，流露着從上而來的平安、勇氣、智慧及盼望。他們的生命，實在配得被主使用，這就是福音的生命！

我的弟兄們，你們落在百般試煉中，都要以為大喜樂；因為知道你們的信心經過試驗，就生忍耐。但忍耐也當成功，使你們成全、完備，毫無缺欠。(雅一 2-4)

生命本是一份禮物！

在藍天白雲、風調雨順的日子，我們固然要感恩；唯考驗及挑戰何嘗不是天父的邀請及禮物，讓我們在壓力中呈現生命的真相、雜質得着煉淨、軟弱轉為剛強、真實體會神的同行及生命的塑造。有主在，試煉也可以是喜樂、是禮物！

實用篇

- **專題探索**：生命的接待
- **理論結連**：Parker J. Palmer. *The Active Life: A Spirituality of Work, Creativity and Caring.*
- **應用提示**：動感屬靈操練運作指引 ——
  - 目標
  - 安排
  - 相關活動

專題探索：生命的接待

對重視程序設計及帶領的歷奇輔導工作者而言，在生命重整眾多的元素之中，接待的觀念是較為陌生的，本文嘗試從《聖經》及猶太人傳統介紹這觀念，讓工作者可以參考、嘗試及進深研究。

一、接待的內涵

1. 視對方為客人

「客，要一味的款待。」(羅十二 13)

按一般的意思來説，接待就是看待參與者為客人（guest）；接待者（host）負責提供所需，包括舒適的休歇空間及合宜的飲食，讓他們賓至如歸。**作為以色列人及早期基督教傳統之一，接待就是對待客旅基本的態度，以真誠、專一、有創意的方式，為有需要的人創建自由及友善的空間。**

2. 信念

「不可忘記用愛心接待客旅；因為曾有接待客旅的，不知不覺就接待了天使。」(來十三 2)

希伯來人之所以要彼此接待，乃是曠野牧羊生涯的生存需要，加上信仰傳統，他們相信在接待的過程中有機會接待了神的使者，甚至神。**故希伯來人認為接待是一份被揀選的榮幸、是蒙福的時機！**

3. 期望

對於身在遠方異地的人，他們期望在自由及友善的空間中得着鬆弛（relaxation）。其次就是資源，包括：食物、醫治、資訊及指引等。同時也期望得着個人需要、貢獻及身分確認（recognition），並別人對他們的空間、步伐及意願之尊重（respect）。

合宜的接待，可以令客人得着休歇及從新得力（rejuvenation），與自己、別人及神再結連（reconnection），甚或經歷內在改變及更新（renewal），可以選擇委身再上路（recommitment）。

4. 生命分享

「施比受更為有福。」(使二十 35 下)

接待不是一個工作或任務，乃是生命的分享！接待就是一種與人分享自己的生活方式。過程中，最重要是讓客人感到被接納及受歡迎的。

要分享生命，先要學會感恩，以天父過去對自己的接待作接待別人的動力。這樣作主人的不單會經歷生命的豐富、生命的成長及福音的活現，最終更會孕育終生接待的習慣。

在同行同在的過程中，主人與客人有機會一同數算被天父接待的恩典。在接待中述說、經歷、再述說的過程中，作主人的更有機會讓自己的接待故事得着更新；若主人接待時不過度忙碌，就可以保持清晰視野，看見在人的小任務中有着神的大作為。**這是一個共同領受祝福的經歷，體會生命中微小的死亡及復活。**

說到底，彼此服侍讓接待具結連性；互相的祝福使接待具超越性；信仰的源由令接待充滿神聖。

5. 接待的超越

「我作客旅，你們留我住。」(太二十五 35)

"We offer hospitality within the context of knowing Jesus as both our greater host and our potential guest. The grace we experience in receiving Jesus' welcome energizes our hospitality while it undermines our pride and self-righteousness. The possibility of welcoming Christ as our guest strengthens our kindness and fortitude in responding to strangers."（*Making Room: Recovering Hospitality as a Christian Tradition*. pp. 105-106）

經常實踐接待的人，不易辨清誰是接待者及被接待者。或許作接待的，最重要的是在每一次接待中靠着聖靈的幫助，**學習在客人中辨認耶穌，並以耶穌的心腸接待每一位客人。**以感恩的心彼此接待，就是分享生命的操練，共同見證天父的大愛，最終得以孕育接待的生命！

二、實踐

對於基督教信仰為本歷奇輔導而言，接待的實踐包括提供足夠的食物及睡眠時間，安排休歇及沉澱的空間，讓參與者的身心靈可以從新得力。

在程序構思中，工作者應特別按參與者的特性及需要考慮空間、節奏及步伐，兼顧外在的活動與內在反思、動感程序及靜態整理、羣體互動及個人獨處。此外，**工作者在帶領程序時，亦需要有開放的視野及敏銳的反應，按着過程進度及處境適時調節。**

從接待的角度出發，工作者必須重視參與者身體及心靈的安全，認真考慮他們的需要，並且儘量尊重他們的意願、選擇及步伐（challenge by choice），更需確認參與者作客人的身分及貢獻，鼓勵他們分享及聆聽彼此的故事。

無論什麼程序，工作者的目標都是讓參與者從新得力，能夠與自己、別人及神再結連，經歷內在改變及視野的啟發，進而委身再上路。

理論結連

書名：*The Active Life: A Spirituality of Work, Creativity and Caring*（《行動靈修學》）

作者：Parker J. Palmer（帕克帕默爾）

出版資料：San Francisco: Jossey-Bass

出版年份：1990

一、內容簡介

1. 全然活着

帕默爾深信每一個人皆有從神而來的能力及恩賜。所有偉大的屬靈傳統皆是傳遞「不要害怕」的核心信息，最大的失敗是在恐懼中遠離我們被召之地，浪費生命中最寶貴全然活着的經驗（experience of aliveness）。他指出生命是美善及可信任的，但現代的行動生命（active life）或會在興奮之餘為我們帶來錯誤及痛苦。

靈性尋覓的中心就是知道「活着的狂喜」（The rapture of being alive），並轉化我們成為生命的慶祝者、倡導者及維護者。有別於一些隱世的人，帕默爾確信全然活着（aliveness）有其關係性及羣體性的，活着最終是要回應別人及自己的需要。

2. 默想與行動

默想與行動的源頭和方向是一致的，就是慶祝生命的禮物。他認為兩者是一個整體（contemplation-and-action），故他堅持：「全然活着就是行動；全然活着就是默想。」（To be fully alive is to act. To be fully alive is to contemplate.）

帕默爾演繹行動是涉及對自己及世界的表達、發現與重塑，當我們行動，世界也會回應，我們就可以與世界一同共創。

默想就是穿透幻象，顯示面具背後真實的方向，也可以成為表達、發現及再創造的行動。在默想與行動當中，有些是默想性的行動（contemplative action），如：寫作、管理公司、操作電腦等；另一些則是動感的默想（active contemplation），如：閱讀等。

3. 行動的冒險

帕默爾認為人最可悲的，不是被愚蠢、浮誇的夢想驅使去行動，乃是放棄或被拒絕按個人強處去行動，浪費那藉着行動生命去宣告及發現自我真相之機會。行動就是冒險，可能會顯示個人的能力不足，引發批評、競爭等，而最大的冒險是在世界及自己面前顯露自我，但這也可能帶來最大的喜樂。

4. 表達的行動

帕默爾認為表達的行動並非要完成外在的目標，而是表達內在信念、方向及真理，讓我們可以更接近全然活着及真實能力的狀態。我們每一個行動均源於對現實的理解。若這些行動與現實脱節，最終必不會成功。説到底，行動的結果有助我們理解現實，這就是行動與默想的接軌。

5. 醒悟與移位

真實的默想，很多時會帶來醒悟與移位（disillusion and dislocation）。

醒悟就是放下對生命、別人及自己的錯覺，然後回轉。默想過程中，我們會知悉自己信念的膚淺、不足及錯誤，以致心靈痛苦及空虛，但這亦是新的真理臨在的開始；移位就是當我們被外在環境所逼，以致要採用一個完全不同的角度，呈現陌生，甚至威嚇性的視野。這種移位讓我們可以超越錯覺及幻象，得以整全地看見真實。

6. 獨處的價值

帕默爾指出人是在獨處中出生及死亡，也在當中學習創意地存活。醒悟及移位的結果就是進入及享受獨處的能力，並在這痛苦而滿有恩典的生命過程中讓我們得着幫助，成為真實的人（getting real）。事實上，獨處可讓我們重尋全然活着的權利，既尊重別人，亦不會貶低自己。

7. 隱藏的整全

帕默爾確信每個人的內心潛藏着整全（hidden wholeness），呼喚我們進入。就如「惡魔」一般，是我們只想拚命抑壓及隱藏的罪惡及錯誤。弔詭的是，當我們以生命困難的處境與人的現況對質，我們就開始學習與那些同受生命限制的人同苦。

縱使「惡魔」像敵人，但它卻是我們需要交往的原始力量。就像外展訓練的口號一樣："If you can't get out of it, get into it."。帕默爾認為最佳的處理方法就是親近、伴隨、進入，甚至穿越。這樣，就會發現它們是我們生命的一部分，是幫助我們及帶來生命的，而非敵擋及引致死亡的！

在書中其餘的篇幅，帕默爾嘗試以故事及詩進深演繹其他意念，如：主動的行動與反應的行動（action and reaction）、專業的真意（essence of being professional）、恩賜的生命（giftedness）等等，非常值得閱讀。

二、應用及反思

歷奇，就是要離開安舒區，開創新天地。帕默爾提出全然活着的意念（aliveness），正好闡述歷奇人那內在的驅動，原是天生的特質，是回家的召喚，是生命的擁抱，也是靈命的歸宿。

1. Keep that fear

歷奇輔導是協助參與者面對歷奇過程中浮現的恐懼，這種同行支援與屬靈傳統傳遞的信息不謀而合 ——「不要害怕！」靠着主的恩典正視我們愛與恐懼的對象，從**「敬畏（fear）耶和華就是智慧的開端」（箴九 10 上）**看來，我們不是要除去一切的恐懼，而是要學習保持對那位創造、救贖及召喚生命的主有正確的恐懼（keep that fear for God）。

2. 動與靜的配合

帕默爾提出行動與默想結連，正是提醒傾向行動的歷奇人。只有行動而欠缺默想，容易迷失及無力；只有默想而無實踐，則容易帶來空想及逃避。我們實在需要在行動及安靜中活出生命及看清生命現實！

3. 歷奇的背後

帕默爾揭示行動背後是生命的表達而非單單功能上達成目標。而行動必然存在各種冒險。作為歷奇工作者，當提供密集的活動及建構成功的經驗時，應該提醒醒自己別輕忽了歷奇的真意。

4. 羣體與獨處

今天的歷奇訓練多是以羣體形式進行。帕默爾提出行動中的默想可以讓我們知曉個人內在的真相。事實上，不少資深歷奇工作者亦開始探索獨處及獨靜的意義，確認其生命轉化的效果。

今天香港的業界能否考慮在羣體歷奇活動中安排個人獨處，讓參與者可以沉澱活動經驗、聆聽內在聲音、確認召命，最終達致生命更新呢？

應用提示：動感屬靈操練運作指引

筆者近年探索動感屬靈操練（前身：啟能屬靈操練），透過不同的野外歷奇活動，結合《聖經》及生命默想，期望可以啟發內裏的屬靈智慧，讓參加者對神、對己及對人有更新的認識，同時也啟動神所賜包括身體和心靈的能力。活動及運動之目的不是要贏取外在的獎賞，而是在過程中體會與人同行，並學習與上帝同行。

一、目標

與其他程序設計一樣，屬靈操練先要設定目標，選擇場地及路線，設計相關程序，邀請合適隊工及參與者。然而，最大的分別卻是當中與屬靈操練結連的核心元素。

二、安排

1. 程序

要兼顧動與靜的需要。動感活動是啟發反思；靜態活動是進深整理活動及生命的經歷，進而與神的話結連。

程序不需要安排太多活動，容許按參與者的進度而調校。有關活動需設定象徵意義，以促進生命的反思。在一些情況下，工作者可適量地加入詩歌、崇拜、《聖經》默想、信息宣講及見證分享。

2. 場地

宜有廣闊的空間；有彈性的膳食時間，小休時能備茶點則更佳。午膳後適宜安排各人享受二十至三十分鐘的小睡，可準備地蓆或大毛巾墊地，並有外套保暖。這黃金時間能讓參與者身體休歇，更是讓心靈安靜，沉澱過程中的經歷。

3. 參與者

參與者在活動前要清楚知道活動的目標、性質及要求，若能安排他們撰寫參與期望，出席簡介會及甄別面談則更理想。

4. 休歇

城市人靜下來時多浮現一份疲乏感，感到疲倦想睡覺，因此長時間的屬靈操練應包括休歇睡覺。然而，休歇過後還需要「動」：透過活動，人便可進入一種安靜默想的狀態。若我們動得太快，只有身體的操練，難以進到內心去，故此要尋找合宜「動」的位置及步伐，讓參與者可以向內望（自己）、向上望（上帝），向下望（大地），向橫望（旁人），最終可以向外望（世界）。

5. 心靈札記

在活動時或後，參與者最好能撰寫心靈札記，記錄過程中默想的領受及個人禱文。若可以向其他人分享及代禱更理想。同時，若他們願意傳遞給工作者，工作者宜給予適當的回應。

6. 獨處及對談

時間許可下，最好安排參與者有獨處安靜的空間。若有可能，工作者也可與參與者作一對一的生命對談，讓參與者暢談個人關注，澄清困惑，領受聆聽及禱告的祝福。

7. 隊工

隊工須有相關活動的經驗，在生命及信仰上較成熟，不單在程序上可以彈性地配合，更可以辨識參與者的需要。

三、相關活動

1. 野外遠足

參與者均需要携帶合適的器材及裝備，留意安全措施。不過，與遠足不同，旅程的路徑一般較易、較短，過程中有足夠的休歇、默想及分享的空間。

旅程中，工作者多會安排不同的默想時間及位置，引導參與者默想相關的課題，如雲上的太陽、風暴後倒下的林木、石隙中茁長的小樹、廢村中的斷橋等。

午餐的安排較為特別，各人均準備一份美味有營養的午餐，一起共享「五餅二魚」的豐盛。午餐後，工作者多會安排「黃金時間」，讓颯颯涼風伴隨這珍貴的午睡。

野外遠足時，默想的題目包括：

- 你從哪裏來？處身何處？往哪裏去？
- 你帶着的東西，有哪些是重要的？哪些是枉帶的？
- 站在高處，回看日常生活之所在，你有何發現？
- 大自然無言的信息，向你述說什麼？
- 「五餅二魚」的豐盛，對你每天的工作有何啟迪？
- 神賜下工作，也賜下休歇。你有尊重及珍惜祂安息的吩咐嗎？

2. 攀石

參與者需要學習安全措施、器材運用、攀爬及防護技巧。

在攀爬前，必須大聲宣告攀爬的原因及目標，並有夥伴禱告祝福表示支持。各人輪流攀登及擔當「防護者」；每次上攀後，各人先有個人默想的時間，才參與「防護者」的行列。

攀石活動中的器材，包括攀石繩、安全帶、石牆、不同的把手、防護者、攀登的歷程等，皆可以是默想的材料。常見的默想問題會包括：

- 誰領你到這裏來？
- 你為什麼攀登？
- 你的目標是什麼？
- 過程中所遇見及運用的器材與生命中的經歷有何關聯？
- 有何攔阻你上攀 / 下降？
- 「放手」對你有何困難？
- 「尊貴的墮落」對你的生命有何意思？

3. 挑戰網陣高結構（繩網）

安排與攀石有很多相似。然而，在經歷及默想部分，卻有其獨特之處。

攀石主要體會是訂立目標、經歷支援、堅持上攀、學習放手等。挑戰網陣高結構卻是冒險、離開安舒區、突破限制、與人合作等；常見的默想問題包括：

- 面對這個挑戰，你怎樣看自己及夥伴？
- 站在高處時，你聽到什麼？看見什麼？
- 要憑信放手前行，有何特別之處？
- 這高處經驗與生活處境有何相近之處？
- 這歷奇體驗與跟從神有何關係？
- 你堅持及突破的動力何來？
- 你生命中最需要突破的是什麼？在何攔阻？
- 過程中你聽到神對你有何呼召？
- 站在高處，你對創造、救贖、呼召生命的主有何立志？

4. 風帆

跟駕駛機動船不同，駕駛風帆要視乎天氣變化，我們沒法全然掌控。參與者須按着外在環境來回應，學習辨識及配合風向及水流，調校帆的收放；遇上不同風力時要調校帆的面積及船的平衡等，以調控航速及保障安全。在逆風時，要不斷左右轉航，才能令帆船邁向目的地。順風時，又要特別留神，以免在意外轉航時船杆擊傷船員或翻船。

可航行至不同的水域，享受寧靜的大自然，欣賞神奇妙的創造。此外，不同的天氣、夜航及晚間輪值守望等，皆是活動獨特的經歷。當中默想的題目包括：

- 為這個旅程，你作了什麼準備？
- 你帶什麼禮物去豐富這個旅程？
- 船上的帆、舵、繩索、救生衣、錨等器材與生命有何關係？
- 旅程中的風、浪、雲、雨、太陽、星宿、雷電、空中的鳥、海裏的魚、同行的人對你有何信息？
- 帆船及海上活動與你成長經歷有何關係？
- 你的生命往哪裏去？有誰與你同行？
- 在你生命的旅程中，逆風及順風而行是怎樣的？
- 在生命之中，誰是你的守望者？你是誰的守望者？
- 在結束旅程時，你會放下什麼？堅持什麼？會到哪個新的目的地？

5. 跑步

跑步可以操練身體。如果基督徒於跑步時默想神的話，更可實踐屬靈操練。跑步默想，最好是選擇較熟悉的地區及路徑，讓自己可以安然投入去跑。開始時步伐要慢一點，直至掌握適合的節奏。練習時，要學習堅忍、不輕言放棄；同時，也要聆聽身體發出的訊號，適時停頓、休息。

參與者開始時可以首先背誦一節經文，在過程中默想，亦需要開放讓聖靈介入。跑步默想之餘，最後可加上禱告及分享（如有同行者）。除了經文外，默想的題目包括：

- 跑步時，你的身體有何信息？
- 人在動，你的心在哪裏？
- 在動的過程中，你看見什麼？
- 為何你跑得這麼快？
- 你要跑往那裏去？
- 要是有一天你跑不動，你會怎樣？
- 怎樣才可以「奔跑不困倦，行走不疲乏」呢？

7. 工作者生命素質 ——

尊貴的塑造

生命操練篇

歷奇人說故事

- **我的歷奇路**：誰是生命舵手？
- **歷奇人的心靈歷奇**：晨曦的訓話

從故事中學習

- **經驗深化**：工作者的信念

靈性的操練

- **聖經中的歷奇人**：傳道者的旅程
- **生命信念**

歷奇人說故事

我的歷奇路：誰是生命舵手？

少年時，我曾在野谷活動中心學習。那兩年多，不但加深我對基督信仰的認識，同工的榜樣也令我尊敬及羨慕。然而，我總是放不下掌控自己生命的意欲，擔心成為基督徒後，影響與朋友的關係。

由於成績不理想，我被迫終止大專的學業，半年內只靠一份補習過活。翌年早春，在野谷弟兄姊妹的引領下，我承認需要基督作我的救主及生命的主。信主之後，一切重新開始。我在一間私校教書，更有幸被邀請加入野谷任助手。

復活節的風帆課程，我初次擔任助教，獨自教導三位學員，心中既興奮又戰競。那天，刮起清勁的東風，帆船在白浪滔滔的海面上奔馳。當掌舵的學員準備轉向，控制方向的舵柄斷裂，帆船不受控制，直衝遠方的石灘，嚇得學員驚惶失措。作為初次執教的新手，心中不免緊張，而且過去不曾遇上類似的情況，唯有硬着頭皮主持大局，操控帆船，也請他們保持帆船平衡。

不知道從何來的智慧，我連忙用船上僅有的繩索，在波浪翻騰中把舵柄臨時固定在船舵上。最終，在撞上石灘前，成功把帆船成功轉向，平安返回基地。這事件強化我任教練的信心，也得到其他教練的讚許！

年輕輕狂，覆舟闖禍

當經驗漸漸累積，信心大增，隨即闖禍。那天天氣炎熱，學員自行駕駛帆船，我伴隨指導。當帆船停泊在浮泡附近，等待小艇接載上岸時，我忽然跳進水裏，享受海水的清涼。由於事前沒有知會學員，帆船立時失去平衡，最終弄致覆舟。學員全掉進海裏，而且被船帆覆蓋。合眾人之力，帆船才被扶正，積水被清理，各人亦安全上岸，唯獨我滿臉羞愧。

當天，主教練的一句話：「在浮泡覆舟？」（Capsizing at the mooring?）今天言猶在耳！在眾人的眼中，我好像聽見一句無聲的說話：「這也算是一個教練嗎？」

歷奇人的心靈歷奇：晨曦的訓話

這是水陸野外領袖訓練營。經過一天的遠足訓練，大隊划獨木舟前往西貢滘西灣安頓。午飯後，隊伍一分為二，一隊遠足，一隊划獨木舟。黃昏時分，在滘西島的鹽田仔相遇，然後兩隊互換物資及形式進行第二段旅程，目標是午夜前返回營地。

大會總負責人阿力與兩位隊工在營地等待，直至午夜，仍然不見兩隊的蹤影。凌晨二時許，阿力獨自駕駛機動帆船航行，希望遇見划獨木舟那一隊。然而，他因視野不佳，先後兩次險些擱淺，唯有折返。

直至清晨五時許，兩隊雖然疲乏，但均平安出現。獨木舟旅程的教練阿明，是阿力多年的弟兄，回程時決定不按原訂計劃，嘗試新路；遠足隊伍則因隊員阿智的狀態欠佳而拖慢步伐。獨木舟旅程時，阿智因技術欠純熟，經常覆舟，體力不支而在支援的帆船休息。夜行時因忍受不了路途艱辛，大發脾氣，令眾人士氣更加低沉，最終延遲抵達營地。

雖然眾人需休歇，但為了提升士氣，阿力決定在沙灘向他們訓話。身體疲乏，加上情緒，他的話愈來愈嚴厲，眾人士氣更消沉，個別參加者更反感及心靈創傷。若非隊友的調解，他們險些大打出手。在這領袖訓練營中，最需要領受信息、更新生命的，看來是這位領袖！

生命的抉擇

經過獨木舟旅程，阿力再次負責水陸野外訓練營。他帶着隊員開展山野旅程，向小島的另一端出發。支援的阿明與一對夫婦，則以快艇拖拉着多艘獨木舟往營地與他們會合。

忽然，風雲變色，狂風暴雨，疾風（石湖風）令海面刮起巨浪。隊伍暫停旅程，尋找蔭庇，快艇上的阿明與隊友竭力掙扎前行，拖拉着的獨木舟逐漸下沉，海水開始灌進快艇的船尾。

眼見快艇快要沉沒，生命危在旦夕，阿明即時問隊友，若他們離世，有否信心返回天家。夫婦堅定地表示，有返天家的把握。於是，他們憑信冒險前行，波濤洶湧中，大聲禱告，將一切交託給掌管生命的主。禱告後不久，他們依稀看見附近的沙灘，最終安全靠岸，生命及財物均無任何損失。危難使人驚惶失措，但也呈現生命的抉擇及內裏的認信！

營會中，參加者體會精彩的活動歷奇，唯阿明三人卻真實地經歷生命歷奇，領受從上而來的拯救！

從故事中學習

經驗深化：工作者的信念

基督教歷奇輔導重視為參加者提供關鍵經驗，期望他們從中領受信息，得着啟發，啟動生命改變。

一、工作者狀態

在「晨曦的訓話」中，大部分參與者均能面對延長的旅程，唯獨阿智欠缺堅忍。在歷奇訓練中，這是常見的現象。那時，是阿智以至團隊的受教時刻，然而，最受震撼的卻是阿力。

在這個密集的歷奇訓練營中，眾人經歷長時間的體力活動，加上整夜無眠，步伐自然變慢，延誤回程不足為奇。在營地守候的隊工，雖不如大隊般操勞，但整夜等候，自然也消耗不少體力及心力。面對眾人遲遲未歸，阿力必然承受不少壓力，結果他單獨夜航，險些擱淺，更感驚恐及無助！

這本是阿力受教的時刻，只要他安靜，便能聆聽內在的聲音。然而，眾人歸隊後，阿力沒有意識內心的動盪，亦沒有尋求其他隊工支援。相反，嘗試在沙灘公開訓話以提升士氣，最後只釀成自己失控，人際衝突，錯失了與眾人共學的好時機。

訓練重點不在活動性質，而是工作者能否引領參與者離開安舒區，表露生命真實的面貌。**當參與者遇上困難，退縮、放棄、質疑，或抗拒，都是工作者介入的時機。然而，當工作者身心疲憊，內心激動，怎能客觀判斷如何處理呢？在這些情況下，會否好心作壞事呢？**

二、合宜的挑戰

檢視程序設計，這營會是一個四天三夜高體力、高挑戰的訓練營，活動包括：長途遠足、獨木舟遠航、夜間水陸旅程、荒島獨宿等。二十位參加者、七位工作人員、二十四艘獨木舟、一艘大帆船及眾多配套的裝備，四天裏勞動多、休息少，每天平均只睡四個多小時。

對於有運動習慣、體力較佳的參加者，訓練或能激發他們的潛能，完成時得着滿足及成功感；但對於體質較弱、參加動機不強的人，訓練卻突出他們的弱點，讓他們自覺無力。

什麼挑戰程度才適切？流程有否調節的彈性？容許他們適時休歇，走一條較短而較易的路線，或是修訂原有的路線？怎樣的歷奇訓練才能建立生命，而非拆毀生命？

歷奇產生輔導效果，有賴工作者與參與者同行，共同經驗，辨識他們的進度、需要及潛力，幫助參與者認識自我，學習突破自我的限制；這有賴工作者對參與者的關愛及尊重，確信共同的協約、抉擇的權利、安全的系統、支援的羣體及接待的空間。

若工作者不尊重上述價值，只憑以一己意願，勉強參與者完成任務，有可能將歷奇變成為壓迫，建立成為拆毀。阿力沒有關注阿智的個人需要，只視為羣體問題，重視的不是旅程的安全，而是各人能否依照計劃進度。

即使訓話後隊伍表現略有改變，甚至抵達終點時，大部分人都表現很亢奮，但對阿智及個別參與者而言，營會完結後，難免質疑這樣的經歷是否值得。

三、信念的堅立

歷奇輔導重視藉着經驗反思帶來學習及成長；基督教歷奇輔導更着重過程中生命的轉化。

參與歷奇事工的人，本身要經歷歷奇。即使事前作了危機評估和預防工作，危機依然存在。阿明及兩位隊友經歷突如其來的風暴，面對生死關頭，縱使經驗豐富，也感到無能為力。憑着求生的天性，阿明可以輕易決定，切斷拖着獨木舟的繩索，但對阿明來說，那一刻並非單為解決問題，乃是生命的歷奇。

歷奇的真意不在解決眼前的難關，乃是邀請人確認生命的信念，進而經歷信念的實在。在危機的關頭，阿明詢問隊友對永生的盼望，或許，亦是詢問自己。隊友同聲宣告，也是阿明心中的宣告。

人不會期望，亦不會刻意安排危機。然而，信靠神的人不會被外在環境所攔阻，而能靠主經歷不可能的事情。經歷過後，領受當中的信息，讓信念堅立，生命得着更新！對於曾經近距離經歷神拯救及保護的人而言，活着就是信息！

靈性的操練

聖經中的歷奇人：傳道者的旅程

讀經：〈提摩太後書〉4 章 6 至 8 節

6 **我現在被澆奠，我離世的時候到了。**

生命的信息是以生命整合、表達的信息，並邀請我們以生命回應。

使徒保羅曾被囚於羅馬，釋放後，曾往來希臘、以弗所、革哩底等地，傳道與栽培信徒。後來，他再次被捕，最後為主殉道。一般學者相信，〈提摩太前 / 後書〉、〈提多書〉都是保羅後期的作品。

提摩太是保羅的屬靈兒子，生於路司得，父親是希臘人，母親是猶太人，自幼受祖母及母親栽培，熟習舊約《聖經》。後來保羅帶他信主，參與保羅第二次宣教旅程，成為他親密同工之一，更被委派留在以弗所負責選拔教會領袖及牧養信徒。

殉道的日子漸近，保羅於是寫下這段經文向提摩太傳遞最後的勉勵，是保羅的遺囑及他的凱歌！保羅鼓勵提摩太，**「凡事謹慎，忍受苦難，作傳道的工夫，盡你的職分」（提後四 5）**，更以自己的生命總結作為信息。

對於保羅來說，生命的終結是澆奠，連同其他祭物呈獻與天上的神。

舊約提及的澆奠，包括祭牲的血（申十二 7）或是醇酒（民二十八 7）。保羅曾提及他以腓立比信徒的信心為供獻之物，若被澆奠在其上，也是喜樂（腓二 17）。

保羅預備放下地上的生活，讓生命倒空、被澆奠，確信自己的生命已成為禮物，被生命的主悅納！

打美好的仗

7 **那美好的仗我已經打過了，當跑的路我已經跑盡了，所信的道我已經守住了。**

這句經文，有些譯本翻譯為「值得、有意義的仗或賽事」。保羅在〈提摩太前書〉6 章 12 節鼓勵提摩太「為真道打美好的仗，持定永生」，特別指他與異端爭戰的時候。

打美好的仗，是按所領受的信仰、信念而戰。保羅找到一個從上而來、願意捨命的目標及意義，並靠着主的能力成就。保羅將自己的一生比喻為一場仗，內外交戰，腹背受敵，甚至肉體中的一根刺，但這都是有福的。

很多人一生為財富、地位、聲譽、成就等營役，在生命盡頭不禁會問：這一切是否值得？我們需要時常坦誠地詢問自己，是否願意繼續這樣渡過餘下的人生？提早檢視，比在生命盡頭時才發現，一直向着錯誤的目標努力為好。

跑當跑的路

神在世上為每一個人預備了獨特的路程，不是滿足別人的期望，也不是與別人比較。保羅曾說：**「我卻不以性命為念，也不看為寶貴，只要行完我的路程，成就我從主耶穌所領受的職事，證明神恩惠的福音」**。（徒二十 24）我們需要的，就是確認、順服及堅持生命的路向，直到抵達目的地。

守所信的道

我為這福音奉派作傳道的，作使徒，作師傅。為這緣故，我也受這些苦難。然而我不以為恥，因為知道我所信的是誰，也深信他能保全我所交付他的，直到那日。（提後一 11-12）

我們要靠着一生所持守的信仰、信念，完成人生的路。當生命難處愈大，也是考驗我們內在的信念，叫我們反思所信的是誰。

公義的冠冕

8 **從此以後，有公義的冠冕為我存留，就是按着公義審判的主到了那日要賜給我的；不但賜給我，也賜給凡愛慕他顯現的人。**

當保羅回顧一生，已然無悔。最重要的是，他離世後的期待。保羅確信自己在主眼中是義的，得着公義的冠冕；所以他勉勵提摩太，愛慕主的都會同得這榮耀，這就是保羅一生經歷及傳遞的生命信息！

生命信念

我們原是他的工作，在基督耶穌裏造成的，為要叫我們行善，就是神所預備叫我們行的。（弗二 10）

無論過去走過怎樣的路、經歷怎樣的起跌，我們都是神的傑作，是祂揀選、創造、救贖、更新及裝備我們，叫我們享受祂及被祂享受，並跟隨祂，參與祂的傑作。

實用篇

- **專題探索**：基督信仰為本歷奇輔導工作者的守則及素質
- **理論連結**：Millard J. Erickson. *Christian Theology.*
- **應用提示**：工作者反思指引

專題探索：基督信仰為本歷奇輔導工作者的守則及素質

今天歷奇輔導已被廣泛認識，很多人因興趣、性質等原因參與，但目前仍未有公認的守則，業界水平極為參差。

理想的基督教歷奇輔導工作者，領受服侍的召命建立生命。不過歷奇要求高、風險大，工作者怎樣保障參加者的身體及心靈？有什麼守則？工作者需要什麼素質才配得上帶領活動？若基督徒以歷奇輔導為召命時，要認真思考：

一、重要的提問

誰領我到這裏來？ 藉着回顧，如自己昔日走過怎樣的路、受誰影響、接受了什麼裝備，渴望又或逃避什麼，以致今天投身這行列？

我在這裏作什麼？ 歷奇輔導是一份要完成的任務、賴以為生的職業、引以為傲的專業、一生追求的夢想、全力以赴的使命、還是為之生為之死的召命？工作者究竟是活動的技術員、工程師、設計師、培訓者，還是生命的培育者呢？這是我的選擇嗎，還是神的揀選？

我在這裏得什麼？ 付上很多時間、體力及心力，想得着什麼？長遠有何期望？離開的時候是怎樣的景況？自己、別人，甚至天父會有什麼評價？

一生致力培育教育工作者的帕默爾經常問："Who is the self that teaches?"（誰在教導？）這也是每個工作者需要回答的。

二、工作者的危機

過去十年，幾位香港野外歷奇工作者先後因意外離世，引發業界對工作者安全的關注。然而，工作者所面對的不只是身體危機，更是生命的危機。

1. 只有程序，沒有生命

當工作者致力設計、帶領歷奇程序時，可能長時間工作，並重複一些較受歡迎的項目。工作密集，令人勞累；工作重複，令人厭煩。也許，參與者覺得程序刺激，但對工作者卻成為慣性，欠缺投入的熱誠。

2. 只有個人，沒有隊工

工作者經常鼓勵參與者提升隊工精神，但當工作壓力增加、資源不足時，工作者容易看重自己的困難，忽略了隊工的情況及需要，有分工而無合作。

3. 只有營會，沒有家庭

歷奇活動多在週末、假日舉行，工作者與家人聚少離多，加上密集營會多姿多彩，家庭生活顯得平凡平淡。長久下去，工作者與家人疏離，婚姻、家庭關係不穩，引發家庭問題。近年，婚外情、離婚成了工作者一個關注的課題。

4. 只有工作，沒有羣體

工作者假日工作，平日休息，沒有家人及朋友陪伴，缺乏同行、支持，容易寄情工作、個人興趣。雖然可短暫舒緩壓力，但欠缺教會生活，沒有信仰羣體關心、守望，生命容易迷失。

5. 只有付出，沒有得着

工作者長期工作，缺乏學習及交流機會，總有一天會乾涸。沒有內涵的生命，只會帶來膚淺的活動及片刻的璀璨。

6. 只有信息，沒有實踐

歷奇輔導背後要有信息可傳，而活動只是傳遞信息的媒介。若長時間帶領活動，自己卻沒有機會實踐。那麼，無論所傳的信息多有意義，最後只對別人有益，而與自己無關。

7. 只有別人，沒有自己

若然工作者期望藉歷奇輔導建立別人，而忽略自己生命的處境，最終只會陷入《聖經》所說的景況：**「傳福音給別人，自己反被棄絕。」（林前九 27 下）**

三、工作者裝備

1. 守則

根據香港歷奇輔導學會的「歷奇輔導員專業工作守則」，涵蓋以下各個範疇：

基本價值及信念：工作者致力提升個人及羣體之功能，尊重人的價值、尊嚴及選擇，相信人可以改變，確認人擁有發展的潛質，重視羣體的支持，維護人權及促進公義。

專業能力：工作者需具備服務範疇的能力，能判斷活動風險，及時提供預防措施，亦不會提供超越個人能力的服務。

專業關係：工作者必須為參與者負責，確定他們活動時有足夠的身心準備，尊重他們選擇參與挑戰及分享的權利，尊重他們的私隱，不得濫用服務關係以謀取個人利益。

專業責任：工作者應保持誠實、誠信及盡責，不斷提升專業知識及技巧，致力培育新進。

上述守則與其他助人專業的守則相近，都是以參與者及社會的利益為依歸。要實踐基督教歷奇輔導，工作者更需要確信其核心元素，包括：歷奇潛質、面對挑戰的選擇、羣體同行、大自然的呼喚、生命影響生命及生命轉化。

2. 角色

美國資深工作者 Kenneth Kalisch 指出，野外歷奇工作者擔任角色包括：

教練：在帶領活動時，工作者要教導參與者活動技巧，確保他們順利及安全。

程序設計者：工作者按參與者的需要、程序目標、當下環境、隊工資源等因素設計程序，並按情況及進度調校。

傳譯者：在活動經驗之後，藉解說幫助參與者反思，辨認經驗中的意義，催化當中的學習。

小組導師：在本質而言，歷奇輔導是另類的小組歷程，透過小組同行面對各樣歷奇經驗，讓參加者得着學習及成長。所以工作者需要以小組導師的角色與參與者同行，鼓勵及催化小組的進程，讓小組互動成為各人學習及成長的重要動力。

輔導者：歷奇輔導是傳統輔導以外的另一個輔導取向，重視參與者的強處（strength-based）。工作者要與參與者進行生命對談，提供動感輔導（dynamic counseling）讓參與者藉着聆聽、回應及對話深入了解自己，促進學習進度，深化成長。

3. 能力

歷奇輔導以強處為本，重視專業及安全，工作者的能力是關鍵，但還要具備下列核心能力：

操作器材設施：工作者帶領歷奇輔導活動時，需安排適合個人及羣體的器材設施，懂得運用、檢查及保養，並在發生特殊事故時善用、調校器材，以保障各人安全。

硬件技術（hard skill）：為確保眾人的安全及程序的成效，工作者必須獲得相關的訓練、資歷及經驗。最不可少的，是危機評估及管理的能力。

軟件技巧（soft skill）：工作者必須掌握歷奇輔導，特別是經驗學習及輔導的理念，了解參與者的特性、處境及身心狀態，熟悉程序設計的基礎及流程、活動簡介、帶領及解説。工作者更需要明白信仰的本質及基礎、從《聖經》、大自然及生命孕育信息。

在這些能力之上，是工作者的生命素質。按香港歷奇輔導學會的指引，這素質包括個人歷奇輔導的體驗、小組經驗、清晰目標、工作能力、自信、好學、成熟、誠信，並對人的關愛、與人合作的精神、得着羣體及機構的支持。

4. 共融的氣質

歷奇輔導結合了兩個表面不同的取向，包括從歷奇而來剛陽、行動、外闖、冒險等素質，亦包括輔導當有的溫柔、聆聽、內省、謹慎等素質。

5. 生命素質

按筆者多年前在美國的研究，加上十多年間在香港的觀察，工作者也應擁有歷奇的生命素質：

服侍：不以個人利益為依歸，要以祝福別人作依歸。

成長：服侍的過程容易呈現個人不足，所以工作者本身需要不斷成長，才配得上參與服侍。

試煉：在服侍過程中，工作者會面對外在及內在的衝擊。靠着上主經歷試煉、破碎及更新的生命，才能真正為人帶來祝福。

能力：不單指外在的技巧、知識及資歷，乃是生命的能幹、熟練、堅忍、進取及謙和的心，使工作者不會流於自我及自誇。

支援：一個成熟的工作者需要有自知之明，知悉個人能力的界限，懂得建立支援網絡，適時尋求支援。這樣的生命是基於確認對生命被召的真實。

被召：我們的生命只有被掌管生命的主所呼召，才能實現個人的理想與夢想。華理克（Rick Warren）在其暢銷全球書籍*The Purpose Driven Life*中提到，被召的生命是確信其生命是主的計劃及邀請，實踐祂生命的塑造及賜予。

"Don't ask yourself what the world needs, ask yourself what makes you come alive, and go do that, because what the world needs is people have come alive! "（Howard Thurman）

Howard Thurman 認為，回應及實踐召命，才能真正活出自己的生命。至於帕默爾倡議，真正活出自己是行動（to act）和靜思（to contemplate）。

工作者的生命要讓歷奇活動豐富生命，也讓生命深化歷奇的內涵！

6. 視野

一個人的生命與視野會相互影響。工作者應具備五重視野：

下向（downward）：注目大地，尊重及愛護大自然，善用及分享當中的資源，享受其中的安靜及反思，謙卑及果敢地接受野外的挑戰，願意領受及傳遞大自然蘊含的信息。

內向（inward）：注目內心，安靜反省及聆聽內在的聲音，確認生命的獨特及價值，願意面對及接納生命的幽暗及創傷，敢於嘗試突破個人界限，尋求面對困難的勇氣及能力，讓生命的軟弱成為別人及自己的祝福。

上向（upward）：注目上帝，數算恩典，學習感恩，期待及享受祝福，領受召命。

外向（outward）：注目世界，用心聆聽及觀看，辨認需要及苦難，以愛回應，以生命祝福。

橫向（sideward）：注目羣體，面對世界的需要、上主的召命時，以謙卑的心與隊工配搭，堅持羣體同行，學習支援守望及互相欣賞，彼此激發成長。

對於基督徒工作者而言，上述的操守可以總結成，**「你們願意人怎樣待你們，你們也要怎樣待人。」（路六 31）**這就是大誡命的實踐 —— 盡心、盡性、盡意、盡力愛主，你的神，其次就是愛人如己！

要實踐上述守則，工作者唯一的基礎是以耶穌為主、以《聖經》為本、靠聖靈引導。凡事以基督為依歸，以祂作榜樣、藉祂得力量、讓基督得榮耀。你就是裝備（You are the equipment.），你就是信息（You are the message.），唯有如此，工作者才能讓生命發聲，影響其他生命，見證生命的超越，亦孕育超越的生命！

願每一位工作者均能活出這「歷奇的禱文」：

神阿！求你賜我勇氣，去改變可以改變的；
賜我寧靜，去接受不可改變的；
賜我智慧，去分辨兩者！

理論結連

書名：*Christian Theology*（pp. 455-517）

作者：Millard J. Erickson（艾利克森）

出版社：Michigan: Baker Book House

出版年份：1985

這一章介紹工作者生命特性。面對歷奇的挑戰，到底人是怎樣的？人究竟是什麼？從何而來？為何存在？

一、人的教義

艾利克森強調從基督信仰的角度認識人很重要，因它與其他教義（如基督、道成肉身、救贖、稱義等）關係密切，是《聖經》啟示及人關注的匯聚點，可以回應眾人對自我認識的危機，影響今天事工的取向。

回顧對人形象不同的理解，如機器、動物、性實體（sexual being）、經濟實體（economic being）、自由實體（free being）、社交實體（social being）等，艾利克森嘗試從基督信仰演繹人觀。他指出，人按神形象被造，人有永恆的向度，反照神永恆的本質。因着生命有更高的源頭，人有更超越的意義，服侍及愛那比他更超越的神；而人被神所創造，所以在神眼中，人有價值。

二、人的源頭

有關人的源頭及年歲，艾利克森回顧了幾種不同的理論，指出人類被創造的神學意義。神叫他們生養眾多，遍滿地面，治理全地。人也要愛神、服侍神及享用神。

按〈創世記〉的描述，萬物被造都是各從其類，唯獨人是按着神的形象、樣式所造。相對其他被造物，人有其獨特的位置。然而，人並非完全獨立，因為有弟兄。故此，《聖經》提醒我們不要單顧自己的事，要與喜樂的人同樂，與哀哭的人同哭。

由於人類是被造物，是有局限的，我們不能完全成就希望之工。然而，有限的本質不是罪惡，接納個人的有限能幫助我們適應生活。最重要的是，能夠把自己的成就放在神的國度中。

三、人裏面神的形象

艾利克森説明神的形象存在人類中，不會因人犯罪而失去。我們都有神的形象，所以我們可以回應祂，向祂委身。而且，人就是尊貴的，是祂的寶貝，這身分使人對神屬靈的事物會有敏鋭的觸覺。而耶穌是神形象全然的彰顯，我們可以學效祂；當跟隨祂作門徒，就會全然經歷及活出我們的人性。

總的來説，艾利克森強調人得着從神而來的價值及超越，可以與神與人結連，並領受管理大地、善用才幹的責任。然而，若人超越神所定的界限，濫用自由意志，便會遠離神，唯有靠賴基督道成肉身，以血洗清我們的罪，我們才得以恢復與神的關係。

應用提示：工作者反思指引

基督教歷奇輔導關鍵之處在於工作者的生命。帶領活動時，工作者要協助參與者藉經驗解說去反思生命；所以他們也要定期獨處安靜反思，才配得上這獨特的服侍。

一、安排

在每次帶領活動後，工作者宜回顧整個歷程，整理箇中經驗作為未來服侍的參考。安靜反思要成為工作者的生活習慣及持續的屬靈操練，回顧過去、檢視現況、展望將來。工作者最好寫下當下的觀察、思緒及反省，培育自己成為反思的工作者（reflective practitioner）。

二、指引

生命反思是一個持續不斷的歷程，生活不同的際遇會觸發不同向度及層次的反思，除去表層的偽裝，揭示生命的真相，呈現核心信念。反思的焦點是生命，而非事情，是工作者本身的生命解說。反思的起步點就是與自己的心對話，是內心最真實及原始的面貌，不用修飾、不須判斷的。

三、定位：關注生命的方向

反思可以有多樣化的向度，在這裏我介紹三種不同的向度，工作者宜按個人情況更改：

過去：你從哪裏來？走過什麼路徑？有什麼特殊的經歷？為何你在這裏？誰領你到這裏來？這些人對你有何影響？走到這裏，你放下了什麼？擔負了什麼？

現在：你在哪裏？你在這裏作什麼？你與誰在一起？你所作的有何意義，跟你有何關係？

將來：你往哪裏去？離開時，會在這裏得着什麼？將來的地方會是怎樣的？你會帶着什麼前行？你怎樣裝備自己應付這旅程？

四、生命的視野

下向：在大自然之中，你有何體會及感受？有什麼令你驚訝及讚歎？大自然跟你內在的心境有何相同及相異之處？今天，大自然對你有何邀請？你在大自然中領受了什麼信息？你有什麼話要向大自然及創造大自然的主表達？

內向：當你安靜下來，你身體有何感覺？心靈有何感受？聽到內心什麼聲音？看見什麼？你怎樣看自己？生命中有什麼仍待處理的創傷？有什麼仍存的幽暗及罪惡？有什麼需要突破的綑綁及界限？你最感到羞愧的是什麼？最光榮的是什麼？你有何夢想？你的生命可以怎樣成為別人的祝福？你要有何改變才能合乎中道、表裏如一？

上向：當你仰望上主時，你曾經歷什麼恩典？回望時你有何感受？你會對神說什麼？有什麼東西攔阻你與神親近？若你今天離世返回天家，天父又會對你說什麼？面對現在處境的困難及危機，你會向天父求什麼？你領受什麼生命的召命？你會帶着主的什麼應許前行？

外向：放眼世間，你聽到什麼呼聲？你看見怎樣的苦難及需要？哪些羣體及處境是你最關注的？有什麼事情是你最能參與？你可以怎樣成為他們的祝福？怎樣的參與會令自己的生命經歷超越？

橫向：面對世界的需要、上主的召命時，你需要怎樣的人與你同行？現在有誰與你同行，成為你的支持者及守望者？你又可以與誰同行？在隊工配搭、羣體同行之中，你經歷最大的攔阻是什麼？最大的助力又是什麼？在支援守望、互相欣賞之中，你需要堅持什麼？改變什麼？你有什麼話要向你的同行者分享？

五、生命再啟航

回歸（return）：你回歸的心願有多強？你想回歸到哪裏？哪裏可以讓你回歸？

休歇（rest）：休歇對你有何意義？你最想怎樣休息？你最需要怎樣休息？有什麼事情攔阻你全然休歇呢？

回顧（review）：生命中有什麼事情你最想回顧的？什麼事情你最怕回顧的？回顧時，首先浮現的是什麼？

反思（reflect）：過去的反思對你有何幫助？什麼事情及安排會幫助你反思？你對反思有何期望呢？是次反思，為你帶來什麼新發現？

放手（release）：你最渴望放手的是什麼？有何攔阻呢？放手後有何不同？

重整（rearrange）：你最想改變的是什麼？最想保持的又是什麼？決定改變或保持的原則是什麼？

加油（refill）：你現在的「油量」怎樣？最需要加添什麼？你在哪裏可以得着油？

更新（renew）：你最需要的更新是什麼？要經歷這更新，會有什麼攔阻？何處及怎樣才可以得着更新？

結連（reconnect）：你最想與誰結連？誰最想與你結連？怎樣才能結連？結連有何好處？有何限制？在結連的過程中，有什麼可以慶祝的事情？

委身（recommit）：若能再啟航，你最想往哪裏去？這目標與你所信的神有何關連？你有何具體承諾？

8. 工作者羣體建立 ——

承傳使命

生命操練篇

歷奇人説故事

- **我的歷奇路**：以和為貴的謬誤
- **歷奇人的心靈歷奇**：晨曦再現時

從故事中學習

- **經驗深化**：工作者的必修課

靈性的操練

- **聖經中的歷奇人**：生命的肯定
- **生命信念**

歷奇人說故事

我的歷奇路：以和為貴的謬誤

小時候，我害羞和怯懦，不敢在人前表達意願，與人衝突時傾向妥協。這種性格，加上早期學業上的失敗，深深影響我日後與人相處，在重要的關係上留下不可磨滅的傷痕。

在大專唸社會工作時，我和一位同學被編配去機構實習。他外表瀟灑俊朗，個性進取，凡事很有主見。我很珍惜與他的關係，縱使合作偶不咬弦，我只把不滿藏於心內。過程中，連導師也看不過眼他的盛氣凌人，因而和他爭吵。實習過後，我內心積壓的不滿忍不住爆發，從此關係破裂，漸漸疏遠。

性格上的積習，不是一下子可以改變，我這種忍讓的性格，日後仍影響與同工的相處。畢業後，我加入一間基督教野外活動中心。上司是我當時的屬靈兄長，對服侍很有理想及期望。然而，入職時欠缺合宜的溝通，彼此對工作配搭的期望有落差，慢慢演變成工作關係的緊張。因着自己畏縮的性格，我不懂也不敢與他直接處理這些分歧，誤會和怨氣不斷累積。在同工不同心的情況下，我感到非常乏力，苦無出路。

一年後，我離開服侍四年半的機構，轉去一間教會從事青年工作，盼望有新的開始。初時，教會的主任傳道很賞識我，給我很多發揮機會。然而，我的老毛病又發作，遇上問題只是儘量容忍，不敏感相處上隱藏的衝突，也不懂得澄清當中的誤會及自己的立場。結果，半年後又是不歡而散。

回看這些生命片段，有一些重復出現的情景，正是給自己的訊號，提醒我要回到天父那裏，重整生命。否則，同樣的情景只會不斷重復，不論我多願意承擔，致力作和平之子，也會不自覺成為人際間的建牆者！

歷奇人的心靈歷奇：晨曦再現時

坐在機動船的頂層，享受着明媚的陽光及清爽的海風，聽着青少年營友熱情的歌聲，我的心熾熱起來。有份參與「晨曦行動」營會，實在興奮！

「晨曦行動」是一個為三十多位中學生舉辦的四日三夜野外營會，活動多元化，包括野外露營、攀登石澗、獨木舟旅程、個人露宿、船上住宿及燒烤慶祝等，當中有些活動是我從未參與過的。

我只是大專生，信仰根基不深，對基督信仰為本歷奇輔導更是一無所知。然而，因着一位姐姐的邀請，我跟隨他們的團隊，在營會中當行政支援，負責在營會前執拾器材，在營會中按需要支援，並在營會後協助清理。營會中重要的角色，如教練、導師、支援及營牧等，由經驗豐富的隊工擔任；並有福音戒毒的同工及弟兄幫助，我深覺這個隊工人強馬壯，猶如一個夢幻組合。動員這樣強大的隊工帶領學生，到底有什麼特別的意義呢？

躁動的開始

負責營會的隊工有十多人，除了橋哥和阿偉，其餘都是義務參與。他們在野外歷奇活動的資歷及經驗各異，但同有一顆服侍的心，希望青年人藉營會成長。

營會的事前準備實在很多，包括設計程序、路線探察、膳食安排、大量裝備及器材的執拾。有一次，當我數點器材時，忽然聽到會議室內傳出爭鬧的聲音，其中一位總教練阿強與營牧橋哥發生衝突。

我從他人的口中得知，他們是為誰作帶領而爭執。阿強跟另一位弟兄阿傑均想當總教練，堅持以個人想法帶領營會。即使橋哥願意放手，讓其他人全權策劃及推動，唯隊工內沒有這種「放手」文化。二人各不相讓，更以「若不能上位，一定放棄參與」的話強硬回應。

據説為着培育團隊中的第二梯隊，橋哥這次刻意安排教練組、導師組、支援組等組別，由資深弟兄帶領，並採取雙總教練制。想不到，營會未開始，隊工已出現矛盾，連營牧也拿他們沒法子。看來，在營會中需要學習的不單是學生，也包括我們這班工作人員！

誰能同心？

經過約一小時的船程，我們終於抵達目的地 —— 福音戒毒基地的海島。我從沒接觸過戒毒者，但看見他們熱情的臉容，使我開始感到安心。

營會的基地是兩艘停泊在岸邊的機動船，也是我們煮食、小組分享及住宿之處。船上空間狹窄，大家走動時常常要讓路。除了要適應船艙的搖晃，更要協調兩批人的活動進度，並提供支援。或許，在這樣的環境下，學習自處及與人相處，本身就是一個訓練。

營會的核心團隊經驗豐富，安排活動時，教練組強調要有最理想的訓練環境及效果，導師組則堅持要考慮學員的需要、能力及進度，活動前後一定要有充足的準備、整理及分享時間。

隊工為着活動的安排，常有分歧，若爭持不下，不單延誤程序，也令學員及隊工非常勞累。每一次看着他們激烈討論，學員只能呆坐等候，我不禁問：「是否有更簡單的方法帶領營會，讓眾人同心服侍呢？」

營牧救心

橋哥為人寬容、親切，在營會卻常常眉頭緊皺，滿臉懊惱。當隊工因着意見不合弄得關係緊張，橋哥就要奔走於不同組別之間，像消隊員撲火似的，排難解紛。

無論營會的活動多麼精彩、結果如何美好、學員有多少得着，隊工的爭持、苦澀、眼淚及軟弱已教營牧橋哥感到沉重及挫敗。一個經驗豐富的隊工，合作時為何會產生這麼多問題？

漆黑中等待

營會最後一晚，學員要在島上郊野獨處，反思自己的生命，經歷漫漫長夜，等候曙光來臨。學員獨處時，隊工則整理營會的經驗，分享個人的觀察及感受。各成員均認真投入營會，期望學員成長。然而，構思中的分組運作及分流訓練的機制，不單未能帶出培訓效果，反而凸顯隊工的軟弱及黑暗。

大家追求完美的程序，卻顯得唯我獨尊。雖然大家都着眼學員的好處，卻對隊工處事不滿及不接納。在爭持不下時，更表達對領導的不信任。眾人心中的理想不但無法實踐，反會變成集體噩夢。我完全無法理解這種處境，只好默默在旁禱告，在漆黑中等待黎明！

黎明露曙光

營會結束，回航時，學員離營興奮的神情，與隊工們疑惑及不解的心情成了強烈對比，我想起日前發生的一段小插曲。

在第三天遠足旅程，我和一位同工殿後。突然，前行的橋哥跟阿偉在山徑上停下來，橋哥澆水在阿偉的頭上，為他祝福。與阿偉擁抱時，我看見橋哥這幾日罕見的笑容。由於同是福音戒毒的「過來人」，阿偉在橋哥引介下加入機構作同工，建立起屬靈的父子關係。橋哥的舉動，讓我們見證他們屬靈的父子關係。看來，無論羣體中有多少困難，各人有多軟弱，只要大家在主裏，總有祝福！

從故事中學習

經驗深化：工作者的必修課

基督信仰為本的歷奇輔導離不開隊工及羣體，隊工既帶領活動，亦能提升隊工精神。然而，隊工成員各有獨特的想法及性格，在活動的表現亦有強弱之分。本文闡述故事中常見的隊工課題，希望為這一代的工作者帶來啟示。

一、羣體中的強與弱

歷奇輔導的工作者需要掌握不同的知識、技巧及相關資歷，才能提供有效的服侍。故事中的工作者非常能幹，態度認真，熱心幫助年輕人成長。然而，他們的專業能力反而使他們變得固執，自以為把最好的給予學員，使營會內容不覺間投放過多「好元素」，成為隊工間的張力。

初學習歷奇輔導，大家均懷着謙卑、開放的心，隊工間也合作無間；但能力提升後，難以虛懷若谷。每人均有強處弱處，若我們敢於面對自己的弱點，定能更謙卑，懂得體會弱者的心態及需要，成為一個負傷的治療者。**反之，就變得過於堅持己見，只着眼自己。**

1. 合作的胸襟

《聖經》要求我們「看別人比自己強」，懂得欣賞別人的優點、長處及獨特，一起發揮；重擔要互相擔當，取長補短。**我們的能力及長處都是天父所賜，非個人擁有。所以，個人的歷奇要與別人的歷奇結連，而非比較及爭競，才能配合生命之主的宏大歷奇。這就是為何我們要合作。**

2. 人強馬壯

這一次的隊工組合都是義工，再配搭福音戒毒的同工及弟兄，實是人強馬壯。年輕的隊工滿有熱情，樂意參與，謙虛受教，是團隊中重要的動力；年紀較長的能力、技巧、經歷及智慧充足，不論程序設計及帶領，均綽綽有餘。加上夥伴機構支援，豐富了後勤力量。這種隊工的優點是使程序、地點多元化，也可以嘗試培訓第二梯隊；缺點則是凸顯出工作者的軟弱。

3. 隊工與羣體

一組被神使用的隊工，不但要一同工作，互相配搭，更應在主裏成為弟兄及朋友，彼此關愛、珍惜及欣賞。**面對困難和意見分歧時，要確認彼此並非敵人，乃是守望的肢體。**

二、隊工的承傳

是次安排雙總教練制及分流培訓，原意是培訓隊工。實際運作時卻欠缺共識，未能培養羣體文化，以致長處未能全然發揮，反衍生人事問題。

工作者不能忽略培訓及承傳，系統性的培訓課程能讓新隊員對事工理念及運作有共同的理解，而師徒制的培育則能讓年輕的工作者得着照顧及發展，有利隊工的長遠發展。

1. 誰在掌管？

表面看來，營會出現的問題是領袖們處事過度認真，演變為主權之爭。事實上，這是各人生命真實的流露，背後是眾人共同受教的時刻。

營會藉多姿多彩的野外歷奇活動，幫助學員認識自己並生命的主。在營會最混亂，連營牧也感到無能為力的時候，眾人不禁問：「究竟誰在掌管？」**這種無助的時刻，正是讓隊工真正認識自己及團隊，並有機會與掌管及轉化生命的主相遇！**

2. 黑暗與光明

營會起名「晨曦行動」，不單指出很多活動都是在晨曦前後進行，更隱含生命中眾多出現的黑暗，終因晨曦的來臨而消退。

營會在朝陽下及眾人一片歡樂聲中完結，參與的青年人即使有成長，但隊工的關係破裂，還能算成功嗎？這外在的光明與內裏的黑暗，究竟哪一樣才是真實？帶着生命的有限及軟弱，究竟怎樣的隊工才配被神使用，祝福青年人呢？

橋哥和阿偉互相祝福，好像晨曦初現，或者可以為我們帶來一點盼望。

靈性的操練

聖經中的歷奇人：生命的肯定

讀經：〈約翰福音〉21 章 1 至 23 節

重操故業

1 這些事以後，耶穌在提比哩亞海邊又向門徒顯現。他怎樣顯現記在下面：

2 有西門彼得和稱為低土馬的多馬，並加利利的迦拿人拿但業，還有西庇太的兩個兒子，又有兩個門徒，都在一處。

3 西門彼得對他們說：「我打魚去。」他們說：「我們也和你同去。」他們就出去，上了船；那一夜並沒有打着什麼。

這是耶穌復活後向門徒顯現的事蹟。縱使門徒確認耶穌已按先知的預言及祂自己的宣告從死裏復活，但不知怎地，門徒始終無法恢復生命的方向及動力。這一次，又是彼得帶動，門徒重操故業，這就是他主動的歷奇吧。

為何彼得會這樣？昔日耶穌曾呼召他跟隨，宣告他將可以「得人如得魚」，難道他完全忘記嗎？對於一眾門徒，耶穌復活顯現的情景仍歷歷在目，為何門徒好像難以置信？

岸邊的顯現

4 天將亮的時候，耶穌站在岸上，門徒卻不知道是耶穌。

5 耶穌就對他們說：「小子！你們有吃的沒有？」他們回答說：「沒有。」

6 耶穌說：「你們把網撒在船的右邊，就必得着。」他們便撒下網去，竟拉不上來了，因為魚甚多。

7 耶穌所愛的那門徒對彼得說：「是主！」那時西門彼得赤着身子，一聽見是主，就束上一件外衣，跳在海裏。

8 其餘的門徒離岸不遠，約有二百肘（古時以肘為尺，一肘約有今時尺半），就在小船上把那網魚拉過來。

整夜勞力，一無所得，門徒不單身體疲乏及飢餓，也感到心灰意冷，質疑自己為何總是一事無成。在缺乏目標及方向的情況下，人很快會失卻歷奇的動力，容易迷失及放棄。主的臨在及介入，立即為門徒帶來不一樣的經驗。那豐盛的收穫不單為門徒帶來驚喜，更擦亮他們的眼睛，看見耶穌臨在和大能彰顯。

主的顯現是為了重新燃點門徒，特別是彼得的心。然而，彼得好像仍未準備好，立即跳進海裏。究竟他在逃避什麼呢？

你們來吃吧！

9 他們上了岸，就看見那裏有炭火，上面有魚，又有餅。

10 耶穌對他們說：「把剛才打的魚拿幾條來。」

11 西門彼得就去，把網拉到岸上。那網滿了大魚，共一百五十三條；魚雖這樣多，網卻沒有破。

12 耶穌說：「你們來吃早飯。」門徒中沒有一個敢問他：「你是誰？」因為知道是主。

13 耶穌就來拿餅和魚給他們。

14 耶穌從死裏復活以後，向門徒顯現，這是第三次。

主一直願意接待門待，關心他們身、心、靈的需要，並邀請他們：「來看！來吃！來跟從我！」然而，他們對這位復活的主感到既熟悉又陌生，雖然認出祂來，卻又不敢問。原來耶穌並非來追究門徒，乃是要肯定他們的生命。

你愛我嗎？

15 他們吃完了早飯，耶穌對西門彼得說：「約翰（在太十六17稱約拿）的
兒子西門，你愛我比這些更深嗎？」彼得說：「主啊，是的，你知道我愛
你。」耶穌對他說：「你餵養我的小羊。」

16 耶穌第二次又對他說：「約翰的兒子西門，你愛我麼？」彼得說：「主啊，
是的，你知道我愛你。」耶穌說：「你牧養我的羊。」

17 第三次對他說：「約翰的兒子西門，你愛我嗎？」彼得因為耶穌第三次對
他說「你愛我嗎」，就憂愁，對耶穌說：「主啊，你是無所不知的；你知
道我愛你。」耶穌說：「你餵養我的羊。

18 我實實在在的告訴你，你年少的時候，自己束上帶子，隨意往來；但年
老的時候，你要伸出手來，別人要把你束上，帶你到不願意去的地方。」

19（耶穌說這話是指着彼得要怎樣死，榮耀神。）說了這話，就對他說：「你
跟從我吧！」

耶穌深知道人的需要，等他們體力復原，才與彼得生命對談。耶穌三次提問，給彼得三次反思的時機，唯彼得三次肯定回答，就像為了補償他三次不認主；連他自己也感到憂愁及激動，心中或會埋怨全知的主為何仍要繼續追問？

耶穌並無責難彼得，也沒有追究，只是讓彼得面對自己內在黑暗，重申對他的期望及召命，讓他可以延續牧養的使命：「你餵養我的小羊。」

這人將來如何？

20 彼得轉過來，看見耶穌所愛的那門徒跟着，（就是在晚飯的時候，靠着耶
穌胸膛說：「主啊，賣你的是誰？」的那門徒。）

21 彼得看見他，就問耶穌說：「主啊，這人將來如何？」

22 耶穌對他說：「我若要他等到我來的時候，與你何干？你跟從我吧！」

23 於是這話傳在弟兄中間，說那門徒不死。其實，耶穌不是說他不死，乃
是說：「我若要他等到我來的時候，與你何干？」

當我們處身於歷奇經驗時，若注目旁人，必會造成比較，以致爭競、嫉妒及埋怨。若我們能專注於那位呼喚我們歷奇的主，就會容易聆聽及順服：「你跟從我吧！」作為主的門徒，彼得一生最需要聆聽的，就是這個呼喚！

生命信念

你餵養我的小羊。(約二十一 16)

自從我經歷耗盡被主重建，接受祂的呼召作牧養服侍後，我的生命仍不斷經歷破碎。昔日的錯誤仍會再犯，人際相處仍會糾纏，處事仍欠智慧。我帶着懷疑，總覺得自己不配培訓、培育及牧養別人。

昔日耶穌三次詢問彼得：「你愛我嗎？」今天我仍不懂怎樣回答。看來，最需要被牧養的還是我。然而，除了詢問外，今天我還聽見：「你來跟從我吧！」

沒有斥責、沒有質疑，就是那個邀請。我就去吧！

實用篇

- **專題探索**：整全的培訓
- **理論結連**：Jean Vanier. *Community and Growth.*
- **應用提示**：工作者培訓指引——
  - 目標
  - 甄選
  - 訓練特色
  - 培訓內容
  - 培訓層次
  - 課程範例
  - 評估
  - 隊工培訓

專題探索：整全的培訓

經過多年的探索，基督信仰為本歷奇輔導或許已到了要規範工作者培訓方式的時候。這模式涉及基督教信仰、野外歷奇、輔導及教育等不同領域，需要培訓的內容實在很多。但是，在眾多知識及技巧之上，最重要的還是工作者的生命及承傳！

如何打好人生下半場，是資深歷奇輔導工作者面臨的挑戰。年資較長的通常擔任行政崗位，而前線工作的又往往因工作性質及時間導至身心勞累，甚或出現耗盡的情況。同時，有些資深的工作者雖有外在的專業能力、深厚的知識及經驗、對業界出色的貢獻，與內在生命素質完全不符合。難怪有人曾提及領袖的旅程：「最重要並非怎樣起步，而是怎樣結束！」

投身超過三十年，我也曾經歷家庭危機、與隊友不和及個人耗盡。**作為先行者，縱使自己不再是最精壯的年齡，仍期望裝備及培育後來的工作者，讓他們得着長遠的委身心志及能力，承載服侍中眾多的衝擊，繼續參與事工及生命承傳。**

一、定義

基督信仰為本歷奇輔導是透過各種歷奇模式，加上擁有專業能力及召命的基督徒工作者及隊工之介入，並聖靈的臨在、引導及加力，帶來受眾整全成長的經歷：包括經歷神、生命轉化成基督門徒成熟的樣式，讓主的名得榮耀。**要實踐這模式，除了擁有歷奇訓練及心理輔導技巧外，基督徒的工作者更需要藉着《聖經》及禱告，依靠從上而來的能力，並且期待及見證聖靈的臨在及工作。**

二、工作者的生命素質

綜觀所接觸本地及海外的工作者，我們可總結下列六項重要的素質：

1. 服侍

耶穌一生就是示範作僕人領袖，不是要受人的服侍，而是要服侍人。工作者是參與者的同行者，應效法耶穌的榜樣。藉着僕人領導、謙卑心懷、真誠聆聽及隊工合作等，引領參與者歸向基督。

Henri Nouwen 在 *In the Name of Jesus* 提及，基督徒領袖常被三種渴求所影響，就是適切性（the desire to be relevant）、受歡迎（the desire for popularity）和權力（the desire for power）。無論我們恩賜有多少、理想有多崇高，這些潛在的渴求會慢慢侵蝕我們的心志，以至事工。

Nouwen 提倡三個回應方向，從適切性的關注到禱告生活，從對受歡迎的擔心到羣體的事工，從建基於權力的領導到重視神心意的領導。**他指出領袖要跟隨耶穌的榜樣，就要張開雙手走那下向的窄路，不尋求滿足自己意願，只願主的旨意成就。這是一個禱告、開放自己、願意信靠的領袖！**

Gene Wilkes 在 *Jesus on Leadership* 一書中提及耶穌帶領的原則：

- 耶穌虛己，讓父神提升。
- 耶穌跟隨父的旨意，而非尋求自己的位置。
- 耶穌定義為大必作用人，為首必先作僕人。
- 耶穌深信自己是神子，所以願意服侍眾人。
- 耶穌甘願放下主人的名分，主動服侍他人。

- 耶穌與祂所帶領的人分享責任及權柄。

- 耶穌建立一個可執行世界使命的團隊。

對 Wilkes 而言，耶穌對僕人領袖終極的示範不單在十字架上受死，也在為門徒洗腳，工作者必須以這樣的生命素質服侍。

2. 成長

領導不是靜態的。據 Wilkes 理解，神並非尋找領袖，乃是要尋找順服的人，然後培育他們成為領袖。

歷奇輔導涉及經驗學習、小組歷程、戶外環境及歷奇體驗，工作者要成為主動的學習者。如要參與者在基督裏成長，工作者也要持續維持生命的動力，克服個人盲點，才能有效實踐以生命影響生命。當工作者透過歷奇經驗幫助參與者突破自己，他們自己更需如此。

工作者每天都要有意識選取及聚焦，正如攀山者在攀山時，需懂得挑選，只携帶最重要的物品上山。這就是歷奇兩個相反的向度：當我們想攀上高峰時，先要走進心靈的深處，尋求靈性的發現及更新，也就是説生命的外在旅程，必須與內在旅程配合。

當大部分歷奇人均喜愛行動，基督信仰為本歷奇輔導事工卻要求工作者學習：平衡前行與休歇、上向與下向、外向與內外、與人同行與獨處、行動與反思等。最後，工作者需要經歷人世間困苦中的成長，讓內在的軟弱被聖靈熬煉及轉化，孕育生命的果子：**「仁愛、喜樂、和平、忍耐、恩慈、良善、信實、溫柔、節制。」(加五 22-23)**

若工作者能經過這歷程，就能以謙虛及熱誠與參與者同行，保持不斷服侍的動力，見證神使無能者得着能力的奇妙恩典作為。

3. 熬煉

生命比言行更重要，工作者若要成為參與者的榜樣、引導及參考，他們的生命便需要經歷熬煉。既要引領參與者成長，自己也要經歷相同的處境和挑戰。

作為生命嚮導，工作者需要經常面對考驗，好讓內在的素質被煉淨、異象得更新、服侍的熱誠被重新燃點。正如 Oswald Sanders 在 *Spiritual Leadership* 一書所說，工作者需要靠着聖靈使生命處於「沸點」(boiling point)，在面對生命起跌時仍保存着一份積極、堅忍及韌力。

工作者在日常生活也會遇上不同的危機及困難，然而，這一切也是主在恩典中的拆毀及重建。人是有限的，工作者往往傾向於以己力面對各樣挑戰及考驗，期望得着稱讚。唯有靠着主的恩典跨過如火般的試煉，工作者才可成為言行一致及信實的人，產生生命影響生命的果效。**面對熬煉，工作者學會寧靜、盼望、喜樂，就能與參與者同行時，帶着剛強與溫柔，懂得適時給予挑戰、肯定及接納。**

4. 以神為中心

歷奇人多具有堅強的品性及領導能力，想征服無數頂峰。不過，總有一天成就會褪色。若生命中沒有神，最終要面對那最大的挑戰，就是死亡及審判。

因着我們的不足及罪性，基督徒工作者唯有依靠十字架，過着以神為中心的生活，如 Jerry Bridges 在 *The Discipline of Grace* 提及，與人分享福音之前每天要向自己傳福音。我們要活在主的恩典中，向罪惡及世俗的情慾說「不」，並**「在今世自守、公義、敬虔度日」(多二 12)**，向神說「得」！

工作者的目標就是靠神賜的能力及智慧帶領參與者認識神，裝備他們作門徒，讓祂的名被高舉、得榮耀。這樣的生命安歇於上主的生命，以警醒的心聆聽神的話：**「請說，僕人敬聽！」(撒上三 10)**。對於願意等候祂的人，神應許**「必從新得力」(賽四十 31)**。這不再是工作者的力量，而是透過神及屬祂的羣體所給予的力量。

5. 支援

因着常常要離家，在危機及不肯定的處境下工作，教會生活不穩定，工作者比其他服侍者更容易耗盡。而且，行業潛在的競爭意識，讓工作者較少得到同輩的支持。

工作者需要得着整全的支援，包括機構內一個培育性的羣體及良好的隊工，並要有家人、尤其是配偶的了解及支持。另一方面，工作者要有足夠的空間及動力，建立其他的支援及結連，包括親屬、摯友、會友及社區羣體。此外，參與專業網絡亦有助專業發展及互相支援。

工作者需要其他輔導者的指引、生命師傅的榜樣、肯定、指正及代禱，正如 Wilkes 在 *Jesus on Leadership* 所言，需要「保羅」同行、「巴拿巴」的鼓勵及守望，以及「提摩太」讓我們可以培育。

然而，在羣體彼此支援之中，人的真性情就會流露。在 L'Arche 服侍嚴重弱能者多年的范尼雲（Jean Vanier）發現內心存在強大的黑暗及仇恨，想傷害那些軟弱卻激怒自己的人。**很多時候，當我們期望在羣體得着支援，容易指責別人的不是，也會有 Jean Vanier 那樣的自我發現。**或許，就是這樣沉重的發現，迫我們回轉，尋求神的恩典，祈求祂的救贖及支援！

6. 能力

為保障參與者身心靈安全，工作者需要考獲野外歷奇活動、急救、拯溺、危機管理的認可資格。

在野外進行歷奇活動，工作者需要有基本的體能及意志力，運作有關戶外的程序，保障參與者的安全。同時，按個別參與者及羣體的需要調整程序，達致最有效的學習及成長。另一方面，也要懂得欣賞和運用大自然，以及歷奇經驗的能力和熱誠，幫助參與者得着學習及成長。在解説時也需要智慧及敏鋭，催化經驗及反思。

這就是 Kenneth R. Kalisch 在 *The Role of the Instructor in the Outward Bound Educational Process* 一書提及的幾種角色：技巧教練、程序設計者、經驗演繹員、小組導師和輔導者等。（參第七章．專題探索）

在宣講信息方面，工作者需要熟悉《聖經》及神學，懂得與環境、程序、過程、羣體及隊工整合，並能夠以生命演繹有關主題，才有動感的宣講。**生命轉化是聖靈的工作，工作者最需要的是尋求神，以致在受教時刻中得着介入的智慧，在生命轉化的時機中有引導的敏銳，更在軟弱無力時保持服侍的能力。基督信仰為本的歷奇輔導根本是聖靈的工作！**

然而，基於這事工的範圍甚廣，具備不同專長的隊工要像肢體一樣彼此配搭，互相補足。而隨着年紀漸長，工作者的體能難免逐漸衰退，必須培訓後來者，讓事工得以延續及承傳。

三、隊工培訓的六條支柱

整合多年的培訓經驗，並研究美國惠敦書院蜂蜜石營地（Honey Rock Camp）的訓練模式，在此嘗試整理基督信仰為本歷奇輔導的隊工培訓支柱：

1. 歷奇訓練

工作者需要裝備活動的標準知識及技巧，還有學習正向的價值觀。歷奇活動只是領受信息及真理的媒介。無論是以野外作教室，還是以歷奇活動作學習及成長的媒介，歷奇輔導不只是外向的旅程，更是內向及上向的！

工作者需要培養安全及危機管理的能力及判斷力，並在學習行動中反思，帶領參與者反思經驗及轉移學習。可見，歷奇訓練是一個建立身體、塑造態度、孕育信念及聖潔品格的歷程。

最後，工作者也需要孕育歷奇的氣質及意識，運用危機與挑戰促進個人成長。在聖靈的引導下，工作者要懂得判斷及選取何時前行、提升挑戰、休歇反思、終止旅程等。這歷程有賴工作者個人生命的素質，能謙卑及敏感參與者的需要。

2. 輔導訓練

根據 Jones and Butman（1991），傳統對輔導的理解是指在人格的結構中介入，幫助受導者適應外在的要求。面對問題較輕的受導者，工作者不限專業及經驗，主要提供意見。由於基督信仰為本歷奇輔導在香港仍在發展階段，專業化的歷程仍然漫長，所以這裏指的輔導訓練只是在非專業輔導者的水平。

傳統的輔導多集中處理失調的行為、不當的情緒及扭曲的思維，歷奇輔導工作者則強調藉着歷奇經驗幫助參與個人成長，故此不單要有耐性及敏鋭參與者的處境，更要對參與者的能力、潛質，並神獨特計劃有辨清之能力。工作者需要參考心理學、教育及其他相關的學科，對人有整全的理解，透過用心聆聽來理解參與者，按聖靈的引導為 / 與參與者禱告。

工作者最佳的學習就是親身體驗，經歷過程中的掙扎及心情起伏，意識面對挑戰時的內裏軟弱，試煉後發現個人的潛能，細味與人同行的甘苦，覺察聖靈的臨在、保護、引導及加力，體會過程中的突破及成長，也在過程中學會謙卑。

3. 現場督導

蜂蜜石營地其中一句名言是：「若你沒有視察，就不要期望。」(Don't expect if you don't inspect.) 大部分歷奇訓練皆注重開始，基督信仰為本歷奇輔導工作者的培育則有賴持續的實習及現場督導。同時，工作者最好與較資深者一同服侍，除了可以實踐所學，更能發現工作者的強處及弱點，提升學習動機。

工作者成長有賴重視任務成效及個人成長並存的現場督導，以提升服務水平及生命素質。在香港業界中不少管理階層多重視問責、服務人數統計及經濟收益等，相對輕看工作者的成長，但沒有高質素及願意委身的工作者，長遠而言事工的發展必會被扼殺。

4. 門徒訓練

蜂蜜石營地之野外領袖實習課程（Wilderness leadership practicum），目的是培育成熟的基督徒大學生領袖，藉野外旅程提升他們領人歸主的能力。這與大部分基督教事工的目標一致。做工作者與做基督徒一樣，要成長，就要一生學像耶穌。

Greg Ogden 在 *Discipleship Essentials* 曾表示，基督門徒成長的歷程包括明白基督的信息、學像基督及服侍基督。這是一個先內向，後上向的歷程，任何事工必須是內在生命的自然流露。

另一方面，Bill Hull 在 *Jesus Christ Disciple Maker* 提出，跟隨基督要以基督為中心。就像耶穌對門徒的邀請：「你們來看」、「來跟從我」、「來與我一起」和「常與我同在」，而 Hull 指出門徒應有的四個特性：與基督同在同行、服從祂的命令、結果子及榮耀神。

Robert Coleman 在 *The Master Plan of Evangelism* 也提出，門徒訓練的次序包括：甄選、伴隨、奉獻、傳授、示範、授權、督導、繁殖。無獨有偶，Jerry Root 的門徒訓練課程意念相仿，門徒訓練要始於傳福音，終於傳福音。

總的來説，作主的門徒就是被主的愛吸引，經歷從聖靈而來的生命轉化，孕育聖靈的果子，委身跟隨基督。然而，作基督的門徒也要明白祂重價的恩典。對於 Dietrich Bonhoeffer 來説，門徒訓練就是珍惜神藉耶穌的血所賜下的恩典，決意委身跟隨，讓主以恩典操練我們。

門徒「**不再為自己活，乃為替他們死而復活的主活**」(**林後五 15**)。因着基督的愛所催逼，Jerry Bridges（1994）認為，我們要向祂呈獻自己，作主門徒，奉祂的名服侍。事實上，**以基督為生命榜樣，比工整的課程更能訓練門徒**。今天高質素的工作者普遍短缺，以基督為榜樣的門徒訓練相信就是出路。

5. 生命培育

工作者如何培育生命素質，才能產生影響參與者生命的果效？*Timothy Jones 曾在 Mentor and Friend* 指出，我們與神的關係必須植根於與他人日常交往的關係。因此，一個滿有經驗及智慧，又願意委身同行的生命師傅，是我們在主裏成長的上佳土壤。

Ted Engstrom 在 *The Fine Art of Mentoring* 定義生命師傅是作榜樣，並在特定項目提供個人化的幫助（操練、鼓勵、糾正、對質等）。Gordon MacDonald 曾形容，生命培育是讓學徒可以在師傅旁邊學習生命之道，培養品格及創意，甚至協助建立未來聖潔新一代。

Bobb Biehl 在 *Mentoring* 則形容，生命師傅是一生之久的關係，幫助學徒實現神所賜與的潛質，成就神在他身上的心意。透個一對一的生命影響，按着學徒的進度，生命師傅常常以一個問題帶領他歸向基督：「我可以怎樣幫助你達到你的目標？」

由於香港並沒很多資深的基督信仰為本歷奇輔導工作者，相信生命培育是在正規訓練課程以外，有效建立高質素工作者途徑之一。除了在過程中彼此豐富外，生命培育更有助承傳！

6. 羣體牧養

這裏指的牧養並非單指教會的職分，而是培訓者在工作者羣體中的功能。上文提過，由於工作者缺少教會及基督徒羣體的牧養，長遠而言，他們或會失卻與神的結連，淪為「**瞎眼領路的**」（太二十三 16），或「**離棄我這活水的泉源，為自己鑿出池子，是破裂不能存水的池子**」（耶二 13）。作為基督裏的服侍者，我們實在需要聆聽保羅的提醒：「**恐怕我傳福音給別人，自己反被棄絕了。**」（**林前九** 27）

傳統而言，基督教的營地多會設立營牧，職務包括安排福音聚會、主日崇拜及祈禱會，個別營地（如蜂蜜石營地）則會選擇牧養那些容易被遺忘的組羣，如暑期短期同工。

畢德生在 *Five Smooth Stones for Pastoral Work* 一書列出牧養的元素：禱告帶領、故事孕育、苦痛分享、確認表達和羣體建立。牧養憑藉從神而來的能力，幫助會眾認識及親近神。期望幫助參與者接觸其內在軟弱及黑暗，讓他們重新演繹內外的經驗，得着能力。

羣體牧養是針對工作者羣體獨特的需要，建立合主心意的隊工。這樣的牧養是為工作者隊工提供有意識的支援，幫助他們仰望耶穌。對於個別工作者，牧者可以與他們同行，安慰疲乏的心靈；對於工作者羣體，牧者可以作溝通的橋樑，以和平之子促進復和，鼓勵各人彼此感謝、欣賞、鼓勵及祝福；而對於神，牧者可以作代禱者，為羣體的需要代求，作傳道者宣講信息，作嚮導引領眾人尋求神的旨意，作見證人見證神的臨在及奇妙的作為：「為眾人、在眾人裏面、藉眾人」（For us, in us, through us）。

基督信仰為本歷奇輔導是一個關懷心靈的事工，而羣體牧養就是關懷工作者的心靈。羣體需要有經驗的牧者牧養工作者，工作者也可以以朋輩形式彼此牧養。有時為着個人成長的目標，牧者需要整合事工中培訓、教導、輔導、訓導等不同的向度，並確認這是神藉着聖靈的工作。

最後，也是最備受忽略的，是牧者的委身及生命的呈獻，他們必須被耶穌拯救、被天父祝福、被聖靈加力、被差遣在事工中作僕人，為三一神的榮耀建立基督的身體。

四、小結

上面的探索，始於多年前我在服侍中的破碎。後來，神在美國蜂蜜石營地的湖畔，呼召我成為生命服侍歷奇工作者。要培育整全的基督信仰為本歷奇輔導工作者，明顯不是一個人或個別機構的能力，而是聖靈引導在羣體中共學、共創的成果！

理論結連

書名：*Community and Growth*（《活出羣體的美好》）

作者：Jean Vanier（范尼雲）

出版資料：New York: Paulist Press

出版年份：1989

歷奇是個人的超越，並要與其他人結連、建立隊工及羣體。范尼雲多年來與嚴重殘障的人同住，對羣體有深刻的體會及反思。本文嘗試介紹這書第一章幾個與羣體有關的重點，以豐富工作者的思考。

一、同心

范尼雲指出，羣體是一個歸屬的地方。一個健康的羣體能夠讓個人經歷安全感、歸屬感、空間及成長，既可以做回自己，也能實踐自己。這個羣體不單有內部結連，更會與其他羣體、世界和神結連。然而，若過度強調「我們」，也可能造成人的扭曲、比較及排斥，最終帶來傷害。

二、開放

凝聚力強的羣體有時以為自己是獨一無二及最好的，於是孤立自己，輕看其他羣體。范尼雲認為真正的羣體是對外開放的，是脆弱及謙卑的，卻能在關愛及憐憫中成長。這樣羣體會歡迎他人，亦會聆聽上帝的聲音。

三、關愛

有些羣體恐懼成員離開，要求絕對團結和順從，但真正的羣體重視個人，讓人彼此關愛，也會尊重個人的私隱及秘密、自由意志及抉擇。

四、合作

羣體需要分工合作，讓各人的需要得到滿足。合作必須源於主裏相交(communion)，彼此開放及信任，在主裏成為一個身體。沒有主裏面的相交，羣體只會淪為工作分配的地方，慢慢枯萎。

五、醫治及成長

一個充滿愛的羣體，可讓人真誠地與人交往，不用擔心被人傷害，然而，興奮淡化，或會發現那裏並非天堂。當他們坦然呈現真我，甚或過去的傷害時，也會發現與別人相處的痛苦，甚至感到被忽略，而遭遺棄或過度保護時，過去成長的創傷就會再度浮現。這時羣體就變成使人感到內在貧乏，有人會因此感到非常難受，想盡力遠離，甚至再次收藏自己，逃避與人交往。

這是羣體生活必須經歷的真相。只有仰望神的幫助，才會發現盼望及出路。透過禱告、被愛及被接納，我們才能夠逐漸接納滿有傷痕及黑暗的自己！經歷過破碎和被愛，羣體才可以慢慢成長，個體得着釋放及培育！

六、喜惡與寬恕

在羣體中我們總有性情相近，互相欣賞及肯定的朋友，但這或會攔阻我們認識自己的貧乏及傷痕，影響成長，甚至聆聽聖靈的提醒。同樣，在羣體中也有我們厭惡的人。他們的存在引發我們的罪咎、創傷、恐懼、甚或攻擊性。縱使不願承認，這些就是我們羣體中的敵人。結果，羣體會出現黨派，築起圍牆。

范尼雲指出拆牆的過程並不容易。羣體中虛假相處的背後，就是對矛盾的恐懼，擔心內在的惡魔不受控制。當人們願意真誠地彼此聆聽，嘗試説出心底話，憤怒及恐懼必會浮現，甚或互相攻擊，帶來極度混亂。弔詭的是，混亂才能產生醫治。當他們承認自己迷失時，奇蹟就會出現。一同祈求神的光照及醫治時，經歷寬恕，這是羣體真正的開始。

七、作自己的權利

羣體對人的理想，容易成為成員的壓力，使他們為了滿足那完美的形象，以面具示人。然而，羣體中要讓個人無懼地成長，讓那隱藏愛的力量得着釋放。所以，我們要學習確認自己的美善及發揮恩賜；接受自己的創傷，並以忍耐及同苦的心去面對。

八、被召作羣體

不是我們選擇加入羣體，乃是被神揀選，讓不同背景的成員，因着對主那呼召的確信，他們可以同心成為愛的見證人。這世上並無完美的羣體。我們被召，只是在羣體中活出自己的生命，為羣體的優點及限制而感恩，辨識自己的軟弱，經歷過犯得寬恕，進而寬恕別人。

九、恩賜運用

羣體成員的不同恩賜，為的是要建立羣體。各成員不單要認識、運用及發展自己的恩賜，也需要在羣體中被確認及向羣體負責。那些與天賦有關的恩賜固然可以為羣體提供服務，那些隱蔽、潛藏、深層的恩典也需要得到發掘及肯定。事實上，生命不同的階段、氣質、經歷均可以成為羣體的祝福。靠着聖靈的能力，我們學習珍惜神的恩賜，也要互相尊重。

總有人覺得自己不足及不配，不能或不願貢獻，為自己及羣體帶來痛苦，這時我們需要彼此聆聽，神也能藉他們為羣體帶來成長。

十、從羣體為我到我為羣體

范尼雲認為當羣體中大部分成員的心態能夠從「羣體為我」過渡至「我為羣體」，這個羣體是彼此相屬，見證及呈現各人的美善，活在對方生命之中，也躲在對方蔭庇之內。這樣的羣體有力同心同行，按着神的召命，為世人服務也實踐自己。這樣的歷奇漫長，需要個人的生命不斷得潔淨及放下，藉聖靈孕育出來。聖靈所賜的同心合意，讓羣體充滿喜樂及單純，有神的愛及光照耀，輝映着人的呼召及恩賜！

應用提示：工作者培訓指引

目前香港仍未有一套公認的基督信仰為本歷奇輔導工作者培訓機制及課程。過去突破機構曾舉辦多屆工作者培訓課程，現在伯特利神學院也舉辦基督教歷奇輔導證書及文憑課程系列。

本文嘗試整合筆者多年的培訓心得，建構一個運作基礎。

一、目標

培訓有能力的基督信仰為本歷奇輔導工作者隊工，裝備他們成為主的門徒。

二、甄選

事前遞交反思文章，甄選歷程包括個別面談，辨認報名者是否願意長遠委身及受教。此外，有教會或機構支持、禱告及守望、有事工實踐工場、有夥伴一同參加，均獲優先考慮。

三、訓練特色

1. 經驗學習

大部分訓練以「經驗——反思」的模式進行。學員反思經驗，得着啟迪及孕育個人信念。每次培訓後，學員均需要撰寫心靈札記，由導師回應。

2. 理念探索

課程內容為講解特定主題及理念，課前派發相關文章，讓學員先行閱讀及撰寫閱讀報告。

3. 同行共學

鼓勵學員成立共學圈，彼此支援。學員需要選取一個課題在課堂分享，並於課程後期選取專題作研習，並撰寫相關報告。

4. 技巧學習

學員在培訓歷程中須參與相關運動總會的訓練，學習相應的知識及技巧，考取相關資歷。

5. 小組支援

每次課程均有小組時間，成為個人學習及成長的支持。除了小組經驗外，學員更需要透過朋輩共學及共創以豐富學習。

6. 生命成長

無論是課堂、活動、小組、實習，都是以學員成長為依歸，讓他們經歷生命轉化。

7. 個人安靜

學員會有足夠的個人休歇及安靜的空間，以便默想神的話、禱告及反思。

8. 實習

學員會參與不同性質的實習崗位，學習與不同的人合作，擴闊視野。

9. 僕人領袖

課程提供多樣化的服務經驗，期望培訓學員僕人領袖的素質。

10. 培育關係

課程後期，會安排學員與導師作一對一之生命對談，建立超越課堂的培育關係。

11. 交流機會

情況許可下，安排學員作人物專訪，與業界資深同工深入對談，或安排到相關單位觀察或作短期義工，增加交流機會。

12. 整全評估

為保證學員素質，會設整全的培訓：包括個人、朋輩、教練及導師等角度，亦涉及知識、技巧及生命素質等向度。

四、培訓內容

1. 歷奇

- 經驗學習、簡介、帶領及解說
- 啟導活動
- 挑戰網陣低結構、挑戰網陣高結構
- 運動攀登
- 沿繩下降
- 遠足及露營
- 所屬機構及單位需要的其他戶外活動項目
- 急救

2. 輔導（參考突破機構非專業輔導訓練課程）

- 理論：輔導模式及介入階段
- 技巧訓練（參考 Gerald Egan. *The Skilled Helpe*, 1998）
- 心靈札記

- 歷奇成長營
- 成長小組
- 一對一生命對談
- 個人輔導（按需要提供）

3. 基督信仰

- 基本屬靈操練（安靜、讀經、默想、禱告、撰寫札記）
- 動感屬靈操練（在野外歷奇活動中默想）
- 門徒訓練（個人委身、撰寫及分享見證、福音分享）
- 在野外歷奇活動中結合信息（福音分享、屬靈操練）
- 個人及小組退修
- 個人屬靈歷奇計劃

五、培訓層次

1. 程序助理

為有興趣者提供的初步訓練，完成訓練及經評估及格者，可以為不同活動提供支援。培訓最好有五天訓練及一次實習。

2. 工作者

這是專業訓練，完成訓練及經評估及格者，可以獨立帶領相關活動。培訓最好有八天訓練及兩次實習。

3. 資深工作者

作為進深的訓練，學員在培訓員帶領下作個別學習，並有小組共學及一對一生命培育支援。完成訓練及經評估及格者可以作事工督導，帶領一組工作者，長遠參與事工的發展及工作者培訓。培訓最好包含一年共學及實習時間，內容包括設計活動、撰寫心靈札記、閱讀報告及撰寫專題研習文章。

六、課程範例：基督教歷奇輔導工作者訓練課程（2010）

這是工作者基礎訓練計劃，內容是認識基督教歷奇輔導的基礎理論及實踐技巧。過程中，參加者將親身體驗多元化項目的震撼，有助個人成長，裝備成為教會及基督教青少年工作羣體的工作者。

1. 基督教歷奇輔導的培訓內容

- 歷史及發展
- 核心理念及相關理論
- 基督教歷奇輔導的基本元素及特質
- 活動的歷程及帶領
- 信息孕育與傳遞
- 危機管理
- 工作者素質及操守
- 活動體驗
- 挑戰網陣高結構技術證書的訓練內容、與基督教歷奇輔導工作結合
- 帶領活動實習
- 專題研習
- 生命重整及信仰更新

2. 學習特色

- 主動
- 深化
- 反思
- 整合

3. 形式

- 活動體驗、理念短講、技巧學習、服侍實習、生命對談、心靈札記、專題研習。

4. 課程安排

- 課程前閱讀指定文章，並於上課前遞交閱讀報告。
- 每次課程中均有專題，並有相關活動體驗，由同學分享實踐的相關經驗。
- 安排同學分享課程中專題，並由資深工作者以短講回應。
- 每次課程後撰寫活動記錄，按需要撰寫基督教歷奇輔導活動設計，豐富活動資源庫。
- 每次課程後撰寫心靈札記，由導師回應。
- 在課程以外安排與導師一次生命對談（約二十至三十分鐘）。
- 課程完結前撰寫專題研究文章。

5. 實習安排

- 受訓期間參與兩次基督教歷奇輔導的實習，其中最少一次是支援「突破」或相關機構的營會或培訓活動。
- 實習時要提交計劃書、檢討報告及心靈札記。

6. 共學圈

- 課程開始時，各同學自行組織共學圈，豐富學習，彼此支援。課程完結後同學自行決定是否延續共學圈。

7. 參考資源閣（由同學負責）

- 每次課程中均設有參考書借閱服務。
- 課程中啟動網上活動資源庫，儲存各人的閱讀報告、活動記錄、活動設計、實習計劃、實習報告、專題研究文章、並相關的參考書目、網站及文章。

七、評估（及格要求：70 分）

項目	最高分數	分數	負責人（給予回應及評分）
出席（必須出席野外挑戰營）	10		
課堂參與（包括兩次 15 分鐘之專題分享）	10		
閱讀報告（共五份，每次課程時遞交）	10		
學習手記（包括活動紀錄、學習摘要、心靈反省，共五份，下次課程前遞交）	20		
活動設計（限期前遞交）	10		
實習一（活動前兩星期遞交；執行、報告──活動後兩星期內遞交）	15		
實習二（活動前兩星期遞交；執行、報告──活動後兩星期內遞交）	15		
專題研習文章（限期前遞交）	20		
總分	110		

八、隊工培訓

1. 程序大綱（舉例）

日期	時間	重點、主題	硬件活動	地點
14/3/2010（日）	下午 2:30-晚上 9:30	訓練工作坊一 重點：基督教歷奇輔導的歷史及發展、核心理念及相關理論 主題：接待	器材、繩索處理、繩結、活動體驗、活動帶領示範	突破青年村及展能閣
27/3/2010（六）	上午 9:30-黃昏 6:00	訓練工作坊二 重點：基督教歷奇輔導的基本原素及特質、歷程（簡介、帶領、解說） 主題：發現	活動歷程、活動體驗、活動帶領示範	突破青年村及靈山
17/4/2010（六）	上午 9:30-黃昏 6:00	訓練工作坊三 重點：基督教歷奇輔導的危機管理 主題：尊貴	危機管理、安全措施、活動體驗、活動帶領示範	匯心生命歷奇訓練中心
24/4/2010（六）	上午 9:30-黃昏 6:00	訓練工作坊四 重點：基督教歷奇輔導活動的信息孕育與傳遞 主題：提拔	高結構技術證書評估	突破青年村及展能閣
7-9/5/2010（五至日）	入營：晚上 7:30 (7/5) 出營：下午 4:30 (9/5)	野外挑戰營（三日兩夜） 重點：基督教歷奇輔導的工作者素質及操守 主題：向生命出發	露營、夜行、穿林、獨處等活動體驗	昂平及突破青年村
26/5/2010（三）	晚上 7:15-10:00	交流工作坊一		突破中心
28/7/2010（三）		交流工作坊二		突破中心
29/9/2010（三）		交流工作坊三		突破中心
24/11/2010（三）		交流工作坊四及課程總結		突破中心

2. 角色分配

課堂負責人：

- 事前預備閱讀的文章及額外資料。
- 按主題設計、安排及帶領當日程序。
- 協調每次同學的專題分享及評分。
- 協調客席培訓員的回應。

客席培訓員：

- 就當日之學習重點回應同學之專題分享。
- 內容包括：

  理念澄清及補充

  相關課題的生命及信仰反思（時間：於當日歷奇活動體驗後約二十五至三十分鐘）

技術支援：

- 按當日程序提供物資及技術支援。

3. 課前閱讀資料

工作坊一：從韓建德之生命及理念反思歷奇輔導在香港的發展（參第三章）

工作坊二：歷奇輔導的再思

工作坊三：難忘的「這一晚夜」—— 心靈反思；整全危機管理系統的意念（參第二章）

工作坊四：從《聖經》演繹歷奇輔導的元素

野外挑戰營：山中的休歇（參第六章）

深化整合——歷奇輔導的特性和處位

從經驗式學習的角度而言，要學習最首要是參與。除了教導人，寫作亦會帶來高效能的學習。經過近六年的思想、寫作及討論，筆者對基督信仰為本歷奇輔導有進深的認識，也確認自己尚有許多不認識之處。本章主要是辨認歷奇輔導的獨特及處位，並且嘗試提出相關問題，期望有助整合及深化。

最近讀了舒克夫婦（Kerry & Chris Shook）的《再給我一個月》，再次意識到，我們在世的日子沒有想像及期望那麼長。既然生命有限，怎樣才算不枉此生？怎樣活，才能預備生命的完結及死後生命的開始？

歷奇、輔導好像是人的作為，到底與生命有何關係？這究竟是人為、外加、可有可無的活動，還是生命本質不可或缺的部分？當生命終結，面對那位要求我們交帳的主，歷奇、輔導又有何意義呢？從基督信仰來看，歷奇輔導又有何特別之處？

一、歷奇是什麼？

寫這篇文章的時候，天氣正好，於是走到戶外，一邊享受陽光，一邊構思。那天是公眾假期，身旁有不少遊人，到處遊覽拍照。他們帶着與日常生活不一樣的視野去看這個世界；他們放慢步伐，臉上掛着笑臉，帶着好奇及讚歎的心觀看當下景物。在這些遊人之中，我看見生命同行、生機勃勃。當天的景物，眼前人，對他們而言，將要留下珍貴的回憶。

或許歷奇的本質也是如此。當日常生活叫我們感到困倦、迷失，看不見創造的美善及生命的可能性，聽不到上主微聲的呼喚及同行摯愛者的心底話，歷奇呼喚我們踏出自己的安樂窩，體會生活及生命更多的可能性。

這種歷奇，本來就存在於每一個孩童心內，是他們的本性。然而，這也是很多中年人經過半生營營役役後，突然間意識生命會有盡頭及終點，以致定意選擇改變，為要完成夢想。

二、歷奇與自我

1. 完善自己

一般的歷奇多是指出外，特別是走到野外環境，參與刺激、冒險的活動；極端的歷奇活動例如攀登巔峰、航向遠洋、穿越最深的岩洞、橫渡艱辛的野域。在這樣重視體能、外向的活動中，表層是要探索、到達及征服外在的世界，裏層是要認識自己：到底我是誰？我可以作什麼？我可以到哪裏去？

或許歷奇的旅程，是一個認識自我、尋找自我、成為自我、超越自我的歷程。我們自小被教導怎樣與人相處，爭取好成績，在社會上有成就。這個眾人期望中的我往往掩蓋真正的自我，以致多年來努力達致的並非自己最想要的，更非與真我的本性配合。

有別於其他內在的心靈旅程，歷奇是借助外間的環境及經驗，藉外向的歷奇（outward adventure）啟動內向歷奇（inward adventure）。**藉一趟旅程、跨越難關、克服挑戰，在歷程中認識自己，尋覓自己失落的一部分，並且可以進一步成為自己（becoming oneself）！**

2. 結連

歷奇力量始於那微聲的呼喚、冒險的衝動、歷奇的選取、行動的預備及操練，然後一步一步踏上歷奇之旅，成就那埋藏心底的夢想。事實上，在達成外在目標之餘，踏出安舒區帶來再學習及自我再發現，也是對生命的重新塑造。

一般人從事野外歷奇活動，傾向要征服大自然，一展大地在我腳下的豪情。然而，同為受造之物，大地原與我們同源，它要與我們結連，一同展現創造之奇偉、奧秘及美善。

至於與我們一同歷奇的人，他們絕非競爭者，而是同行者、鼓勵者、守望者及承傳者，在這生命歷奇之旅中體驗、見證及宣告：「生命蘊含歷奇、歷奇豐富生命！」

3. 超越

歷奇的本質包含着不可知的元素、不能全然控制的環境、無法保證的結果等。所以，在歷奇過程中我們常會犯錯、跌倒、受傷、迷失，甚至有時需要考慮放棄。然而，歷奇可貴之處，就是在成敗得失之中，讓我們經歷受教時刻，觀察、聆聽、學習、反思、改變、抉擇、堅持，最終經歷生命的超越。

生命的超越，是從過去的束縛中得着釋放，返璞歸真，活出被造的本相。**當我們不再虛假，不再活在別人的期望之下，不再與人比較及爭競，不用刻意證明自己，就能享受活着的每一刻，珍惜生命擁有的一切，以感恩之心祝福身邊的人，這就是真正的超越。**

三、歷奇的虛位

在體會超越之先，或許我們要先看到歷奇的虛位及盡頭。歷奇是尋求及實踐生命本性的歷程，然而它最大的障礙其實是參與者自己。在尋覓自我的過程中，當自我被過度重視時，歷奇只會成為滿足個人榮耀的工具。當個人能力及成就被高舉時，歷奇又會與生活中其他場景一樣，再一次令我們迷失。

在香港歷奇界中不乏有能之士。然而，當他們踏上歷奇的旅程，不少人也曾迷失，或是看自己過於所當看的，或是結黨爭競，或是被權名利色所困，最終失去自己。作為業界的領袖，他們更成為瞎眼的領路者，影響眾多後來者。

耶穌基督曾說：**「愛惜自己生命的，就失喪生命；在這世上恨惡自己生命的，就要保守生命到永生。」**（約十二 25）人的盡頭，是神的開始；在主裏面，這是另類的歷奇，是真正的超越！

罪性

神創造人最特別的地方就是賜他們自由意志。可是，人類的始祖在運用這份珍貴的禮物歷奇時，卻選擇以自己的理解及方法去獲取智慧，違抗神的吩咐，啟動後世人類犯罪的開端。

歷奇，是人類內藏的禮物，是成長的動力，也是越軌的種子。我們的敵人——魔鬼真懂得使用神的賞賜，讓人在最好的事情中經歷最壞的事。

活在人類犯罪結果的陰影下，我們不單是犯罪者（sinner），也是被罪者（sinned against），我們傷害別人及自己，又被其他人所傷害。

四、輔導是什麼？

在過去一個多世紀，人類越發重視人的需要及感受，亦嘗試探索怎樣解決個人的心靈問題。心理學的誕生及盛行，讓人在神職人員及醫生之外，尋求心理及心靈上的幫助。

輔導的起點在於承認自己有問題，需要別人的幫助。**輔導基本上就是一個關懷的關係，藉着聆聽與受導者同行，一同理解處身的場景，進而尋覓改變及出路。**

心理輔導着眼於受導者內在的世界，辨認當中的迷思、誤解、堅持、不一致，探討感受上的過度及不足，並正視行為所帶來建設性及傷害性的後果。除了家庭及小組輔導外，一般的心理輔導着重個人內心的掙扎及質疑：我做得對嗎？我有能力嗎？我配嗎？我是誰？將來我會到哪裏？

輔導的虛位

不同學說對人的理解建構不同的出路。早期的心理學傾向認為，人的行為被外在環境或內心驅動制約；人本主義的心理學相信，無條件的接納是人改變的基礎；家庭為本的理論認為，人是被個人成長及家庭互動所塑造；後現代的學說卻倡導不同的敘事會帶來不同的演繹及後果。而輔導的力量來自個人思想、情緒及行為的改變、環境的改變、輔導者及身旁重要他者之承托，基本上是嘗試以人的力量幫助人離開困境。

然而，正如許多輔導者的經歷一樣，受導者是自己成長最大的難阻。正如《聖經》的描述：**「油蒙了心，耳朵發沉，眼睛閉着」（太十三 15；徒二十八**

27)，就是形容那些頑固、不能學、不受教的人。事實上，很多時這是人心的偏差：**「人心比萬物都詭詐」**(耶十七9)。

輔導不是懲教制度，不能強制當事人改變。事實上，輔導者本身也有限制，未能全然幫助受導者。即使輔導者能協助受導者解決問題，始終未能與受導者觸及存在的基本問題，如生命意義、死後何往等問題。就算受導者能夠知悉行為的結果及個人的命途，他個人的能力也不全然為自己終極結果扭轉乾坤。

五、歷奇輔導

歷奇輔導，是人們努力將歷奇與輔導的特性結合，嘗試為困境中的人找出路。歷奇輔導的強處是以人為本，着重以強補弱，讓參與者的強處得以發揮，並得着面對弱點的動力及能力。歷奇輔導選取歷奇及野外作媒介及場景，讓參與者內裏的能力藉挑戰性的活動被激發出來。

此外，當中經驗學習的理念，就是在過程中實踐情景教育，藉反思帶來學習，把所學應用到日常情景。**至於動感輔導則在同行支援的情況及與環境互動下，參與者可以經歷生命的成長及轉化。**

1. 必須多項條件配合

歷奇輔導作為一個新發展的模式，明顯存在很多虛位，例如危機元素、參與者的身心理狀態，是活動設計及帶領的一個重要的考慮。

從學習轉移的角度而言，其成效端賴所選取歷奇活動與日常生活是否相近，這要看工作者的帶領、引導及輔導能力。其參與者本身也是歷奇輔導歷程的協作者（collaborator）。他們參與及改變的意願、與當下危機配對的能力，及對同行者的信任，還有理解及觸類旁通的能力等是過程中不可或缺的部分。

此外，**歷奇輔導中的天時（時機）、地利（環境）、人和（人際結連及同行），加上工作者生命素質等因素互相配合構成受教時刻，使這模式更像一項藝術，而非單單科學。**從信仰角度來看，要有美好的成效也得靠聖靈介入。

2. 歷奇輔導的虛位

由於歷奇輔導非常重視人與人，及人與環境的互動，參與者的生命狀態及工作者的素質成為最關鍵的元素。在自由意志的大前提下，無論多麼理想的外圍環境，個別的參與者也可以拒絕改變及成長，甚至放棄參與。而有些參與者則會懷緬某個生命轉化瞬間，掉入另一個安舒區。

此外，**工作者在參與這生命工程時或會以為自己可以掌控生命，容讓自己迷失及陷溺。即使他們仍能出色地帶領活動，內裏的生命卻因着各樣的沉溺而日趨枯萎。**

六、基督信仰為本的歷奇輔導

面對歷奇輔導的虛位，基督信仰帶來全然不同的視角，提供人本思想以外的向度。

1. 主權

基督信仰為本的歷奇輔導確信，生命的主權全屬基督。無論服侍成效多出色，工作者知道若非主的掌管及作工，一切也是枉然。而工作者的理想應該是榮耀上主，而非自己。

2. 真理

在克服困難的過程中，歷奇輔導往往呈現高漲的情緒。**然而，基督信仰為本的歷奇輔導卻尊崇《聖經》真理，以之衡量目標及其達成的方法。**而過程中鼓勵參與者作抉擇，亦須以真理作指引及規範。

3. 恩典

無論擁有多少資歷、器材及經驗，甚或周詳的危機管理系統，意外就是在意料之外。**在過程中若各人平安，全是恩典**；參與者及工作者共同經歷受教時刻，領受信息，得着轉化，也是恩典。

4. 尊貴

基督信仰所強調的是耶穌為我們所作的一切，使我們重拾那生命的尊貴，然後經歷尊貴的歷奇；參與的人不須爭競、嫉妒，也不用以歷奇活動的表現及成就去證明自己；反而可以同行共學，彼此守望，互相祝福，見證及慶祝生命歷奇的恩典及豐富！

5. 行動生命（active life）

耶穌說：「**我來了，是要叫羊（人）得生命，並且得的更豐盛**」(約十 10)

歷奇本是動感、外展的行動。**基督信仰為本的歷奇輔導着重人活出神創造的生命。**我們常用作形容歷奇經歷中的投入及熱情（enthusiasm）之字根，就是在神裏面的意思。當我們的心意與神的心意相通，就能按神的心意活着（fully alive），不枉此生。

在基督耶穌裏的歷奇輔導，並非要製造野外歷奇的「發燒友」(fanatic)，而是培育重視「行動生命」的人，好像《再給我一個月》提到，能夠擁有「熱情地活、完全地愛、謙卑地學習、勇敢地離開」的素質。

6. 默想生命（contemplative life）

從基督信仰的角度，歷奇輔導並非目的，而是過程，為了認識真理及擁抱生命。無論活動多精彩、經驗多刺激，都不及參與者帶着默想的視野，在動感的過程中理解意義及領受信息。

默想生命，必須「手快心慢」，確信在一切經驗之中，掌管生命的主向我們說話。**生命中的默想，要幫助我們抉擇，按主的心意投入行動生命！**

7. 安息

聖奧古士丁曾說：「你為自己塑造了我們，所以我們的心若不安息在你懷中，便焦躁不安。」**生命中的行動、外闖、探索、歷奇，原來是神內置在人心中的渴想，好叫人去尋找祂，直至我們在祂那裏得着安息。**

帶着安息向度的歷奇輔導，不單是行動，還有默想；不單是目標，更重視過程；不單是前行，更包括休歇。

8. 回家

對於野外歷奇的人來説，每次上山，為的是要下山！

歷奇輔導的外闖，從基督信仰的角度來看，就是要尋覓回家的路。《聖經》中浪子的故事，就是世人憑私意走己路，既浪費父家的財富，亦糟蹋上天賜予生命的恩賜。不過，在神眼中，早在他意氣風發，帶着父家錢財離家外闖之時，已是回家之旅的開始！

「外闖，為的是要回家！」盧雲説，家並非單指一處地方，而是有摯愛親友同行同在之處；只要有主在，在回家的路上也算是家。

9. 歸正

在歷奇輔導的歷程中，參與者有機會面對自己的真相，知道問題癥結並非單在外在環境及他者，更是自己。過去或許他們以萬物、以個人視野看上帝，今天他們卻要轉以上帝的視野看萬物及自己。**認識自己是個罪人，體會唯獨耶穌是我們的拯救，這就是悔罪的本意，是歸正的開始。這是內外及上向的歷奇，是我們的心與上帝的心相遇。**

對於從事歷奇的人而言，昔日或許只為尋求個人的刺激、利益、成就及榮耀，今天他們是為着基督而歷奇（adventure for Christ）。

10. 同苦

歷奇輔導活動很多時要參與者彼此支援及承托，有時為要完成任務，成就整體目標，甚至放下自己的舒適及意願。

事實上，這種犧牲源於耶穌為我們作的一切。因祂為我們受死代贖，我們才可以與神和好，得着永恆的盼望。因着耶穌的榜樣，我們也放下自己，與他人同行，學習同苦（compassion）的功課。

這種同苦的心志，使基督信仰為本的歷奇輔導不再限於個人能力的提升，更是要與人同行，啟動以愛與公義作基礎外向歷奇的服侍。

11. 召命

Howard Thurman 曾説：「不要問世界需要什麼，要問什麼才使自己生氣勃勃，並且坐言起行；因為這世界正需要生氣勃勃的人。」

神對我們的生命均有一個獨特的計劃。當我們能夠確認及實踐那從上而來的召命時，就是全然活着。

Frederick Buechner 也曾説：「神呼召你的地方，就是你深邃的喜悦與世界強烈需要相遇之處。」

經歷基督信仰為本歷奇輔導的祝福，我們就能在世界苦難之中尋求召命實踐。

12. 應許

歷奇，好像是邁向未知之地；然而，若無方向、意義及信念，一切也只是徒勞，像孩子胡亂闖蕩、尋求刺激而已。

亞伯拉罕憑着信離開家園，就是因着自有永有的神與他立約，應許他得着土地和後裔。**一個帶着從神而來應許的歷奇，本身就是神的心意及計劃。**這過程必有神的保守，得着神的資源，並能以神的方法，按神的時候成就。

13. 信靠

在歷奇與輔導的過程中，必然遇到恐懼。然而，因着信靠主，我們在愛裏沒有懼怕。**結果，我們更有信心及動力參與主動的歷奇，見證生命的超越，成為多人的祝福，有份於主宏大的計劃之中。**

七、三一神與歷奇

1. 天父與歷奇

聖父創造及掌管世界。祂最大的歷奇，相信就是在創造人類時賦予他們自由意志，讓他們選擇是否按創造的計劃及天父的心意存活。

受造之物展示天父的本質，亦是祂對世界、特別是對人的愛之流露。祂的創造，本身就是歷奇的過程，從無到有、從空虛混沌到萬物有序、從漆黑一片到日光普照、從單調沉悶到萬紫千紅、從一本到萬族。

愛，本身也是歷奇。愛，容許被愛者有自由回應與否，亦容許愛有多元的表達方法。愛，是等他情願，讓他甘心。

「我們愛，因為神先愛我們。」**我們歷奇，不過是仿效主的模樣，跟隨主的腳蹤。**事實上，是主先邀請及等待我們參與祂宏大的敘事及歷奇（grand narrative and adventure）。

因着天父歷奇的性情，我們作祂兒女的，需要學習重拾孩童的心，在經歷與祂同行的喜悅時，不斷搖動祂的手，問：「爸爸、爸爸，接下來的旅程是什麼？」

2. 聖靈與歷奇

聖靈的工作好像較為隱藏，內住信徒心中，微聲提醒，有時以說不出的歎息為信徒禱告。聖靈又賜下不同的恩賜，供信徒作成神的工作。**在聖靈驅動下，神蹟奇事得以發生，禱告蒙應允、疾病得醫治、危難中得保護、生命得改變。**聖靈更會在信徒生命中結下生命的果子（自由、同心、委身等）、聖靈的果子（仁愛、喜樂、和平、忍耐、恩慈、良善、信實、溫柔、節制）、福音的果子（領人歸主）等。

若無聖靈的引導，一切歷奇也只是人的動作，難以得着生命及永恆的效果，最終只會使人自高自大，成為虛空。

3. 耶穌的歷奇

耶穌在世上的生命本身就是歷奇。祂從天降世，經歷人間各樣限制及苦痛。單獨在曠野四十天受魔鬼的試驗，四處傳道、醫病、趕鬼及施行神蹟，招致猶太人的攻擊。揀選十二門徒，最終卻被其中一個出賣。祂死在十字架上，高呼「成了」之時，仍好像是一事無成。

這位主就像祂預先宣告一樣，從死裏復活，讓相信祂的人不致滅亡，反得永生。

八、基督信仰為本歷奇的根源

讓我們重溫三本從上帝而來的書：《聖經》、大自然、生命。

《聖經》是神的道，是聖靈孕育及存留的説話，是信徒認識神及理解祂心意的依據。

大自然是神創造的痕迹，是家園及資源，讓人的生命得拓展、心靈得休歇。

人的生命是天父創造的高峰，是耶穌降世為人捨身救贖的對象，是聖靈內住的居所，是祂更新工作的明證。

然而，這三本書的中心是耶穌。作為聖子，祂在太初時與神同在，有份參與創造。祂道成肉身，是信祂之人的救贖主及生命主宰。祂復活、升天、離開世間，讓聖靈降臨，可以住在信徒之中。祂更是整部《聖經》論述的焦點，是舊約先知預告的彌賽亞，是新約使徒見證的基督，是信徒共同期待必會再臨榮耀的主宰。

後話

2010 年下半年，與同工討論基督教歷奇輔導的理念如何深化時，我的心靈大為震撼，觸發對生命的反思。

可否接納我不能完成這寫作計劃？

這句話不單是向同工們説，也是我向自己，更是向天父説的！

這幾年，我一直期望藉寫作將基督教歷奇輔導的理念深化。當同工們邀請我執筆時，心中甚為榮幸，一方面這正是想走的方向，一方面則感受到機構，特別是同工的支持，可以讓我為突破留下一些有意義的東西。

經個多個月的猶疑，終於開筆。構思時，我懷疑自己能否按最初所草擬的架構整理所思。開筆時，我嘗試以個人在事工的參與，闡述基督教歷奇輔導的發展。經提醒後，意識這種寫法會使內容變得狹窄及個人化。於是，我決定放下這個向度。

之後的版本是藉着反思過往關鍵性的經歷，辨認相關理念，進而深入探索基督教歷奇輔導不同核心的元素，並且結連可供進深研究的理論資源。這進路是基於個人昔日生命的路徑及今日的信念，我的成長並非受益於學院式的學習，乃是透過連串體驗及學習歷程，孕育我的歷奇素質，提升視野、燃點熱情！

參加了漢斯的生命重整營，生命更新，培育生命反思的習慣，亦孕育了之後寫作的素材及方向，作一個反思的工作者（reflective practitioner），我願意以謙卑、開放及警醒的心檢視自己過去、現在及將來。

過去的迷失、枯歇、破碎及重建的經歷及反思，印證天父所賜下牧養的召命。帶着這樣的背景，我期望寫作不單是深化理念的歷程，更藉着重訪過去，反思生命現況，重整信仰視野。

然而，想不到我會考慮放棄的！

「這會是一個很困難的歷程！」同工的提醒很寶貴。自從第一天開始寫作，凸顯我眾多方面的不足：欠缺整全的思維、沒有嚴謹的架構及邏輯的論述，在整合上局限於個人層次，未能展現以基督為核心的位置；寫作過程欠專注，堅持己見。

同工們每次的提醒都是自己未曾想到的。我認真聆聽、交流，努力調校。或許，他們認真的提問及建設性的批評，都迫使我不斷思想，探索寫作背後的信念。

多年以來，我浸淫在經驗式學習的歷程中，相信學習是不斷的嘗試及反思。過去每一次只提供一至兩篇文章，至 2010 年 10 月才草擬好寫作大綱。我以為這就是拼圖的歷程，一次加添一小塊，時候到了才能呈現一幅像樣的圖畫。

遞交大綱前，還為找對了方向而雀躍，以為這種內容鋪排實在不錯。然而，同工的反應卻出乎我意料之外：「全都錯了！」

我可以接受，但我不願接受！

我明白同工重視我過去的經歷，能夠有機會受教於他們，實在是主所賜的恩典。然而他們卻指出我不同方面的問題：

- 思路：文章欠引言、內容飄忽、文章間欠結連；
- 編排：欠邏輯欠嚴謹；
- 寫作方式：不忠於所擬定的編排；
- 羣體同行：不配合寫作的共識；
- 信仰呈現：重視個人微小的敘事，忽略天父宏大的敘事。

這是我明白及接納的，但到底錯在哪裏？在我裏面，還有什麼是對的？

對於我放棄的意念，聽到同工的回應，實在感受到她對我的關心，恐怕若我這次放棄，會成為一次挫敗（defeating）的經歷。

我聽不清楚！

我內在的軟弱及情緒呈現，已聽不清楚到底哪是人的聲音，抑或是神的信息。我聽不清楚，到底是對寫作建設性的批評，抑或是對我生命的否定？聽不清楚，到底是對我的意見，或是對與我有關之人的意見？聽不清楚，到底我所表達的，是意氣的反應，抑或是我心底微小的聲音！

然而，我逐漸聽清楚，是天父微聲向我的述說：「我的恩典夠你用，我的能力在人的軟弱上顯得完全。」我最想聽的就是神的呼喚，並得着旁人的印證，在信徒羣體中成就祂的計劃。

我最需要的，就是聖靈親自過濾，讓我聽清楚祂藉同工，並各種途徑向我傳遞的話語，叫我信靠、順服！

等他情願，心悅誠服

在那個階段，好像兩極並存：

- 聽從自己內心的聲音 / 聽從天父的聲音；
- 聽從自己內心的聲音 / 聽從羣體的聲音；
- 渴想活出神所創造、拯救、更新及呼召的自己 / 渴想和其他人結連、同行；
- 懷疑自己能否完成 / 確信自己在神的恩典裏可以完成；

- 否定自己所作的 / 在心底堅信神在自己生命所作的；

- 堅持神所給與的領受 / 為神和祂國度放下自己。

表面客氣、勉強完成，是我不想作的。我最想的是心悅誠服地承擔，更確信，等他情願是聖靈工作的結果！神藉同工們的意見及同行，為這個寫作計劃及我帶來祝福。

無論我有多破碎，在祂手中，一定可以轉化成為祝福的器皿。這寫作計劃不是人的意念，乃是神的意念，為要成為突破羣體、業界人士及自己的祝福。

我倚靠主，按 2010 年底草擬的架構完成這計劃的初稿，並以禱告承托，讓聖靈成就祂已開始的工作。

接近六年的寫作歷程，前期多在家工作，後期則在超忙碌工作之中修訂。告一段落之時，還有什麼要表達？寫作是經驗深化的歷程，也是值得反思的過程。倘若我所寫的與我在這段時間所經歷的全無關係，寫出來的文章又有何意義？在這歷奇旅程中，究竟我對自己、身邊人、生命的主，並未來的服侍又有何進一步的理解呢？

我配寫這書嗎？

歷奇的經歷向來沒法保證一定成功。第八章中「聖經中的歷奇人」提到，〈約翰福音〉21 章門徒重遇復活主的故事。主把使命託付予彼得：「你餵養我的小羊，你牧養我的羊，你餵養我的羊。」對於耶穌而言，祂選擇不注目我們的過錯，讓我們在當中學習、領受及再抉擇。受過挫折的彼得，對於新領受的任命好像不太興奮，反而關注身旁另一門徒的去向。然而，任何使命啟動及成就均在主，根本不用比較。彼得最需要聆聽的，只是：「你跟從我吧！」這也是我最需要的。

在撰寫歷程中，浮現幾個課題，包括謙卑、破碎、確認、突破、更新、虛位等。

謙卑：開始構思及撰寫時，滿腦子是零碎的資料。無論過往有多少經驗，下筆的時候才察覺自己的不足，如模糊的理念、貧乏的理解、膚淺的掌握。這意識逐漸牽動過去失敗經驗的後遺影響，令我懷疑自己。那時，我忙於帶領其他訓練，以為在累積經驗，心底裏或許想逃避。寫而後知不足，這就是謙卑！

破碎：「我是誰？我可以嗎？」懷疑自己、懷疑神的作為，是經歷耗盡的後遺症。縱使深化基督教歷奇輔導是自己一直以來的想望，實際下筆時卻不斷懷疑。

與同工討論時，我出現那慣常討好的傾向，無法真誠地呈現自己的想法。有時又會「意見接受，行動照舊」，完全不尊重羣體的共識。

初期，同事提出「去個人化」的建議，文章中不要有太多個人色彩。不過對我來說，不論成敗的經驗都是自己反思的重要素材，盼望能與人分享、引起共鳴。若放棄了，我還剩下什麼呢？

或許，我需要學習從高舉生命到放下生命，在主裏面確認生命！

確認：「你此時不寫，還有誰可寫呢？」當我想放棄時，太太梅玲的提醒，讓我堅持下去！

我不懂的，真的寫不下，也不願意寫，我只能寫我所信、所言、所行、所教、所帶的事情。當我經歷被挑戰及質疑的時候，所能寫的，只有心底仍存的信念。寫作完成時，深知成果不完美，還有很多改善之處。然而，我確信無論將來有多少修改，在此時此刻，我已盡力，確信在神眼中是「夠好的」！

但願這歷程的成果，可以呈獻到主面前，蒙祂悦納！

突破：Jesus replied, "You're right that you only have my word. But you can depend on it being true. I know where I've come from and where I go next. You don't know where I'm from or where I'm headed. You decide according to what you can see and touch. I don't make judgments like that. But even if I did, my judgment would be true because I wouldn't make it out of the narrowness of my experience but in the largeness of the One who sent me, the Father. That fulfills the conditions set down in God's Law: that you can count on the testimony of two witnesses. And that is what you have: You have my word and you have the word of the Father who sent me."（John 8:14-18, *The Message*）

Jesus said, "You're tied down to the mundane; I'm in touch with what is beyond your horizons. You live in terms of what you see and touch. I'm living on other terms. I told you that you were missing God in all this. You're at a dead end. If you won't believe I am who I say I am, you're at the dead end of sins. You're missing God in your lives."（John 8: 23-24, *The Message*）

歷奇輔導重視經驗式學習。然而，經驗式學習着重感官體會（What one can see and touch）及個人狹窄的經驗（Out of the narrowness of our experiences），唯在跟從神方面，卻要靠主的判斷（In the largeness of the One who sent Jesus, the Father）。

〈約翰福音〉8 章提醒我們，從下面來的（from below），被日常生活所束縛着是屬於這個世界，被地上經驗所限制。然而，主是從上頭來（from above），超越我們的世界，也不屬這世界。若我們不曉得這個事實，就完全忽略神在其中。基督信仰為本的歷奇輔導以上帝及基督為本，突破人有限的經驗，超越人世間各種限制，才成為真正的歷奇。

更新：過程中不斷自我懷疑，竟顯露了最底層的信念。

我形容自己是摸着石頭過河，當腳踏着的石頭也被挪走，還可以怎樣？在好像沒有出路的時候，我只能憑着信，或學習靠主展翅上騰。這是生命轉化及更新，是歷奇的真正意思！

虛位：當我辨認歷奇輔導的虛位時，我也覺察自己的虛位。當我強調《聖經》、大自然的書及生命的書時，自己又有多理解創造神學？當自己探索動感輔導時，又意識到基督教輔導的介入嗎？當談到隊工的張力時，才驚覺自己在羣體培育及建立方面的貧乏和不足。

是的，一個深化的完結，就是另一個進深訓練的開始。然而，下一里路，必須要以神的話作基礎的。

經過數年反思，對於基督信仰為本的歷奇輔導認識好像多了一點，但對它的內涵，不敢誇口已全然掌握，只等後來者繼續參與及驗證。

若非有神的悅納，與祂宏大的歷奇結連，人一切的歷奇也是枉然的！

下一里路

每一個階段的完結，是另一階段的開始。這一段深化的旅程，不足以處理當下的難題，這些存留的問題，正好成為下一里路學習的動力及指標。

這歷程是基於經驗，然而，整合而得的理念，需要進一步實踐（live it out），成為生生不息的信念。這就是經驗學習中實踐、反思、整理、再實踐的學習循環。

上山，為的是要下山！理念深化之後，前面還有更多的歷奇。前瞻，先要辨認前行的指標，孕育下一里路的方向。

回顧過去的文章，不難看見生命培育及牧養的需要。未來的培訓及培育，不單是由機構負責，更須要神學院承擔及帶領。回望過去三年多，由伯特利神學院帶領基督教歷奇輔導證書及文憑課程系列，正是神的印證及開路。

一個人，以至一代人所作的實在有限，然而在主裏面還有不少同路人。昔日我們所作的只是接他人的棒，今天我們也需要傳棒、交棒，讓其他人按主心意，繼續走這條以基督信仰為本歷奇輔導的路。

參考書目

整體理念

李德誠、麥淑華（2005），《整全的歷奇輔導》（修訂版）。香港：突破出版社。

霍玉蓮（2009），《心理與心靈的重聚 —— 從佛洛依德到米高維：婚外情個案演繹》。香港：基道出版社。

Frost, Michael & Hirsch, Alan(2011). *The Faith of Leap: Embracing a Theology of Risk, Adventure & Courage*. Michigan: Baker Books.

野外與屬靈操練

傅士德（Richard Foster）著，周天和譯（1983），《屬靈操練禮讚》。香港：基督徒學生福音團契出版社。

比爾艾文（Bill Erwin）、大衛麥卡斯藍（David McCasland）著，李成嶽譯（1994），《山徑之旅》。台北：智庫文化股份有限公司。

李國雄（2000），《靈修：靜與動》。香港：公教真理學會。

王董智敏（2005），《信仰之旅 —— 歷奇輔導與屬靈操練》。香港：匯美書社。

彭順強（2005），《二千年靈修神學歷史》。香港：天道書樓。

李耀全（2005），《屬靈操練與生命關懷》。香港：明風出版社。

魏樂德（Dallas Willard）著，鄔錫芬譯（2005），《上帝的聲音》。台北：校園書房出版社。

約翰歐特堡（John Ortberg）著，岳景梅譯（2006），《十個改變生命的屬靈操練》。台北：道聲出版社。

路得芭彤（Ruth Haley Barton）著，紀榮智譯（2006），《會晤孤靜》。香港：天道書樓。

加里托馬斯（Gary L. Thomas）著，陳永財譯（2007），《與神相遇 —— 認識親近神的心靈路徑》。香港：基道出版社。

喬依絲邁爾（Joyce Meyer）著，陳欣宜譯（2008），《如何聆聽神的聲音》。台北：財團法人基督教以琳書房。

保羅史蒂文斯（R. Paul Stevens）、邁可格林（Michael Green）著，屈貝琴、黃淑惠譯（2010），《聖經教我的靈修學》。台北：校園書房出版社。

傑勒德堯士（Gerard W. Hughes）著，朱何慧敏譯（2012），《令人驚歎的神》。香港：中國宣道神學院。

何志彬（2012），《運動與靈性：從體育運動到青少年靈命塑造》。香港：匯美書社。

帕克帕爾默（Parker J. Palmer）著，張玫珊譯（2013），《行動靈修學》。台北：校園書房出版社。

葉萬壽（2014），《與自己的心對話——45 個甦醒心靈的歷程》。香港：文明魚。

南森傅士德（Nathan Foster）著，馬永年、梁婉華譯（2014），《快不了，就慢慢來：我和老爸傅士的野外靈修課》。台北：校園書房出版社。

Blackaby, Henry T. & King, Claude V.(1994). *Experiencing God: How to Live the Full Adventure of Knowing and Doing the Will of God*. Tennessee: B&H Publishing Group.

Blackaby, Henry T. & Blackaby, Melvin D.(2002). *Experiencing God Together: God's Plan to Touch Your World*. Tennessee: B&H Publishing Group.

Chapman, Steve(1999). *Outdoor Insights: What a Dad Can Teach a Child in God's Great Outdoors*. Oregon: Harvest House Publishers.

Dillard, Annie(2008). *Teaching a Stone to Talk: Expeditions and Encounters*. New York: Harper Perennial.

Huston, Todd & Rizzo, Kay D.(1995). *More Than Mountains: The Todd Huston Story: One Leg, Fifty Mountains, an Unconquerable Faith*. Idaho: Pacific Press Publication.

Keller, Phillip W.(1994). *Outdoor Moments with God*. Michigan: Kregel Publications.

Knapp, Clifford E. & Smith, Thomas E.(2005). *Exploring the Power of Solo, Silence, and Solitude*. Colorado: Association for Experiential Education.

Moore, Lance(2003). *Outdoors with God: Devotional Thoughts on the Great Outdoors*. Ohio: Barbour Publishing, Inc.

Ortberg, John(2002). *The Life You've Always Wanted: Spiritual Disciplines for Ordinary People*. Michigan: Zondervan.

Palmer, Parker J.(1990). *The Active Life: A Spirituality of Work, Creativity, and Caring*. New York: Jossey-Bass.

Pohl, Christine D.(1999). *Making Room: Recovering Hospitality as a Christian Tradition*. Grand Rapids: William B. Eerdmans Publishing Company.

Smith, Tom(2008). *The Backpacker's Thinking Book*. Wisconsin: Raccoon Institute Publications.

Venable, Stephen F. & Joy, Donald M.(1998). *How to Use Camping Experiences in Religious Education*. Alabama: Religious Education Press.

野外與福音工作

路卡杜（Max Lucado）著，黃婉儀譯（2001），《擁抱十架——鐵釘下的應許》。香港：福音證主協會。

盧雲（Henri J. M. Nouwen）著，徐成德譯（2012），《浪子回頭：一個歸家的故事》。北京：新世界出版社。

提摩太凱勒（Timothy Keller）著，希望之聲編譯小組譯（2012），《揮霍的上帝——恢復基督教信仰的核心》。台北：希望之聲文化有限公司。

馬克敏（Mark R. McMinn）著，宋梅琦譯（2012），《罪與恩典：基督徒輔導的整合模式》。美國：麥種傳道會。

楊腓力（Philip Yancey）著，徐成德譯（2013），《恩典現場——在破碎世界中尋索上帝》。台北：校園書房出版社。

Bridges, Jerry(2008). *Transforming Grace : Living Confidently in God's Unfailing Love*. Illinois: NavPress.

Hughes, Ken R.(2002). *Sought by Grace*. Illinois: Moody Publishers.

Pfetzer, Mark & Galvin, Jack(1998). *Within Reach: My Everest Story: One Young Man's Unforgettable Journey*. New York: Puffin Books.

Swindoll, Charles R.(1990). *The Grace Awakening*. Dallas: Word Publishing.

Weihenmayer, Erik(2001). *Touch the Top of the World: A Blind Man's Journey to Climb Farther Than the Eye Can See*. USA: Penguin Group.

Yancey, Philip(1997). *What's So Amazing About Grace?* Michigan: Zondervan Publishing House.

程序帶領與解説

蔡炳綱、吳漢明（2001），《72 個體驗活動：理論與實踐》。香港：匯智出版。

鍾樹森編著（2003），《遊戲教室》。香港：神召神學院出版部。

校園團契飛颺教師組編著（2004），《飛颺人際有藍天：探索教育的魅力》。台北：校園書房出版社。

譚司提反（2005），《奇得有理——經驗學習策略與實戰》。香港：浸信會出版社。

洪中夫（2005），《玩出好品格》。台北：校園書房出版社。

麥淑華、鄧淑英（2006），《成長體驗 Debriefing》。香港：突破出版社。

洪中夫（2008），《玩出品格力》。台北：校園書房出版社。

蔡居澤、廖炳煌（2008），《創意探索教育設計與實施》。桃園：社團法人中華探索教育發展協會。

帕克帕爾默（Parker J. Palmer）著，藍雲、陳世佳譯（2009），《教學的勇氣——探索教師生命的內在視界》。台北：心理出版社。

鍾樹森（2010），《神・經・遊戲——上帝、經驗與遊戲》。香港:德慧文化圖書有限公司。

香港明愛青少年及社區服務編著（2010），《「大自然動力」歷奇輔導活動：體驗項目與經歷解説實踐彙編『2』》。香港：明愛青少年及社區服務。

洪中夫（2010），《玩出反思力》。台北：校園書房出版社。

洪中夫（2010），《玩出好關係》。台北：校園書房出版社。

黃幹知、梁玉麒（2012），《舉一玩十：一種物資帶領多個遊戲》。香港：策馬文創。

吳兆田（2012），《引導反思的第一本書》。台北：五南圖書出版股份有限公司。

洪中夫（2012），《讓信息 Young 起來》。台北：校園書房出版社。

廖炳煌（2013），《能力，是探索出來的：體驗式學習與「探索教育」推手廖炳煌的故事》。台北：商業周刊。

Jim Cain 博士、Tom Smith 博士著，香港基督少年軍編譯（2014），《浣熊圈團隊遊戲 130 個》。香港：香港基督少年軍。

Beard, Colin & Wilson, John P.(2002). *The Power of Experiential Learning: A Handbook for Trainers and Educators*. London: Kogan Page.

Breen, Mike & Calladine, Mal(2006). *Choosing to Learn from Life: The Circle*. Malaysia: PVM Harvest Resources.

Cain, Jim & Smith, Tom(2007). *The Revised & Expanded Book of Raccoon Circles*. Iowa: Kendall / Hunt Publishing Company.

Catt, Michael(2010). *The Power of Surrender: Breaking Through to Revival.* Tennessee: B & H Publishing Group.

Greenaway, Roger(1990). *More Than Activities*. Connecticut: The Save the Children Fund.

Kalisch, Kenneth R.(1979). *The Role of the Instructor in the Outward Bound Educational Process: A Classic Manual for Serious Educators Everywhere*. Nebraska: Morris Publishing.

Sugerman, Deborah A., Doherty, Kathryn L., Garvey, Daniel E. & Gass, Michael A.(1999). *Reflective Learning: Theory and Practice*. Iowa: Kendall / Hunt Publishing Company.

危機運用

強克拉庫爾（Jon Krakauer）著，宋碧雲譯（1988），《巔峰》。新北：台灣商務。

鄧焯榮（2007），《跨越困境 —— 身心醒覺的內在力量》。香港：突破出版社。

艾倫德（Dan. B. Allender）著，陳永財譯（2009），《把難處變為優勢 —— 作蹣跚的領袖》。香港：基道出版社。

班卡森（Ben Carson）、葛瑞格路易士（Gregg Lewis）著，劉如菁譯（2009），《冒險贏家：風險評估與承擔》。台北：道聲出版社。

梁永泰（2011），《生命逆轉 —— 聖經人物的第二曲線人生》。香港：突破出版社。

楊鴻濤著，李賢民、翁靜絃譯（2012），《心靈 CPR —— 危機處理手冊》。基隆：傳愛家族傳播文化事業有限公司。

約翰奧伯格（John Ortberg）著，屈貝琴譯（2012）《行在水面上》。北京：新世界出版社。

麥斯蒙洛博士（Dr. Myles Munroe）著，吳美真譯（2013），《克服危機》。台北：財團法人基督教以琳書房。

Dr. Smith, Tom & Dr. Allison, Peter（2006）. *Outdoor Experiential Leadership: Scenarios Describing Incidents, Dilemmas, and Opportunities*. Wisconsin: Raccoon Institute Publications.

歷奇與成長

尤金畢德生（Eugene Peterson）著，張秀蘭譯（1987），《與馬同跑 —— 尋求美善的人生》。台北：中國主日學協會。

楊牧谷（1987），《我的生命宣信》。台北：校園書房出版社。

海波斯（Bill Hybels）、韋金斯（Rob Wilkins）著，劉良淑譯（1997），《捨己 —— 生命尊貴的秘訣》。台北：校園書房出版社。

李嘉琦、李樊道霞（2005），《困境蒙恩 —— 癌病中的見證》。香港：創熙有限公司。

大衛貝納（David G. Benner）著，霍玉萍譯（2005），《天父給我的禮物》。香港：福音證主協會。

艾莉森波克（Allison Gappa Bottke）編，林以舜譯（2005），《盼望在轉角》。台北：雅歌出版社。

馬可布坎南（Mark Buchanan）著，王琪譯（2006），《你的神太安全了！》。台北：中國主日學協會。

Gerald Corey 及 Marianne Schneider Corey 著，黃慧真、簡麗姿、陳嘉鳳譯（2006），《生命抉擇與個人成長》。台北：新加坡商湯姆生亞洲私人有限公司。

可洛（2007），《夢想 Seed》。香港：突破出版社。

毛瓊英（2007），《白色巨塔之奇異恩典》。新北：華宣出版。

劉愛言（2008），《當荊棘闖進生命線》。香港：突破出版社。

蘇恩佩（2008），《死亡別狂傲》（復刻本）。香港，突破出版社。

潘霍華（Dietrich Bonhoeffer）著，鄧肇明、古樂人譯（2008），《追隨基督 —— 作門徒的代價》。香港：道聲出版社。

曾雪儀（2009），《漂流到北京》。香港：突破出版社。

肯羅賓森（Ken Robinson）、盧亞若尼卡（Lou Aronica）著，謝凱蒂譯（2009），《讓天賦自由》。台北：天下文化。

迪克賀特（Dick Hoyt）、鄧恩耶格（Don Yaeger）著，陳信宏譯（2010），《最美的奉獻》。台北：先覺出版。

理查德柏瑞特（Richard L. Pratt）著，莊婉玲譯（2010），《尊貴的設計 —— 重拾人受造的形象》。台北：改革宗翻譯社。

湯米赫爾斯頓（Tommy Hellsten）著，趙丕慧譯（2010），《投降的勇氣》。台北：大田出版。

蔡元雲（2011），《敢夢想飛 —— Young life 召命導航手冊》。香港：突破出版社。

克萊布（Larry Crabb）著，蕭道生譯（2011），《裏外更新》。香港：天道書樓。

帕克帕爾默（Parker J. Palmer）著，陳永財譯（2011），《隱藏的整全 —— 朝向不再分割的生命》。香港：基道出版社。

帕克帕爾默（Parker J. Palmer）著，陳永財譯（2011），《弔詭的應許 —— 在矛盾中擁抱生命》。香港：基道出版社。

阿濃（2012），《幸福窮日子》。香港：突破出版社。

文蘭芳、何盛華、李淑潔合編（2013），《把火種撒在地上 —— 話説蘇恩佩》。香港：突破出版社。

徐玉琼（2013），《毛蟲．蝴蝶．女牧師》。香港：突破出版社。

馬拉拉優薩福扎伊（Malala Yousafsai）、克莉絲汀娜拉姆（Christina Lamb）著，翁雅如、朱浩一合譯（2013），《我是馬拉拉——一位因爭取教育而被槍殺的女孩》。台北：愛米粒。

盧雲（Henri J. M. Nouwen）著，應仁祥譯（2013），《向下的移動——基督的捨己之路》。台北：校園書房出版社。

許超彥、黃述忱口述、萬年生執筆（2013），《鋼鐵人醫生：癱了下半身，我才真正站起來》。台北：商業周刊。

Buckingham, Jamie(1978). *Risky Living: Key to Inner Healing*. Eastbourne: Kingsway Publications Ltd.

Carlson, Jim(1989). *Choosing to be Fully Alive: Even When You Feel Half Dead*. Cambridge: Tyndale House.

Crabb, Larry(1997). *Connecting: A Radical New Vision*. Nashville: Word Publishing.

Frankl, Viktor E.(1984). *Man's Search for Meaning: An Introduction to Logotherapy*. New York: Washington Square Press.

Galli, Mark(2006). *Jesus Mean and Wild: The Unexpected Love of an Untamable God*. Michigan: Baker Books.

Grayshon, Jane(1989). *A Harvest from Pain*. Eastbourne: Kingsway Publications Ltd.

Metaxas, Eric(2011). *Bonhoeffer: Pastor, Martyr, Prophet, Spy*. Nashville: Thomas Nelson.

Moore, Derrick(2003). *The Great Adventure: How God Takes You from Here to There*. Chicago: Moody Publishers.

Palau, Luis & Bascuti, Ellen(1996). *The Peter Promise: Powerful Principles from the Life of Peter*. Michigan: Discovery House Publishers.

Phillips, J. B.(1961). *Your God is Too Small*. London: The Macmillan Publishers.

Retief, Frank(1994). *Tragedy to Triumph: A Christian Response to Trials and Suffering*. Milton Keynes: Paternoster Press.

Stahl-Wert, John(2008). *With: A True Story*. Pennsylvania: Steelworth Press.

White, John(1990). *Bound for Life: Joy of Christian Commitment*. Nottingham: Inter-Varsity Press.

Young, Andrew(1994). *A Way Out of No Way: The Spiritual Memoirs of Andrew Young*. Canada: Thomas Nelson Inc.

動感輔導

林孟平（1988），《輔導與心理治療》。香港：商務印書館。

盧雲（Henri J. M. Nouwen）著，張小鳴譯（1998），《負傷的治療者 —— 當代牧養事工的省思》。香港：基道出版社。

夏桂雲（Gwen Wagstrom Halaas）著，陳婉萍、古志薇譯（2006），《踏上健康之路 —— 基督徒的生命重整》。香港：道聲出版社。

區祥江（2008），《生命軌迹 —— 13 個助人自助成長關鍵》。香港：突破出版社。

湯國鈞、李靜慧、呂慧詩（2008），《抑鬱自療》。香港：突破出版社。

福臨法比安奴、嘉蓮法比安奴（Frank Fabiano & Catherine Fabiano）著，甄翠華譯（2008），《醫治過去釋放將來》。香港：高示有限公司。

列小慧（2009），《敍事從家庭開始 —— 敍事治療的實踐歷程》。香港：突破出版社。

李耀全（2011），《心靈關懷：從心理治療到心靈牧養》。香港：匯美書社。

菲德利希修雷美爾（Friedrich Schorlemmer）著，范瑞薇、陳惠雅譯（2011），《行動的基督徒：你的財寶在哪裏，你的心也在那裏》。台北：南與北文化。

蘇絢慧（2011），《當傷痛來臨 —— 陪伴的修練》。台北：寶瓶文化。

吳燕玲、嚴鎮國（2012），《放下傷痛 —— 助人及自助手冊》。香港：宣道出版社。

師徒創路學堂師生（2013），《折翼孩子能飛》。香港：突破出版社。

霍玉蓮、蔡元雲、陳佐才等（2013），《饒恕果真如此輕易》(修訂版)。香港:突破出版社。

諾拉斯科（Rolf R. Nolasco Jr.）著，黎智生譯（2013），《默觀輔導員：流露生命本質的輔導》。香港：基督教文藝出版社。

帕克帕爾默（Parker J. Palmer）著，吳佳綺譯（2014），《與自己對話——擺脱迷惘，擁抱真我》。台北：商業周刊。

黃錦敦（2014），《生命，才是最值得去的地方：敘事治療與旅行的相遇》。台北：張老師文化。

Baldwin, R.(1988). *Healing and Wholeness*. Milton Keynes: Word.

Bennett, Rita(1987). *Making Peace with Your Inner Child*. Michigan: Fleming H. Revell.

Collins, Gary R.(1989). *Christian Counselling: A Comprehensive Guide*. Milton Keynes: Word.

Egan, Gerard(1990). *The Skilled Helper: A Systematic Approach to Effective Helper* (Fourth Edition). California: Brooks / Cole Publishing Company.

Seamands, David A.(1988). *Healing for Damaged Emotions*. Cumbria: Scripture Press Foundation(UK)Ltd.

Taylor, Daniel(1996). *The Healing Power of Stories: Creating Yourself Through the Stories of Your Life*. New York: Doubleday.

Vanier, Jean(1989). *Community and Growth*. New York: Paulist Press.

White, John(1982). *The Masks of Melancholy: A Christian Psychiatrist Looks At Depression and Suicide*. Nottingham: Inter-Varsity Press.

延伸閱讀

《牧養新世代》

作者：蔡元雲、謝文策

近年，教會牧養青少年愈來愈困難，這是教會必須面對的。兩位資深青少年工作者整合新的視點，透過分享、建議、紀錄，讓寶貴的經驗得以傳承。

《兒童及青少年心理個案——專家會診及治療》

作者：羅健文

以香港的兒童及青少年精神和心理疾病和心理疾患，並如何支援為案例。由資深心理治療師描述臨牀問題，説明相關案例的診斷，分享支援家庭的方法。治療師亦會為兒童及青少年做心理教育，處理親子和家庭關係，盼望給遇上問題的家長參考。

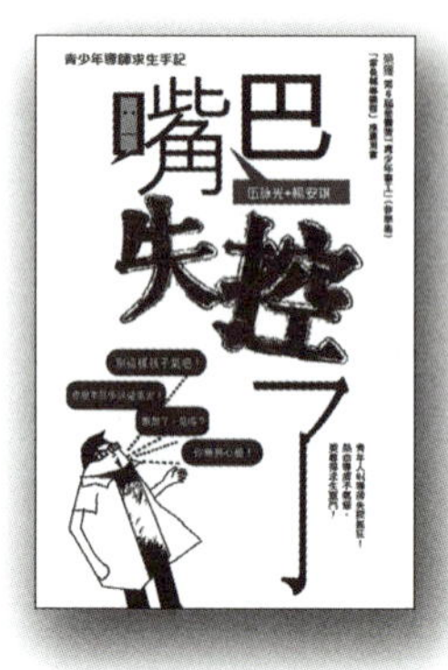

《嘴巴失控了——青少年導師求生手記》

作者：伍詠光、楊安琪

本書故事由真人真事改編，講述兩位青少年小組導師，在與青年人相處過程中上了九堂生命課。由最初一腔熱誠，稚嫩生硬，到學習處理各種奇難雜症。藉個案解構，向讀者分享處理方法，介紹青少年需要和狀況；還加上補給站，提供實際貼士。

《啟動羣體生命力 —— 小組訓練 10 課》

作者：區祥江

小組是一種廣泛採用的形式，由商業機構、社區中心、教育、學校等都會組成大大小小的小組。本書設計了 10 個課程，讓讀者透過經驗學習法，學會帶領小組基本知識、掌握溝通技巧及小組發展歷程，啟動羣體生命力。

《創路達人の從零開始》

作者：鄧淑英、梁裕宏等

零分小子蛻變成創路達人；由空虛混沌到塑造人生遠象！低成就、低學歷青少年面對學業及事業的弱勢。本書記錄了青少年參與「師徒創路學堂」的成長歷程，提出青少年應「先學做人，再學做工」。

《玩創未來 —— 創路達人遊戲攻略 70 篇》

作者：鄧淑英、黃嘉儀等

本書的遊戲依循「先學做人，再學做工」的理念設計與鋪排。青年人在創路以前，必先認識及重整自己，找到興趣及召命所在，然後才能引發創路心志、裝備行動。創路過程所需的素質，包括堅持目標、承擔困難、解決問題等，都是遊戲訓練的目標。

心理與栽培系列最新書目

栽培新一代

書名	作者
網絡孩子 —— 父母教養新思維	上官賢恩
不信贏在起跑線	吳思源
牧養新世代	蔡元雲、謝文策
折翼孩子能飛	師徒創路學堂師生
聖經的教養智慧	上官賢恩
荒島校長的教子祕笈	陳兆焯
嘴巴失控了 —— 青少年導師求生手記	伍詠光、楊安琪
教壞細路 —— 荒島校長的教育筆記	陳兆焯
孩子不難教	余慧明、劉振國
敢夢想飛 —— Young life召命導航手冊	蔡元雲
玩創未來 —— 創路達人遊戲攻略70篇	鄧淑英、黃嘉儀、李潔卿、李樑林、梁裕宏
哪個孩子不出色	梁永泰
追風箏的父母	霍玉蓮
聖經中的經典言説	李錦洪
源心繪 —— 在塗鴉中發現自己	董謝小華
啟動羣體生命力 —— 小組訓練10課	區祥江
創路達人の從零開始	鄧淑英、梁裕宏、黃嘉儀、李潔卿
溝通演説26式 —— 從A至Z教你説得好	李錦洪
一個都不能少 —— 再思青少年的成長與牧養	蔡元雲